A VIDA PELOS OUTROS

LARISSA MACFARQUHAR

A vida pelos outros

Escolhas altruístas no limite da ética

Tradução
Liliana Negrello
e Christian Schwartz

COMPANHIA DAS LETRAS

Grafia atualizada segundo o Acordo Ortográfico da Língua Portuguesa de 1990, que entrou em vigor no Brasil em 2009.

Título original
Strangers Drowning: Impossible Idealism, Drastic Choices, and the Urge to Help

Capa
Claudia Espínola de Carvalho

Foto de capa
Marzufello/ Shutterstock

Preparação
Paula Carvalho

Revisão
Valquíria Della Pozza
Márcia Moura

Dados Internacionais de Catalogação na Publicação (CIP)
(Câmara Brasileira do Livro, SP, Brasil)

MacFarquhar, Larissa
A vida pelos outros : escolhas altruístas no limite da ética / Larissa MacFarquhar ; tradução Liliana Negrello e Christian Schwartz. — 1ª ed. — São Paulo : Companhia das Letras, 2018.

Título original: Strangers Drowning : Impossible Idealism, Drastic Choices, and the Urge to Help.
ISBN 978-85-359-3062-7

1. Altruísmo – Aspectos psicológicos 2. Filantropia – Psicologia 3. Humanitarismo – Aspectos psicológicos 4. Problemas éticos 5. Virtude I. Título.

17-11971 CDD-170

Índice para catálogo sistemático:
1. Ética : Filosofia 170

[2018]
Todos os direitos desta edição reservados à
EDITORA SCHWARCZ S.A.
Rua Bandeira Paulista, 702, cj. 32
04532-002 — São Paulo — SP
Telefone: (11) 3707-3500
www.companhiadasletras.com.br
www.blogdacompanhia.com.br
facebook.com/companhiadasletras
instagram.com/companhiadasletras
twitter.com/cialetras

Para os meus pais

O que somos nós? O que é nossa vida? A nossa bondade? A nossa retidão?

Ashamnu, a confissão curta dos judeus

Sumário

Introdução

Comecei a escrever este livro por me sentir incomodada com algo que não entendia: por que a maioria de nós não é mais generosa? Achava isso estranho, uma vez que, como todo mundo sabe, doar aos outros traz felicidade. Muitas vezes, o ato de doar alguma coisa nos faz mais felizes do que conservá-la sob nossa posse. Então, por que não damos mais aos outros?

A resposta mais comum é que somos humanos. Somos pouco determinados, somos egoístas, somos apegados às nossas coisas, somos ansiosos e achamos que não temos o suficiente para oferecer aos outros. Tudo isso é verdade, claro. Mas acho que não para por aí. Outro motivo é que as carências do mundo parecem não ter fim, e é angustiante perceber isso. Podemos sentir que é inútil tentar fazer algo, ou que qualquer tentativa séria demandaria grandes sacrifícios.

Mas, mesmo assim, algumas pessoas se esforçam para suprir essas incontáveis carências. A vida delas é dedicada a um projeto moral. Por quê? E como? Seriam essas pessoas diferentes de nós? Será que elas sentem as necessidades do mundo de maneira mais intensa e imediata? Ou são seres humanos iguais a todos os outros, com a diferença de que não se deixam conduzir por convenções, pela incerteza, pela inércia e pelo otimismo que levam a maioria de nós a seguir caminhos mais comuns?

Este livro é sobre essas pessoas, os "bons samaritanos". Chamo-os assim porque essa expressão define bem quem eles são: pessoas que tentam, mais do que qualquer coisa, fazer o bem. Mas também uso esse termo pela conotação pejorativa que adquiriu ao fazer referência a essas pessoas — como se elas não tivessem nada interessante a dizer. Ao chamar a atenção para esse desprezo, quero entender de onde esse sentimento vem, a fim de conseguir desconstruí-lo. Por que tentar fazer o bem provoca tanto desdém e tanta hostilidade? É uma das perguntas a que tento responder.

As pessoas retratadas neste livro chegam a extremos em seu comprometimento moral, mas não são loucas. Não levam uma vida fácil, mas são movidas por crenças muito fortes e um sentido muito claro. Sem dúvida, existem bons samaritanos que são meio doidos, assim como há vários outros tipos de pessoas malucas espalhadas por aí. Porém, minha intenção era escrever sobre pessoas que pensaram muito bem antes de fazer suas escolhas. As pessoas neste livro desafiam a nossa visão de mundo; os bons samaritanos doidos, não.

Optei por escrever sobre essas figuras raras e determinadas — em vez de me concentrar nos atos mais comuns de generosidade — porque as escolhas dos bons samaritanos levantam questões mais complicadas. Será que a maioria de nós deveria fazer mais pelos outros? Essa não é uma pergunta complicada. Mas, quando o comprometimento moral ultrapassa os limites considerados normais, surgem os conflitos mais difíceis, uma vez que essa moralidade passa a interferir em outras coisas que valorizamos profundamente: em tipos de beleza, de liberdade, humildade, compreensão, família e amor. Ao nos vermos diante desses conflitos, paramos para pensar sobre o que é mais importante na vida.

Um jovem e um homem mais velho — um aluno e seu professor de filosofia — almoçam juntos num restaurante tailandês em Nova Jersey.

JOVEM: Não sei muito bem o que seria do mundo se todos pensassem como eu. Na faculdade, foi proposto o seguinte dilema: quem você salvaria da morte por afogamento, sua mãe ou dois desconhecidos? Acho que eu deveria salvar os desconhecidos, mas provavelmente seria fraco demais para tomar essa decisão, porque amo minha mãe. Talvez seja bom ter essa tendência de amar nossas mães. Não sei como o mundo seria se todos decidissem salvar pessoas que não conhecem em vez da própria mãe. Quando leio livros sobre budismo, em que monges falam sobre problemas desse tipo, eles não veem essa decisão como a de alguém que se importa pouco com a mãe, mas sim de alguém que se preocupa mais com desconhecidos. E, se a pessoa se importa com estranhos e com a própria mãe na mesma medida, a questão passa a ser numérica. Mas não de um jeito frio e calculista, e sim como uma forma de estender sua empatia para os outros.

O rosto do jovem se mantém inexpressivo. À primeira vista, ele parece estar profundamente ensimesmado — alguém que se sente pressionado por reflexões pesadas acerca do altruísmo, da racionalidade e da precisão filosófica. Mas, ao ser questionado sobre a ideia do sofrimento, ele se lembrará dos livros que falam sobre coisas terríveis pelas quais pessoas anônimas sofreram centenas de anos atrás, ou dos animais que foram caçados no mundo selvagem. Esse tipo de pensamento causará nele um horror tão grande a ponto de fazê-lo chorar. O que, a princípio, parece uma ausência de emoção, logo se torna uma necessidade de controlar um sentimento esmagador capaz de vir à tona sem aviso.

HOMEM MAIS VELHO: Mas isso é impossível. Se você se importar com todo mundo em igual medida, vai se importar menos com sua mãe. Você não vai conseguir se importar com todas as pessoas do mesmo jeito que se importa com seus filhos.

O professor é magro e usa barba; ele tem filhos.

JOVEM: Depende do que você quer dizer com se importar.

HOMEM MAIS VELHO: Sim, depende do que quero dizer com se importar. Mas, para que sua ideia seja plausível, ela não pode estar associada a sentimentos, tem de ser uma disposição para a ação ou algo assim. Apenas imagine que você se importa com todas as pessoas do mundo da mesma maneira que se importa com seu próprio filho. Se as mortes horríveis e dolorosas que acontecem o tempo inteiro com pessoas desconhecidas afetassem você do mesmo jeito que a morte horrível e dolorosa do seu filho, você ficaria completamente paralisado pela dor e pela angústia e não conseguiria continuar vivendo.

JOVEM: Não acho que isso seja óbvio. Suponha que um dos seus filhos tenha morrido e o outro esteja pra morrer. Você não vai ficar paralisado — vai fazer de tudo pra salvar a outra criança.

HOMEM MAIS VELHO: Sim. Mas sei que existem milhares de pessoas no mundo tendo mortes horríveis neste exato momento e, se eu me importasse com cada uma delas como me importo com meu próprio filho, viver seria intolerável. Os monges budistas estão errados. Acho que só entendemos os limites da empatia humana quando nos tornamos pais ou mães.

Para os bons samaritanos, é sempre tempo de guerra

[...] *o amor ativo, comparado ao contemplativo, é algo cruel e apavorante.*

Fiódor Dostoiévski, *Os irmãos Karamázov*

Este livro é sobre um tipo de pessoa que provoca sentimentos conflitantes: o bom samaritano. Não me refiro ao bom samaritano comum, de ocasião — alguém com um trabalho respeitável, ou que é voluntário em uma instituição de caridade e volta para a sua vida normal no fim do dia. Estou falando de um tipo de pessoa que se propõe a viver a vida da forma mais ética possível. Alguém que é atraído pela própria ideia de bondade moral, que leva a si mesmo até os extremos morais, que se compromete inteiramente, além do que parece razoável. O tipo de bom samaritano que incomoda os outros.

Esse tipo de pessoa tem um senso de dever tão forte que é capaz de reprimir a maioria dos seus impulsos mais básicos para fazer o que acredita ser a coisa certa — é uma disputa que, em geral, acaba vencendo. É alguém que raramente fica longe do trabalho e gasta pouco para sobrar mais dinheiro para doar aos outros. Tem alegrias e prazeres que, para serem aceitos, precisam seguir determinada cartilha. Por isso, esse indivíduo vive de modo um tanto rígido e restrito, e sua vida mostra como a existência cotidiana pode ser fortuita e sem sentido. As normas sob as quais vive o bom samaritano e as emoções que ele cultiva — preocupação com desconhecidos, desinteresse pela família para conseguir se importar com esses mesmos desconhecidos, indiferença aos pequenos prazeres — podem parecer elevadas demais, desumanas até, e isso acaba por distingui-lo do resto das pessoas.

Um bom samaritano fervoroso leva uma vida sublime — e o que quero dizer com isso é que, embora haja uma beleza dura nesse tipo de vida, a palavra "beleza" não capta a ambivalência provocada pela existência dessas pessoas. Um objeto belo, como uma flor ou um riacho, agrada pela sua suavidade e inspira um sentimento que é como o amor. Já um objeto sublime, como uma montanha ou um mar agitado, inspira reverência, mas também medo. Ao confrontá-lo, é possível ver sua formidável nobreza e, ao mesmo tempo, sentir que não poderia sobreviver ali por muito tempo. É esse sentido de sublime que pretendo aplicar aos bons samaritanos: confrontar esse tipo de vida é sentir uma mistura de reverência e incômodo — uma sensação de que você não conseguiria (e talvez não quisesse) sobreviver por muito tempo vivendo dessa forma.

O bom samaritano é, a um só tempo, mais e menos livre do que as outras pessoas. No sentido comum do termo, é menos livre, porque acredita que deve agir de determinada maneira e precisa cumprir sua obrigação. Mas, na acepção mais antiga, é mais livre, porque consegue controlar a si próprio, de modo que suas intenções não sejam frustradas por fraquezas que preferiria não ter. Ele sabe que, se fizer uma promessa, vai cumpri-la; que, se uma coisa é certa, vai fazê-la; que não virará as costas se algo parecer difícil demais. Por esse motivo, sua vida é o que ele planeja que ela seja.

A forma mais comum de fazer o bem é ajudar alguém que está próximo: a pessoa cresce em um determinado lugar, percebe que algo está errado e procura fazer alguma coisa para resolver a situação. Ou então o trabalho de uma pessoa de repente exige dela um ato heroico, ao qual ela se mostra à altura — pode ser um padre cuja igreja se torna um refúgio em tempos de guerra, ou uma enfermeira trabalhando num hospital durante a eclosão de uma epidemia. De qualquer forma, esse indivíduo cuida dos outros à sua volta para tentar melhorar a vida deles — vida que ele compreende, pois é semelhante à sua. Ainda que não conheça pessoalmente quem está ajudando, sente que tem algo em comum com seus assistidos — são, de certa forma, "sua gente". Há uma conexão orgânica entre ele e seu trabalho.

Existe ainda outro tipo de pessoa, que parte de uma premissa mais abstrata — de um sentimento de injustiça no mundo como um todo e de um desejo por uma bondade mais plena. Esse indivíduo quer viver uma vida justa, sente-se obrigado a corrigir o que está errado e a aliviar o sofrimento dos outros, mas, por não saber ao certo como fazer isso, vai em busca de uma resposta. Ele não começa por quem está mais próximo, pois não é movido por uma sensação de pertencimento, mas pelo impulso de fazer o maior bem possível. Não há necessariamente uma conexão orgânica entre a pessoa e seu trabalho — *ela* escolhe o trabalho, e não o contrário. Os bons samaritanos de quem falo pertencem a esse segundo tipo. Eles não são melhores ou piores do que as pessoas do primeiro tipo, mas são raros e mais difíceis de compreender. Pode parecer estranho ignorar os mais chegados em nome de um sentido moral, mas para os bons samaritanos isso é bastante natural.

As pessoas do primeiro grupo não provocam o desconforto que os bons samaritanos provocam. Não raro são vistas como "heróis", um termo bem menos ambivalente do que "bom samaritano". (É importante dizer que estou usando a palavra "herói" no sentido moderno e coloquial — não estou falando de um herói grego, como Aquiles.) Esse tipo de herói se depara com um problema e decide ajudar. É levado a agir por compaixão pelo que vê, que é algo externo a ele. Quando não está ajudando alguém, volta para sua vida normal. Por isso, seu ato nobre não é visto com maus olhos — você só não fez o mesmo que ele porque não estava lá, não faz parte do mundo dele. Mas consegue se imaginar agindo de forma semelhante, caso estivesse no local — afinal, o herói é uma pessoa comum, como você.

O bom samaritano, por outro lado, sabe que existem crises acontecendo o tempo todo, por toda parte, e vai ao encalço delas. Ele não é espontâneo; planeja suas boas ações a sangue-frio. Pode sentir compaixão, mas não é essa a razão que o leva a fazer o que faz — ele se compromete a ajudar antes mesmo de saber quem é a pessoa que precisa da ajuda. O bom samaritano não tem uma vida normal: as boas ações são sua vida. Isso o torna uma pessoa boa, mas também pode fazer com que pareça perverso — um amigo que só o procura quando as coisas não dão certo, um advogado especializado em processos de danos morais contra grandes empresas. É também por essa razão que os bons samaritanos não são bem-vistos: todo mundo sabe, assim como eles próprios, que existe sempre alguém precisando de ajuda em algum lugar.

O termo "bom samaritano" é, portanto, quase sempre pejorativo. Pode significar uma pessoa ingênua ou inoportuna que tenta fazer o bem, mas acaba só se intrometendo. Ou ainda alguém terrivelmente honesto, ou pedante, ou hipócrita, ou muito crítico. Benjamin Franklin desistiu de sua busca pela perfeição moral quando se deu conta de que "essa minúcia extrema que eu exigia de mim poderia ser uma espécie de janotismo moral que, se ficasse conhecido, me faria ridículo aos olhos dos outros; que um caráter perfeito podia ser acompanhado pelo inconveniente de ser invejado e odiado; e que um homem benevolente deve se permitir algumas falhas para manter o apoio de seus amigos".

Porém, mesmo quando "bom samaritano" significa apenas uma pessoa que faz boas ações, ainda assim há um certo ceticismo — e até antagonismo — presente no termo. Uma das razões para isso pode ser a culpa, uma vez que ninguém gosta de ser lembrado, mesmo que indiretamente, do próprio egoísmo. Outro motivo é a irritação, já que ninguém gosta de ouvir críticas, mesmo que indiretamente, sobre a forma como vive a vida. Além disso, ninguém gosta de receber caridade. Há certa desconfiança em relação aos bons samaritanos que trabalham em ONGs, porque muitas vezes o dinheiro doado é desperdiçado e, em algumas ocasiões, chega a ponto de prejudicar as pessoas a quem deveria ajudar. Mas isso não é tudo.

A ambivalência em relação aos bons samaritanos também surge de uma incerteza profunda a respeito de como a vida deve ser. É bom tentar levar a vida mais moralmente correta possível — uma vida santa? Ou será que uma vida dessas perde um pouco da sua qualidade humana crucial? É certo dar apoio a desconhecidos à custa das pessoas mais próximas? É positivo se aproximar de uma moralidade severa que sufoca a espontaneidade e a liberdade? É possível manter padrões tão duros para si mesmo sem se tornar uma pessoa dura? É presunçoso, até mesmo ofensivo, uma pessoa imaginar que pode transformar o mundo — ou acreditar que suas ações são tão importantes assim, quando se é apenas um grão de areia em um universo tão vasto? Será que a moralidade deve ser o parâmetro mais elevado da justiça humana — aquele que deve estar acima de todos os outros?

A filósofa Susan Wolf escreveu que uma pessoa moralmente perfeita seria uma criatura estranha e pouco atraente, guiada não pelo amor e pelos prazeres, como acontece com as pessoas comuns, mas por um senso de obrigação que é pouco natural. Em uma vida voltada apenas para o dever não existe espaço para a arte e para a diversão. "A moralidade em si", escreveu Wolf, "não parece ser um objeto de paixão satisfatório." (Dá para se ter uma ideia da condição peculiar dos bons samaritanos quando uma filósofa da moral vê como antinatural a paixão extrema pela moralidade — e ela não é a única que pensa dessa forma. A paixão pela moralidade é a paixão pela bondade — o que equivale a uma versão secular da paixão por Deus —, coisa que não deveria ser tão estranha.) Wolf argumenta que, se não aspiramos ao ideal do bom samaritano santo — como se alguma coisa essencialmente humana estivesse faltando nessas pessoas incomuns e rígidas, ou como se acreditássemos que o ideal moral não é um ideal humano —, então é preciso rever nossas ideias sobre o papel da moralidade na vida. A moralidade *não* deveria ser o princípio mais elevado da justiça humana.

Portanto, é claro que a ambivalência que cerca os bons samaritanos pode muito bem estar permeada por um mecanismo de defesa mesquinho, um ressentimento causado pela sensação de ter que justificar as escolhas de vida. Pode haver também certo incômodo ou exasperação diante de tanta seriedade, presunção ou meticulosidade. Mas existem também forças notáveis que depõem contra os bons samaritanos que não têm nada a ver com essas coisas. Algumas dessas forças estão entre as necessidades mais nobres, essenciais e fundamentais da vida humana.

* * *

Por exemplo: a família. Como qualquer pessoa, o bom samaritano possui uma família. Se não tem filhos, tem pais. Porém, os padrões morais que ele mantém para si são tão estritos e inflexíveis que acabam, em algum momento, por levá-lo a um conflito em relação à importância dada à própria família. Então ele precisa decidir o que fazer.

Para muitas pessoas, é óbvio que o dever para com os familiares é maior do que para com desconhecidos. Isso faz parte do próprio conceito de família — ela é formada por pessoas a quem você deve muito. Parece até que se importar com sua família é a própria essência da moralidade, já que a caridade começa em casa, afinal. É verdade que, em algumas situações, dar preferência à família pode levar a práticas execráveis, como o nepotismo e o incesto. Mas para muita gente, na maioria das vezes, escolher entre a própria família e pessoas desconhecidas não é uma questão: por exemplo, se importar com filhos de desconhecidos tanto quanto com os próprios filhos seria não só improvável mas também um tanto anormal; monstruoso até. Mas o bom samaritano não acredita que sua família seja mais importante que as outras. Ele ama mais a sua família, mas sabe que outras pessoas também amam suas famílias. Para o bom samaritano, cuidar de seus familiares pode parecer uma espécie de álibi moral, pois dá a impressão de ser uma atitude altruísta, mas não deixa de ser uma forma de continuar cuidando de si mesmo.

Movimentos políticos e ordens religiosas sempre souberam que certo distanciamento das demandas da família é necessário para o comprometimento total com algo maior — por vezes, esse compromisso pode chegar a situações extremas como o celibato ou o abandono completo dos parentes. Abraão estava pronto para sacrificar seu filho; Agamêmnon também estava disposto a sacrificar sua filha; Buda abandonou a família; São Francisco foi brutal com seus pais; Gandhi foi cruel com sua esposa. Jesus diz, em Lucas: "Se alguém vem a mim e não odeia seu próprio pai e mãe, mulher, filhos, irmãos, irmãs, e até a própria vida, não pode ser meu discípulo". Assim, em vez de ser explicitamente rejeitada, a estrutura da família biológica é incorporada à família espiritual, a ponto de a primeira acabar desaparecendo, uma vez que todos os humanos se tornam irmãos, e Deus se torna o esposo.

Um bom samaritano pode não chegar ao extremo de odiar ou abandonar sua família, mas o simples fato de se perguntar quanto deve fazer por ela e quanto deve fazer por desconhecidos — colocando os dois na mesma balança — já indica que ele vai um pouco longe demais. Mas nem todas as religiões permitem a negligência com a família em favor de desconhecidos. Na lei da Xaria, um muçulmano deve deixar como herança dois terços de suas posses à família, a menos que os familiares tenham concordado com outra possibilidade. Sa'd Ibn Abi Waqqas, um convertido abastado, perguntou a Maomé se deveria deixar dois terços de seu patrimônio para a caridade, já que tinha muito dinheiro e apenas uma filha; o Profeta disse a ele que deveria doar não mais do que um terço, ou deixaria sua filha desamparada. Um judeu, por tradição, deve doar 10% de seu salário aos pobres, mas não deve ultrapassar os 20%, para que sua família não empobreça, tornando-se um peso para a comunidade. Na Mishná está escrito: "Se um homem entregar sua propriedade a estranhos e deixar seus filhos de fora, seu acordo será legalmente válido, mas o espírito dos Sábios não se contentará com ele".

Gandhi acreditava que aquele que busca o bem é obrigado a renegar amigos íntimos e amores exclusivos, porque a lealdade pode induzi-lo à má ação e afastá-lo do amor imparcial por toda a humanidade. Analisando as memórias de Gandhi, George Orwell achou essa crença repugnante. E escreveu:

> O essencial no fato de sermos humanos é que não buscamos a perfeição, é que às vezes estamos propensos a cometer pecados em nome da lealdade, é que assumimos o ascetismo a ponto de tornar impossível uma amizade, é que no fim estamos preparados para ser derrotados e fragmentados pela vida, que é o preço inevitável de fixarmos nosso amor em outros indivíduos humanos. [...] Nesta época dominada por iogues, supõe-se com demasiada pressa não só que o "desapego" é melhor do que a aceitação total da vida terrena como também que o homem comum só a rejeita porque ela é muito difícil: em outras palavras, que o ser humano mediano é um santo fracassado. É duvidoso que isso seja verdade. Muitas pessoas não desejam sinceramente ser santas, e é provável que as que alcancem a santidade, ou que a ela aspirem, jamais tenham sentido muita tentação de ser seres humanos.

Ao mesmo tempo, Orwell admirava Gandhi profundamente. Sem ele, o mundo seria pior, e Gandhi não teria conquistado o que conquistou se não fosse esse bom samaritano santo de que Orwell tinha tanta dificuldade de gostar.

É somente durante a guerra que o extremismo dos bons samaritanos parece normal. Em tempos de guerra — ou numa crise tão devastadora que se assemelhe a uma guerra, como um terremoto ou um furacão —, o dever se torna um valor mais amplo do que em tempos de paz. Na guerra, deixar a família por uma causa se torna um dever, e não uma atitude anormal. Na guerra, a linha que separa a família e os desconhecidos fica mais tênue, e a obrigação para com os entes queridos se expande para abarcar todos que estão do mesmo lado. É comum pensar que é da natureza humana se importar apenas com os que são mais próximos, e essa seria a razão para explicar por que os bons samaritanos são tão raros. Claro que há alguma verdade nessa ideia, mas também é fato que muitas pessoas só se preocupam com os mais chegados porque acreditam que isso faz parte da natureza humana. Quando as expectativas mudam, como acontece em tempos de guerra, o comportamento muda também.

Durante uma guerra, o que em tempos de paz seria considerado um zelo exagerado se torna o comportamento esperado. Em tempos de paz, pedir para uma pessoa sacrificar sua vida por um desconhecido parece ultrajante, mas durante uma guerra passa a ser lugar-comum. Atos que parecem terrivelmente maus ou terrivelmente bons em circunstâncias normais tornam-se parte do dia a dia. Na guerra, a maldade extrema é justificável, assim como a virtude extrema. As pessoas respondem a esse novo regime moral de formas diferentes: alguns sofrem sob a tensão do extremismo moral e anseiam pelo afrouxamento misericordioso da vida comum, outros sentem a guerra como o período em que estiveram mais vivos e que, em comparação, o resto de sua vida parece tedioso e sem propósito.

Em tempos de paz, o altruísmo pode parecer sem sentido — uma questão de empatia demais e amor-próprio de menos. Na guerra, o altruísmo é um valor em si. Em tempos de paz, uma pessoa que ignora todas as suas obrigações, que faz tudo conforme a própria vontade — um artista que abandona o dever por sua arte; até mesmo um criminoso —, ganha uma aura especial por ser amoral e livre. Mas, na guerra, o dever rouba o glamour da liberdade, porque este último se torna mais emocionante do que a liberdade comum, e porque a guerra permite liberdades impensáveis em tempos de paz, como a liberdade de matar.

Essa é a diferença entre os bons samaritanos e as pessoas comuns: para os bons samaritanos, é sempre tempo de guerra. Eles se sentem responsáveis por gente desconhecida o tempo todo, como se fossem seus compatriotas na guerra. Sabem que existem pessoas com necessidades tão urgentes quanto as vítimas de uma batalha e se veem convocados a cumprir com seu dever.

Então é bom tentar viver da forma mais moral possível? Ou há algo nesse desejo de ser extraordinariamente bom que afasta o bom samaritano dos seres humanos comuns? Essa pergunta, na minha visão, não pode ser respondida de forma abstrata, porque ideias como santidade e perfeição são abstratas. Apenas a vida real carrega de forma completa e visceral a beleza e o custo que se paga por viver um certo tipo de existência moral.

Por essa razão, a maior parte deste livro consiste em histórias de vida de bons samaritanos: como chegaram até os princípios morais que guiam sua vida e quais escolhas tiveram que fazer. Algumas delas são pequenas, coisas do dia a dia, que apenas o escrutínio atento de um bom samaritano veria como uma escolha moral — tirar uma minhoca do caminho ou comer uma maçã, por exemplo. Outras escolhas são grandes e terríveis. Uma boa samaritana decide que está disposta a arriscar a vida em um protesto político, mas sabe que, se for em frente, vai deixar seu filho para trás. Um marido e uma esposa criam um asilo de leprosos numa área selvagem, sabendo que seus filhos podem pegar lepra ou ser devorados por panteras. Será que todas as escolhas que esses bons samaritanos fizeram foram corretas? Não sei. E eles também não sabem. E a prova da seriedade dessas pessoas é o fato de duvidarem de si mesmas e questionarem suas decisões.

Esses bons samaritanos são muito diferentes entre si. Alguns são religiosos, outros não. Alguns não têm filhos, outros têm muitos. Alguns se preocupam profundamente com animais, outros não dão a mínima. Alguns acham que o sofrimento não tem razão de existir e gostariam que ele fosse eliminado; outros acreditam que o sofrimento torna a compaixão possível e está no centro da condição humana. Eles têm trajetórias de vida diferentes e são de várias partes do mundo. O que têm em comum é que veem como uma obrigação o ato de ajudar outras pessoas. Sua moralidade aparece dessa maneira; eles não estão interessados em puritanismo ou ascetismo. Nenhum deles é uma figura histórica de importância mundial — não são Gandhi ou Madre Teresa. A maior parte dos bons samaritanos famosos ganha a atenção do público por características que não estão relacionadas à sua bondade: são empresários ou líderes políticos que fundam instituições ou mudam a vida de populações inteiras, mas são julgados por seu sucesso. Minha intenção é separar o ímpeto moral dessas outras grandes forças para tentar, na medida do possível, enxergá-lo pelo que é.

Bons samaritanos são excêntricos, porém sua influência se estende para além deles próprios porque, embora sejam vistos como *muito* excêntricos, muito distantes das pessoas comuns, também há o entendimento de que o fato de fazer o bem é o que os torna diferentes. Ao lado da noção de que a moralidade extrema entra em conflito com a humanidade há também o temor de que forçar-se a extremos possa afastar uma pessoa da convivência humana. A ambivalência em relação aos bons samaritanos faz parecer que ter uma vida mais correta moralmente é menos atraente e menos necessário. Você pode estar se perguntando: será que os bons samaritanos compreendem que amamos os seres humanos fracos, comuns e cheios de imperfeições? Se os bons samaritanos estão sempre pensando em como o mundo é injusto e precisa ser mudado — já que querem substituir nosso mundo por outro, uma versão melhorada —, então será que eles amam o mundo como o conhecemos, o mundo como ele é?

Os corpos dos outros

Um ano depois de se sentir traída, Dorothy Granada se mudou para Matagalpa, em 2010. Ela tinha se refugiado em Manágua, capital da Nicarágua, para ficar sozinha e pensar sobre o que faria a seguir. Na época, Dorothy tinha quase oitenta anos, mas não queria parar de trabalhar. Então o ministro da Saúde pediu a ela que se mudasse para lá e começasse um programa de treinamento com parteiras no campo, e foi isso que ela passou a fazer. O ministro da Saúde confiava na capacidade de Dorothy. Ela não esperava ter de começar do zero em um novo lugar àquela altura da vida, mas foi o que aconteceu.

Matagalpa é uma pequena cidade nas montanhas, voltada para a costa atlântica da Nicarágua, a oitenta quilômetros da capital. Dorothy alugou uma casa nas colinas ao sul da cidade e se mudou para lá com uma família que conhecera na cooperativa — o marido, ex-guerrilheiro; a esposa, uma moça que trabalhava para a polícia. Dorothy poderia ainda ter ido morar sozinha, mas já estava mais velha, mais lenta e mais fraca, por isso preferiu ter gente a que pudesse recorrer caso precisasse de alguma ajuda. A casa era de concreto, ficava numa rua de terra, tinha uma varanda cheia de plantas e vários quartos que acomodavam tanto ela quanto o casal e seus filhos. Nos fundos existia um espaço para cozinhar e secar as roupas, e para além do quintal havia um bosque. A cidade era barulhenta — ouvia-se sempre música estridente, buzinas de automóveis, motos acelerando e gente passando em caminhões gritando slogans políticos em megafones. Ao olhar para cima, a partir da rua, dava para ver as montanhas, que, em vez de passar a sensação de que a cidade se erguia para os céus, pareciam na verdade sufocá-la, como se Matagalpa estivesse dentro de um caixote barulhento. Porém, no alto da colina, onde eles moravam, era silencioso. Atrás da casa, a rua de terra se estreitava em uma trilha repleta de buracos com água empoçada, sobre os quais as pessoas jogavam tábuas de madeira para atravessar. O caminho era margeado por uma confusão de árvores e arbustos atrofiados, e era ali que Dorothy passeava com seu cachorro.

Na sala de estar, ela guardava livros e revistas antigas, e havia algumas cadeiras confortáveis onde podia se sentar, ler e, ao cair da tarde, tomar sua taça de vinho. Lia romances policiais, quando conseguia encontrá-los; a maioria dos pacifistas que Dorothy conhecia lia livros desse gênero. De que outra forma poderiam botar para fora sua agressividade?, ela pensava. Como não podiam matar pessoas, liam a respeito. Havia um cômodo pequeno com uma escrivaninha, um gaveteiro com arquivos e um computador, além de uma fotografia em que Dorothy e seu filho, Christopher, fruto do primeiro casamento, aparecem com as cabeças encostadas.

As parteiras que fariam treinamento com ela moravam em assentamentos numa montanha mais afastada, distante de qualquer tratamento médico, e aprenderam o que sabiam com suas mães. Se uma mulher enfrentava um parto difícil em algum desses assentamentos, ela morria. Só que partos complicados raramente acontecem de surpresa, portanto era essencial ensinar as parteiras a reconhecer os sinais de perigo e levar essas mulheres para um centro médico. Elas teriam de monitorar a pressão arterial para procurar indícios de hipertensão e apalpar a barriga da grávida para saber onde estava a cabeça do bebê. Os assentamentos não podiam sequer ser considerados vilarejos, uma vez que consistiam em umas dez ou vinte cabanas bem distantes umas das outras; por isso, as enfermeiras obstetras pupilas de Dorothy teriam de caminhar uma hora para um lado e duas horas para o outro. Algumas dessas casas só podiam ser acessadas a pé, através de trilhas de terra que se tornavam traiçoeiras na época de chuvas.

Por vezes, no auge da temporada, quando os rios transbordavam, era impossível deixar os assentamentos, então Dorothy precisava também treinar as parteiras para lidar sozinhas com os partos difíceis. Não era apenas o parto em si, pois havia outros problemas que podiam levar as grávidas à morte. Se um homem batia em sua mulher, era comum que ele se tornasse mais violento durante a gravidez, então a parteira tinha que prestar atenção a outros fatores além de pressão alta e diabetes, como hematomas e depressão. De início, Dorothy planejava restringir seu treinamento a mulheres minimamente alfabetizadas, para que pudessem registrar os casos por escrito, mas pouquíssimas preenchiam esse requisito; assim, ela deixou esse plano de lado e resolveu improvisar: se uma parteira não sabia escrever, devia achar uma criança que soubesse. Dorothy arrecadou dinheiro para o equipamento básico — medidores de pressão arterial, seringas, mochilas, galochas e algumas capas de chuva. Logo que começou a trabalhar se sentiu melhor. Era isso que amava fazer, e ela fazia bem esse trabalho.

Alguns indivíduos tentam ajudar uma pessoa por vez, outros tentam mudar o mundo. Há uma intimidade sedutora no primeiro tipo de atuação, que pode ser ao mesmo tempo difícil e imprevisível. As pessoas podem se ressentir desse tipo de ajuda mais íntima, pois, se alguma coisa não der certo, o erro se torna pessoal. Mesmo quando a ajuda é bem-sucedida, as vitórias são pequenas e não chegam de fato a mudar muita coisa. Já o segundo tipo de atuação é mais ambicioso, mas também mais limpo, mais abstrato. A chance de dar certo, porém, é pequena e pouco provável, então é preciso estar aberto ao fracasso, contando com a simpatia de alguns gatos-pingados.

Dorothy começou exercendo uma atividade do primeiro tipo: foi enfermeira. Mas na metade da vida sentiu que ser enfermeira já não era o bastante. Tinha de fazer mais, então passou para uma atividade do segundo tipo — tornou-se ativista, protestando contra a pobreza e o uso de armas nucleares. Fez isso por muitos anos, até se dar conta de que não gostava do tipo de pessoa que tenta mudar o mundo. "Eu praticava desobediência civil e coisas do tipo", diz ela. "Tudo era sacrifício, fazíamos tudo pela causa, a felicidade pessoal não importava. Enfrentávamos os poderes e os governos, íamos para a cadeia. Daí eu pensei: Somos tão *sérios*, nós, o pessoal da paz e da justiça. Essa gente não se diverte, tem de estar na linha de frente o tempo inteiro. Por anos ela agiu assim. Como seus colegas, o dever pesava sobre suas costas — o mundo estava à beira de uma guerra nuclear, mas apenas ela e esse grupo pequeno de pessoas pareciam entender a situação e se importar com essa causa. "Eles faziam um trabalho maravilhoso, mas não eram pessoas legais", Dorothy se deu conta. "Não era agradável ficar perto deles. Eram muito rígidos. Tudo era questão de vida ou morte: temos de agir dessa forma, porque o mundo depende disso."

Então, ela pensou: Mas o que me faz feliz? Ser enfermeira. E por que não posso fazer o que me deixa feliz, desde que esteja trabalhando para tornar o mundo um lugar melhor? Deus não quer que você seja infeliz — Ele quer que você faça o bem. Na verdade, ela refletiu, é melhor ser feliz, porque assim você faz um trabalho melhor.

Dorothy já tinha vivido tantas vidas que não pareceu muito difícil largar aquela para começar uma nova. Seria uma aventura. Ela era otimista e, de qualquer forma, sua experiência mostrava que uma vida nova era sempre melhor do que a anterior. Era metade mexicana, metade filipina, e tinha sido criada em um gueto de Los Angeles. Sua vida pregressa não era tão boa assim para se arrepender de tê-la abandonado.

Àquela altura, Dorothy já estava cansada do movimento pela paz e de ser uma latina vivendo nos Estados Unidos. Por isso, em meados dos anos 1980, ela se mudou para a Nicarágua com o marido, Charles Gray, para trabalhar com latinas, como ela. E pensou: A mulher que acorda às três da manhã para moer o milho, que deu à luz treze filhos — sendo que metade deles acaba morrendo por alguma doença ou pela guerra — e que nunca teve cinco minutos para pensar em quem poderia ter sido porque está sempre cozinhando, tendo filhos e enterrando suas crianças é a pessoa com quem eu quero trabalhar.

Ela queria trabalhar numa clínica para mulheres, mas não pretendia abrir uma — não tinha intenção de ser a gringa boa samaritana que chega com um plano pronto. Queria encontrar um grupo feminino já organizado que estivesse em busca de uma enfermeira. E demorou um pouco para encontrá-lo. Nesse meio-tempo, ela e o marido foram viver em um *asentamiento* — acampamento de migrantes do interior do país que se juntavam para se proteger dos conflitos armados —, onde ela criou uma clínica para treinar pessoal na área de saúde. Na época, a disputa entre os americanos — que apoiavam os contras — e os soviéticos — que apoiavam os sandinistas — estava no auge. Os sandinistas estavam no poder, e os contras tentavam derrubá-los. Dorothy não sabia quase nada sobre os sandinistas até chegar à Nicarágua, mas rapidamente se converteu. Descobriu que no primeiro dia depois da insurreição, em 1979, um Ministério da Cultura foi fundado e a pena de morte foi abolida, e pensou: vou gostar daqui. Clínicas médicas começaram a ser abertas, inclusive no interior do país; havia centros de atendimento para crianças e merenda nas escolas. Voluntários apareciam com pás para limpar o lixo. Porém, mais do que qualquer coisa, Dorothy foi tocada pela arte. Havia murais por todos os cantos. A impressão era de que todo mundo andava escrevendo e lendo poesia em voz alta. Os centros culturais floresciam e ensinavam as pessoas a pintar, dançar, ler e escrever. Para ela, era o paraíso. "Como é que você derrota uma revolução dessas?", dizia. "Ah, os anos 1980, que paraíso! As pessoas vinham de todas as partes do mundo! Era uma festa! Foi maravilhoso."

Depois de alguns anos, ela soube de uma cooperativa de mulheres em uma cidade chamada Mulukukú que estava procurando uma enfermeira para administrar uma clínica. A cooperativa tinha dificuldade em achar alguém disposto a se mudar para lá, porque a área era considerada perigosa. Naquele momento, a guerra já tinha oficialmente acabado, mas ainda havia ex-soldados armados por toda parte, que estavam sem dinheiro e sequestravam pessoas para pedir resgate. A região não tinha policiamento.

Mulukukú era uma cidade nova, um assentamento limítrofe no meio do nada, cerca de 240 quilômetros a nordeste de Manágua. As pessoas começaram a ir para lá durante a guerra. Ainda não havia uma cidade — apenas uma escola de treinamento militar perto do rio Tuma e alguns bares que se multiplicavam, assim como os bordéis. Conforme os confrontos foram ficando mais difíceis, as pessoas que fugiam começaram a se aglomerar em Mulukukú na esperança de que os soldados as protegessem. Algumas barracas com teto de palha foram instaladas ao longo da rua de chão batido — cavalos ficavam amarrados do lado de fora e porcos passeavam pelos arredores. Muitas viúvas de guerra iam parar ali; por isso, quase sempre eram as mulheres que construíam as casas. Limpavam o terreno, cavavam latrinas, instalavam abrigos de plástico e erguiam casas feitas de tábuas velhas e chapas metálicas. Depois, construíram uma creche e fizeram uma fábrica de blocos de concreto, para construir casas apropriadas. Durante a guerra, muitas pessoas morreram atingidas por balas que atravessavam as paredes de madeira, então eram necessárias casas de alvenaria.

Assim que as casas ficaram prontas, as mulheres formaram uma cooperativa liderada por Grethel Montoya. O marido de Grethel, Noel, que fora engenheiro em Manágua, herdou uma grande área de floresta ao redor de Mulukukú. Como os fazendeiros estavam fugindo da guerra, a comida era escassa, e o governo convocou todos os proprietários de terras a plantar alguma coisa; assim, Noel fez sua parte, limpou o terreno e começou a sua lavoura. Àquela altura, já havia cerca de mil pessoas vivendo em Mulukukú. Muitas mulheres morriam de complicações no parto ou em abortos clandestinos, e muitas tinham mais filhos do que desejavam. A cooperativa se deu conta de que a cidade precisava de uma clínica médica para mulheres.

Dorothy decidiu que aquele era o lugar onde ia ficar. Seu marido, que já havia trabalhado como carpinteiro, construiu nas colinas uma casa feita de bambu amarrado com videiras. Eles se lavavam no riacho ao pé da colina, já que era difícil carregar água suficiente para um banho morro acima. Os pernilongos eram terríveis, mas eles tinham mosquiteiros para se proteger durante a noite. As mulheres da cooperativa queriam montar uma marcenaria, e Charles Gray as ensinou a fazer estruturas de madeira para casas pré-fabricadas, além de janelas e móveis.

Pouco a pouco, eles construíram a clínica. No começo, Dorothy atendia os pacientes numa sala da escola e, mais tarde, quando conseguiram arrecadar dinheiro, passou a atender na clínica feita de blocos de concreto, que tinha quatro consultórios e uma sala de espera, além de um dormitório para mulheres que estavam para dar à luz ou que fugiam de maridos violentos. A clínica oferecia informações sobre controle de natalidade e realizava exames pré-natais e de papanicolau. Algumas vezes havia cem pessoas na fila de espera antes mesmo que a clínica abrisse. Como algumas mulheres viviam em assentamentos afastados do consultório, profissionais de saúde iam até os lugares mais remotos, viajando por muitas horas todos os dias, e seguiam a pé, a cavalo ou de barco quando as estradas acabavam.

Se uma paciente precisava ser operada, Dorothy a colocava em um veículo qualquer para levá-la ao hospital mais próximo que tivesse condições de fazer os procedimentos necessários. Matagalpa ficava a cerca de 140 quilômetros, porém as estradas eram terríveis; Manágua ficava a 240 quilômetros, e a viagem podia demorar até 24 horas. Durante a estação chuvosa, as estradas ficavam inundadas e era impossível atravessá-las. Por vezes, Dorothy saía de qualquer maneira, na esperança de que fosse possível passar pela estrada, e acabava atolando fundo na lama; então descia do veículo carregando a paciente numa maca e andava até a outra margem para encontrar outro veículo que pudesse realizar o trajeto.

Dorothy dizia o seguinte para as mulheres que haviam tido muitos filhos em poucos anos: depois desta gravidez, você precisa dar uma folga para o seu corpo. Muitas delas não queriam mais filhos — não tinham condições de mantê-los, estavam exaustas, sofriam de prolapsos uterinos terríveis —, só que tinham medo de usar métodos contraceptivos, porque os cônjuges ou a igreja se opunham. O marido de uma dessas mulheres encontrou pílulas anticoncepcionais e denunciou a esposa para a igreja, cujos membros a agrediram verbalmente, chamando-a de vagabunda, e se afastaram dela. A mulher disse a Dorothy que não queria passar por tudo aquilo novamente. Quase morrera no último parto e sabia que podia morrer se tivesse outro bebê, mas a morte era melhor do que o exílio.

Havia uma mulher muito obesa em Mulukukú, diagnosticada com diabetes e toxemia, que já tinha dado à luz seis crianças. Quando estava grávida do sétimo filho, Dorothy foi à sua casa e disse que ela corria perigo; precisava realizar os exames pré-natais; precisava parir num hospital. Mas, como a mulher tivera filhos antes sem nenhum problema, não conseguia entender o motivo de tanta preocupação e se recusou. Dorothy insistiu; foi mais uma vez à casa dela explicar o caso, mas a mulher novamente rejeitou a proposta. Algum tempo depois, ela entrou em trabalho de parto e apareceu na clínica, mas já era tarde demais. O bebê estava morto dentro dela. No consultório não havia o equipamento necessário para fazer uma cesariana, então tiveram de puxar o bebê para fora. Ele era enorme, com cinco quilos e meio, e várias pessoas ajudaram a tirá-lo, sem anestesia. Foi terrível; a cena assombrou Dorothy por anos. Ela se questionava sobre o que mais poderia ter feito. Devia ter sequestrado a mulher? Devia ter chamado a polícia?

Dorothy viu coisas terríveis naquela época: bebês morrendo na sua frente, mulheres morrendo no parto, mulheres que apanhavam dos maridos, e outras que até morriam nas mãos deles. Ela tentava não chorar na frente das pacientes; chorava à noite. A cooperativa organizava as mulheres por bairros, assim, se uma delas estivesse apanhando, as outras batiam em bandejas e panelas para alertar a vizinhança e assustar o homem. Se um marido era mandado para a cadeia, as mulheres tentavam ajudar a esposa a criar os filhos — e chegavam a conceder um empréstimo para ela começar um negócio próprio. Mulukukú era uma vila nova, todos os seus habitantes tinham fugido de algum lugar, então ninguém era originalmente dali e os vizinhos não se conheciam. Vários dos homens que batiam nas esposas eram soldados que tinham sido desmobilizados quando a guerra acabou. Haviam migrado em busca de terras, mas muitos não receberam nenhum pagamento durante o tempo de luta, apenas equipamento e comida; portanto, mesmo quando encontravam a terra, não tinham dinheiro para cuidar dela nem para comprar sementes, fertilizantes, cercas ou arados. Não tinham meios para se sustentar e sua vida parecia não ter mais sentido, por isso ficavam bêbados e batiam nas esposas para se sentirem homens novamente, pensava Dorothy.

No começo, muitas mulheres da cooperativa achavam que a clínica só devia atender as famílias sandinistas, mas Dorothy declarou que iria embora se fosse assim. Ainda que Dorothy não as tenha convencido de imediato, as mulheres da cooperativa precisavam da enfermeira e acabaram apoiando essa decisão. Para ela, não era tanto uma questão de justiça, e sim uma tática política, pois Dorothy achava que o cuidado médico poderia ser usado como meio de reconciliação. Se os contras fossem bem tratados e curados quando ficassem doentes, poderiam deixar de odiá-la e, talvez, por extensão, deixassem de odiar os outros sandinistas também. A bondade transforma as pessoas. Claro que podia acontecer de Dorothy tratar um contra que depois de curado saísse matando mais sandinistas, mas era um risco que ela tinha que correr.

Certa vez, ela achou que tinha ocorrido exatamente isso. Estava dirigindo um ônibus e foi parada por um grupo de seis ou sete homens carregando rifles AK-47. Eles mandaram todo mundo descer e formar uma fila. Como dois ou três dos passageiros tentaram fugir, os soldados atiraram e atingiram um homem no tornozelo. Dorothy tirou sua echarpe e a amarrou na perna ferida para estancar o sangramento. Os soldados eram sandinistas, o ferido era dos contras, e ele ia ser morto. Ela disse aos outros passageiros: "Temos que impedi-los. Vamos deitar sobre ele e fazer uma pilha de corpos". Os passageiros olharam para ela como se fosse louca, e os sandinistas começaram a arrastar o homem ferido para trás de uns arbustos. Dorothy os seguiu, gritando: "Não o machuquem! Estou vendo o que vocês estão fazendo! Sou testemunha!". Um dos sandinistas respondeu: "Tudo bem, a gente devolve ele pra você". Dorothy arrastou o homem de volta para o ônibus e o levou a um centro médico em Rio Blanco. Mais tarde, descobriu que se tratava de um ladrão; ele se recuperou e voltou a roubar assim que sua perna sarou. Se matou outras pessoas, ela não soube — provavelmente sim. Mas sentia que não podia ter agido de outra forma.

Uma tarde, estava atendendo na clínica com todas as portas abertas, por causa do calor. De onde estava via mulheres e crianças no corredor, esperando para entrar — mas então, subitamente, todos desapareceram. Dorothy não se deu conta do que tinha acontecido até seu próximo paciente entrar, e aí ela entendeu. Era um homem com um rosto horrível. Já tinha visto rostos como aquele, nos esquadrões da morte na Guatemala. Torturar e matar deixa o rosto diferente, ela pensou — era uma face dura e vazia, sem vida. Soube mais tarde que aquele homem era o líder de um bando de contras, que tinha feito coisas terríveis nos arredores de Mulukukú: matara crianças, jogara um bebê contra uma árvore. O homem tinha vindo à clínica porque sofria de dores crônicas de cabeça — tinha uma bala sandinista alojada lá. Dorothy disse a ele que podia lhe dar algo para a dor, mas que ele teria que consultar um neurologista em Matagalpa, e se ofereceu inclusive para marcar a consulta para ele. O homem respondeu que não podia ir a Matagalpa — se aparecesse por lá, seria morto. Ela disse que o levaria até à cidade.

Depois disso, o homem trouxe sua esposa para a clínica, e a esposa trouxe seus irmãos e suas irmãs e todas as crianças. Enfim, o homem trouxe a mãe, e Dorothy soube que tinha vencido. Algum tempo depois, o homem ouviu que um grupo de contras nas montanhas estava planejando atacar a clínica, uma vez que o local recebia muitas ameaças de morte por estar associado aos sandinistas. O homem foi ao encontro do grupo nas montanhas e pediu que não matassem as pessoas que trabalhavam na clínica, porque elas cuidavam também de famílias dos contras, e o grupo desistiu.

Por um tempo, a clínica era o único local seguro. Lá pelo ano de 1995, quando Dorothy estava vivendo sozinha na casa de bambu na periferia da cidade — ela tinha se separado de Charles, que voltara para o Oregon depois de uma discussão dramática em que ele a ameaçara com uma faca —, a cooperativa ficou sabendo que um grupo de contras estava se aproximando para matar os sandinistas da região. Havia uma lista de nomes, e o de Dorothy estava entre eles. A cooperativa se reuniu para discutir o que fazer. Dorothy disse que se um grupo de contras com metralhadoras aparecesse na frente deles, não teriam como revidar — a única esperança era tentar fazer os agressores mudarem de ideia. Então, em vez de fazerem oposição valendo-se da violência, as mulheres da cooperativa deveriam oferecer hospitalidade. Elas decidiram que todas as noites preparariam algum tipo de comida para oferecer aos contras, caso aparecessem; Grethel garantiu que teria sempre um prato de *tamales* à mão. Dorothy comentou que não sabia fazer *tamales*, mas, como os nicaraguenses tomam café o tempo todo, resolveu passar café fresco todos os dias, pouco antes de apagar o fogo e ir para a cama.

Certa noite, finalmente os contras apareceram. Foram até a casa dela e a chamaram — Dona Dorotea! — para que abrisse a porta. Havia dois deles, cada um armado com um rifle. Eles a acusaram de levar armas para os sandinistas nas montanhas e disseram que iam pegar seu dinheiro. Pensavam que, por ser gringa, devia ter dinheiro, mas revistaram a casa e não acharam nada. Ficaram furiosos. Por que ela não tinha dinheiro? Dorothy explicou que havia uma delegação médica na cidade e que ela entregava todo o dinheiro a eles para pagar pela transferência de pacientes para o hospital. Eles continuavam a cutucá-la com os rifles, acusando-a de transportar armas. Ela explicou que morria de medo de armas e que jamais chegara perto de uma.

Os homens disseram, então, que iam estuprá-la. Ela sabia que podia ser morta, mas a possibilidade de estupro não lhe havia passado pela cabeça. No final, eles não a estupraram; acabaram indo embora. Enquanto os dois homens se afastavam da casa, ela se lembrou do café; tinha ficado tão assustada que esquecera completamente. Correu atrás deles e gritou: Esperem, esqueci uma coisa! Vocês aceitam uma xícara de café? Os contras disseram que não tomariam o café de Dorothy, porque ela os envenenaria. Dorothy assegurou que não: era uma pacifista, não podia matar ninguém. Olharam para ela como se fosse louca e foram embora. Depois disso, Dorothy não ficou mais na casa de bambu. Mudou-se para a cidade, onde alguém poderia ouvi-la gritar caso algo parecido acontecesse de novo.

Mas a próxima coisa ruim que aconteceu foi tão diferente que a pegou igualmente despreparada. Nas eleições de 1996, Arnoldo Alemán — ou El Gordo, o líder do Partido Liberal Nacionalista — derrotou o presidente sandinista Daniel Ortega. Alemán estava convencido, segundo Dorothy, de que as ONGs eram aliadas dos sandinistas e, por isso, tinha a intenção de extingui-las. Em 2000, ele ordenou que Dorothy fosse deportada sob a acusação de cuidar de rebeldes de esquerda e executar abortos ilegais. Ela se escondeu — mudava de casa com frequência, deslocava-se de carro, usava echarpe e óculos escuros, como se estivesse num filme. A clínica foi fechada, e ela tinha sido a única enfermeira a trabalhar lá.

Grupos de direitos humanos protestaram contra a perseguição, e um grupo de congressistas dos Estados Unidos enviou uma carta pedindo ao governo que mudasse de opinião. O caso foi bastante difundido pela imprensa, o que deixou Dorothy famosa em todo o país — os jornais chamavam-na simplesmente de Dorotea, assim como Daniel Ortega era apenas Daniel. Depois de vários meses, um tribunal suspendeu a ordem de deportação, e ela parou de se esconder. Voltou a Mulukukú e foi recebida por uma multidão em festa como se ela fosse, nas palavras de um artigo de jornal, "uma deusa, uma mártir, uma mensageira celestial, uma mãe protetora, uma celebridade, um sol que veio para iluminar a vida de milhares de pessoas". Seis anos depois, Ortega, assumindo a presidência novamente, ofereceu a ela a medalha da Orden Rubén Darío, a mais alta honraria do governo da Nicarágua.

Em certo momento, enquanto ainda trabalhava na clínica, Dorothy se deu conta de que não acreditava mais em Deus. Era difícil demais, rodeada como estava de dor e guerra. Por outro lado, quando parou de acreditar em Deus, começou a acreditar nos seres humanos. Tinha visto pessoas fazerem muitas coisas ruins, mas também viu outras realizando atos heroicos e, pelo menos nos anos 1980, testemunhou o que uma revolução era capaz de fazer.

Demorou muito tempo para que ela presenciasse pessoas fazendo coisas heroicas. Durante boa parte da vida, suas expectativas eram tão baixas, principalmente em relação aos homens, que não chega a surpreender que a breve onda de fervor revolucionário e patriótico na Nicarágua tenha sido vista por ela quase como um milagre. Dorothy sempre fora enfermeira, sempre quisera cuidar das pessoas, mas foi só na metade da vida que conseguiu seguir um novo caminho e escapar de sua infância tenebrosa, de um casamento terrível, percebendo que podia fazer mais. Tinha a impressão de que ser enfermeira não era o bastante — era uma atividade que outra pessoa faria no lugar dela. Queria mudar de vida, dedicar-se a algo imprescindível e que nenhuma outra pessoa quisesse fazer por ser muito difícil ou muito perigoso.

Dorothy teve uma criação católica num gueto na região central de Los Angeles. Sua mãe era mexicana, e sua família morava num bairro mexicano que mais tarde viria a se chamar Koreatown; seu pai, porém, era filipino, como todos os namorados subsequentes de sua mãe, e a família não era bem aceita lá. A mãe de Dorothy nasceu nos Estados Unidos; seu pai fora proprietário de uma fazenda perto de Los Angeles, em Chino, mas perdeu tudo durante a Grande Depressão e, pouco depois, acabou falecendo junto com a esposa. Assim, a mãe de Dorothy, que na época era uma adolescente, se viu com três irmãos mais jovens para cuidar e se mudou para Los Angeles em busca de trabalho. Vendia maçãs e jornais na rua e, quando completou dezesseis anos, em 1930, engravidou e teve Dorothy. Sua mãe tinha a pele clara, mas o pai era bem mais moreno, e ela herdou o tom de pele dele.

O pai de Dorothy era um imigrante do sul das Filipinas. Ela nunca soube muito a seu respeito. Sabia que vários filipinos tinham vindo para a Califórnia nos anos 1920 para trabalhar no campo e construir estradas de ferro, então talvez ele fosse um desses. Ele abandonou a mãe de Dorothy quando a filha ainda era pequena, e, depois, reapareceu uma vez ou outra. Era um homem violento e costumava bater na esposa. A única memória nítida de Dorothy sobre o pai era de quando ele tentou matá-las. Ela tinha cerca de três anos, e a família estava dirigindo para algum lugar perto de Hollywood. Ele começou a gritar com a mãe de Dorothy e ameaçou jogar o carro de um penhasco; e a menina, sentada entre os pais no banco da frente, tentou puxar o freio de mão para parar o veículo. Mais tarde, ouviu de um amigo de infância que seu pai fora condenado à prisão perpétua e acabou sendo morto por um colega de cela, na Penitenciária Estadual de San Quentin.

Elas se mudavam bastante, sempre em busca de um apartamento mais barato, pois sua mãe vivia desempregada — escolhera trabalhar em fábricas; era orgulhosa demais para ser faxineira. Por isso, Dorothy sempre trocava de escola. Ao fim do ensino fundamental, mal sabia escrever. Sua mãe emendava um relacionamento no outro, e a vida era caótica e violenta: os namorados da mãe batiam tanto nela quanto em Dorothy, que fugiu de casa pela primeira vez aos dez anos; costumava ir para a casa de algum parente ou dormia em prédios abandonados. Um parente abusou sexualmente dela quando era criança, e Dorothy tem certeza de que ele dormiu com sua mãe também. Quando adolescente, tentou se suicidar algumas vezes.

Dorothy faltava muito à aula para ir à biblioteca ou ao museu. Tinha amizade com algumas crianças japonesas, porém, quando completou onze anos, as casas dos amigos foram saqueadas por homens brancos, e as famílias foram aprisionadas em baias do hipódromo de Santa Anita, para depois serem levadas a campos de concentração mais distantes. Ela sabia que queria ser enfermeira — para cuidar das pessoas —, mas não poderia seguir essa profissão se não concluísse o ensino médio, e foi por isso que concordou em ir com o padrasto para as Filipinas terminar os estudos. O padrasto a colocou num convento dominicano rigoroso, e, para conseguir se formar, Dorothy fumava no banheiro para descarregar a raiva que sentia das freiras.

Passou a odiar o catolicismo. Quando era criança, só ouvia falar de dor, sacrifício e do sangue de Jesus. A vida era um vale de lágrimas, e todo dia era Sexta-Feira Santa para os católicos que conhecia. Ao entrar para a Igreja episcopal, ainda adolescente, pela primeira vez na vida viu uma cruz vazia, sem um corpo sangrando pregado a ela, apenas uma cruz. Claro, porque houve a ressurreição, pensou. A Igreja episcopal se tornou seu refúgio. Ali ela se sentia segura e podia expressar sua raiva. Mas, quando ainda estava na escola, um pastor passou a assediá-la, e o abuso continuou por anos. Na época, ela não compreendia que se tratava de abuso — achava que estava sendo resgatada, e aquele era o preço a pagar.

Dorothy viveu três anos em Porto Rico, onde trabalhou como enfermeira-chefe de um hospital e como diretora de uma escola de enfermagem. Contudo, foi trabalhando no hospital do Exército americano em Heidelberg, na Alemanha, que conheceu seu primeiro marido. Robert Cutler era um pouco mais jovem do que ela e estava servindo como médico do Exército em Mannheim, mas sofria de uma úlcera hemorrágica e acabou se tornando seu paciente. Cutler vinha de um meio aristocrático da Nova Inglaterra. Crescera em Connecticut, mas velejava e jogava tênis na casa de veraneio de sua família, no Maine; seu pai era presidente de uma empresa de transporte marítimo. Dorothy e Cutler ficaram deslumbrados: ela era tão exótica para ele quanto ele para ela. O casal se mudou de volta para os Estados Unidos para se casar, depois eles se estabeleceram em Chicago e tiveram um filho, Christopher. Cutler era residente em um hospital universitário e Dorothy era diretora de enfermagem. Moravam no Hyde Park, um bairro de classe média de Chicago. Ela se vestia com cintas modeladoras e camisas acinturadas na tentativa de ser a esposa perfeita, mas não deu certo. Cutler ia para casa apenas para fazer as refeições e voltava logo em seguida para o laboratório, onde trabalhava a noite inteira. Enfim, depois de onze anos juntos, se divorciaram.

Dorothy se recompôs e decidiu mudar de vida. Quando ainda estava em Porto Rico, percebeu que só se sentia em casa em lugares "latinos". Decidiu que estava cansada de levar uma vida de classe média, cansada dos privilégios, de ser a "morena exótica" entre os brancos. Dorothy abandonou o emprego no hospital universitário e foi trabalhar num *barrio* mexicano como enfermeira de uma clínica gratuita de um centro comunitário. A maior parte das pessoas que apareciam no centro comunitário era formada por imigrantes mexicanos que trabalhavam nas estradas de ferro; alguns pertenciam aos Boinas Marrons, grupo militante de "chicanos" que surgiu no leste de Los Angeles. No começo, ela gostava dos Boinas Marrons e eles simpatizavam com ela já que ela melhorava o atendimento na clínica, mas aí descobriram que Dorothy ainda morava no Hyde Park, e o Hyde Park era para brancos. "Por que não mora no gueto?", perguntaram. Ela explicou que tinha vindo do gueto e que não queria voltar para lá. Os Boinas Marrons se viraram contra ela, e Dorothy foi expulsa.

Dorothy considerou que, se não pudesse trabalhar no *barrio*, queria viver num lugar onde Christopher pudesse explorar as montanhas e passear de barco no lago. Mudou-se para Portland, no Oregon, e conseguiu um emprego como supervisora de enfermagem dos serviços médicos do condado. Então, numa manhã de domingo em 1978, quando estava na igreja, ela ouviu, como se fosse a primeira vez, que a principal mensagem de Jesus era resistir à violência e estar do lado dos pobres. Encantada, pensou que era uma coisa tão fácil, tão simples de fazer. Para Dorothy, estar do lado dos pobres significava ser um deles. Ela não era mais casada com um médico e abandonara Chicago, mas ainda tinha um emprego e ganhava 33 mil dólares por ano. Tinha um carro e morava numa casa de oito quartos só com seu filho. Passou a querer se livrar de todas essas coisas. Em geral, quando tomava uma decisão, agia de imediato, mas não queria arrastar Christopher para a pobreza, já que ele fora criado como filho de médico. Resolveu manter esse estilo de vida até que Christopher fosse para a faculdade; então se livraria de tudo.

No entanto, ela já podia atuar no que se referia à parte de resistir à violência. Ao pensar sobre o tema, Dorothy concluiu que a coisa mais violenta que podia imaginar era a bomba atômica. Não havia bombas nucleares no Oregon, mas havia uma usina de energia nuclear, conhecida como Trojan, em Prescott, cerca de 64 quilômetros ao norte de Portland, no rio Columbia. Dorothy acreditava que usinas de energia nuclear e bombas nucleares serviam ao mesmo sistema, por isso se juntou à Sociedade da Reconciliação, um grupo fundado por cristãos na Europa, em 1914. A entidade tinha apoiado os objetores de consciência (pessoas que seguem determinados princípios religiosos, morais ou éticos que não são compatíveis com o serviço militar), o movimento operário, os defensores dos direitos civis e os viajantes da liberdade (ativistas que viajaram de ônibus pelos Estados Unidos para garantir que a população negra pudesse se sentar em qualquer assento nas viagens rodoviárias interestaduais). O grupo era contra a guerra, a pena de morte e a energia nuclear. E era exatamente o que ela estava procurando.

Quando foi presa pela primeira vez, Dorothy ficou quatro dias trancada numa cela com outras dez mulheres, todas ativistas detidas na mesma ocasião. Não havia camas, por isso se deitavam no chão. Algumas estavam assustadas, mas não Dorothy — ela estava muito feliz. Sabe quem está aqui na cadeia com a gente?, dizia para as outras mulheres. Cesar Chavez! Dorothy Day! É um privilégio estar aqui com esses ativistas. Acreditava estar em um lugar por onde os santos haviam passado. Estava em casa.

No verão de 1980, ela participou de uma invasão à usina Trojan. Por ser um pouco baixa, ela não conseguia escalar o muro sozinha, então um rapaz branco, alto e magro, chamado Charles Gray, ajudou-a a subir. Fazia muito tempo que um homem não a tocava.

* * *

Foi assim o início do período da vida de Dorothy ao lado de um homem consumido por uma busca incansável pelo bem moral. Charles começara com coisas consideradas mais comuns, como participar de protestos e doar grandes somas de dinheiro, mas procurava fazer sacrifícios ainda maiores, e quase acabou matando os dois. Alguns anos antes de conhecer Dorothy, ele já havia se comprometido com um estilo de vida extremo que acreditava ser o mais justo — o seu radicalismo só se comparava à sua completa futilidade. A única pessoa que ele convenceu a aderir à sua causa foi Dorothy, e isso porque ela já estava decidida a tentar algo similar. Ainda assim, ao longo dos anos, muitas pessoas leram sobre seu experimento quixotesco e pensaram que podiam mudar a vida delas de forma mais completa do que julgavam ser possível.

Charles Gray protestava na usina Trojan porque tinha muito medo da guerra nuclear. Fazia anos que vivia amedrontado — tanto que, depois da Crise dos Mísseis de Cuba, ele se mudou com a primeira esposa e os filhos pequenos para a Nova Zelândia, pois concluiu que seria um local com pouca probabilidade de ser atacado. Na época, trabalhava como professor universitário, mas, quando voltaram para o Oregon, Charles se envolveu com alguns quacres politicamente radicais e abandonou a academia para virar um ativista antinuclear e antipobreza em tempo integral. Ele levava jeito para o trabalho: estava sempre procurando formas de chamar atenção e divulgar informações e estatísticas, e logo se tornou famoso na região. Charles criou um espetáculo antinuclear itinerante, o *Dr. Atomic's World Famous Medicine Show and Lending Library* [O famoso espetáculo de medicina e a biblioteca do Dr. Atômico], que ele e outras pessoas apresentaram por todo o Oregon, de bicicleta ou Kombi.

Ele cresceu na pobreza, mas sua esposa havia herdado bastante dinheiro — e os dois doaram metade para causas políticas. Além disso, transformaram sua casa numa comuna. Charles queria mais: sentiu-se livre ao doar tanto dinheiro, e passou a buscar essa sensação de novo. Sempre se sentira culpado por ser abastado e descobriu que era fácil acabar com essa culpa. Achava errado terem tanto enquanto outros não tinham nada. Um tempo depois, teve a ideia de viver apenas com a parte que lhe cabia da riqueza do mundo, aquilo que chamava de World Equity Budget [orçamento global igualitário], ou WEB. A princípio, achou justo dividir a receita total do mundo pelo número de habitantes. Só que passou a considerar também as gerações futuras e decidiu que, como a população mundial estava crescendo, precisava reduzir sua parte periodicamente para a conta fechar. Acabou chegando a um número de mais ou menos 1200 dólares por ano. A esposa se recusou a acompanhá-lo — achava que ter doado metade do seu dinheiro já havia sido suficiente. Disse a Charles que teria de escolher entre ela e o World Equity Budget. Mesmo que os dois estivessem casados por trinta anos, com dois filhos e que ele ainda a amasse, Charles escolheu o WEB, e os dois se divorciaram.

Ele doou todas as suas posses, exceto poucas roupas e alguns móveis e utensílios domésticos. Seus amigos acharam estranho e triste que tivesse desistido do casamento por se identificar com pessoas pobres que nunca conhecera. Acreditavam que Charles queria mostrar que era mais puro e superior a todos eles; que julgava os outros por não serem tão bons quanto ele. Disseram ao amigo que aquilo não tinha potencial como movimento social, que não iria ajudar nenhuma pessoa pobre, que ninguém daria a mínima, que ele estava passando fome por nada, que o necessário era uma mudança institucional, não um testemunho pessoal. Ele sabia que não estava começando um movimento, embora tivesse até um slogan ("Seja pobre agora. Evite a concorrência depois") e um manifesto tão extenso quanto um livro, *Toward a Nonviolent Economics* [Por uma economia não violenta]. Porém, começou a sentir que, quando falava sobre igualdade e pobreza, não falava mais apenas frases vazias. Sabia que escolher a pobreza era muito diferente de ser obrigado a viver na penúria e que sua educação o separava da maior parte das pessoas pobres, mas pelo menos já não se sentia mais cúmplice do infortúnio desse grupo. Enfim, depois de anos se sentindo culpado e confuso, estava em paz.

No final de 1980, Dorothy se mudou de Portland para Eugene. Estava apaixonada por Charles Gray e tinha aceitado o pacote completo — o World Equity Budget e todo o resto. Ele era engraçado, bonito, inteligente e comprometido por inteiro com os mesmos valores que ela. Charles levara anos para organizar suas finanças e se preparar psicologicamente para mudar de vida, mas Dorothy fez tudo de uma vez só. Estava esperando por isso. Largou o trabalho, vendeu a casa e doou todo o resto, guardando apenas duas caixas de livros e sua bicicleta. Não precisava mais de dinheiro — o pai de Christopher era agora professor na Universidade de Stanford, e a instituição pagaria as despesas da faculdade de Christopher. Ela se deu conta, sentindo-se imensamente grata pela sua situação privilegiada, de que estava livre.

Dorothy adorava o WEB — era bastante desafiador, uma aventura. Àquela altura, Charles vivia com 62 dólares por mês, ganhando um pequeno salário como carpinteiro. Dorothy trabalhava meio período numa casa de repouso e mergulhou no ativismo. Charles ensinou-a a procurar comida no lixo e mostrou onde as melhores coisas eram descartadas. Ela aderiu rapidamente a esse modo de vida e nunca sentiu vergonha de sua escolha, como ocorrera com Charles no início. Dorothy estava abismada com tudo o que podia ser encontrado no lixo. As caçambas que ficavam do lado de fora dos dormitórios da Universidade do Oregon eram de uma abundância tremenda: uma vez por ano, quando os alunos iam embora da universidade, jogavam fora todo tipo de coisa, até mesmo móveis. Dorothy procurava evitar as lixeiras dos supermercados da rede Safeway, porque não aprovava as políticas da empresa: eles vendiam produtos cheios de pesticidas, produzidos por agricultores que trabalhavam em condições ruins. Sabia que era uma postura meio ridícula — como se o Safeway fosse se importar com o fato de ela se negar a mexer no seu lixo —, mas se mantinha firme nas suas convicções.

Dorothy percebeu que podia usar apenas poucas peças de roupas por vez, que não precisava de muito espaço, que podia comer apenas o necessário e que todo o resto era supérfluo. Na maior parte desse período, os dois gastaram até menos do que tinham. Sabiam que se um deles ficasse muito doente teriam de abandonar o projeto ou aceitar que iam morrer, que é o que geralmente acontece com os mais pobres. Mas nada dessa natureza ocorreu. Uma vez, Charles acabou no hospital como indigente e, por isso, não precisou pagar a conta; porém, eles procuravam evitar os recursos de programas de benefício social, mesmo reconhecendo que, ao usarem parques, bibliotecas, estradas e a água da cidade, estavam se beneficiando da riqueza americana de qualquer forma.

Em dado momento, quando viviam juntos em um quarto numa casa compartilhada, Charles disse a Dorothy que achava que os dois deveriam morar na rua. Para pagar o aluguel, usavam um dinheiro que podia ser doado para pessoas mais necessitadas — viver entre quatro paredes se tornara um luxo desconfortável para Charles. Dorothy respondeu que não estava disposta a morar na rua — não achava que era uma forma mais pura de viver; para ela, ninguém deveria morar na rua. Se ele escolhesse esse caminho, estaria sozinho.

Para Dorothy, o WEB não se tratava de uma questão de simplicidade ou pureza — ela não almejava nada disso —, e sim de justiça. Ela gostava de ter coisas boas, comer comida boa, beber um bom vinho e usar roupas bonitas; amava a segurança promovida pelo dinheiro. Mas esse sentimento não era maior que sua insatisfação ao pensar que estava contribuindo para um mundo injusto. Acreditava que o desejo de Deus era que vivesse com os pobres, e era isso que ela ia fazer. Para isso, precisava ser pobre. Já para Charles, a WEB era a perfeição moral em si e não deveria ser quebrada: passar do orçamento representava uma crise. Para Dorothy, o WEB era um guia, uma orientação, e passar dos limites preestabelecidos fazia parte da vida. Ela disse para Charles: "Tudo bem, estou apaixonada por você. Adoro esse projeto. Vou me juntar ao World Equity Budget. Mas preciso da minha taça de vinho antes do jantar e do meu café. Não vou continuar sem ter isso". Ainda comentou que brigavam muito: "Ele estava sempre contando os centavos, anotava tudo numa caderneta. Uma vez, me disse que eu tinha gastado 38 centavos acima do orçamento. Eu disse: 'Você pode repetir o que acabou de dizer?'. E aí falei o que ele podia fazer com seu World Equity Budget".

Charles gostava de forçar seus limites para ver até onde podia ir — não era uma pessoa leve, achava que era um eleito e que sua obra era crucial. Dorothy, por outro lado, nunca sentiu que sua vida fosse muito importante. Era apenas uma pessoa insignificante em meio a tantas outras no mundo. "Ele era um purista e um puritano", afirmou Dorothy. "Não sei como fui me envolver com um puritano — sou latina, sou muito livre. Não sei como casei com ele. Era uma aventura. E, além disso, ele era bom de cama, porque tinha praticado bastante."

As pessoas costumavam dizer que, se uma mulher em Eugene ficasse disponível por mais de cinco minutos, ele a seduziria. A primeira esposa de Charles relevara as ideias do marido sobre liberdade sexual, mas Dorothy era muito carola e ciumenta. Não tinha o menor interesse no amor livre e não tinha dúvidas sobre o fato de que transar com todo mundo não era essencial para a libertação da humanidade, ou para criar um novo mundo, ou que fosse uma forma de se manter em contato com seus sentimentos, ou qualquer coisa do tipo. Mas Charles demorou um pouco para desistir dessa prática, tanto que chegou a levar Dorothy para uma casa em Eugene onde oito ou dez homens e mulheres viviam juntos e tinham um calendário para determinar quem dormiria com quem a cada noite. (Eles se alternavam regularmente, para evitar que ninguém cultivasse preferências por determinado parceiro.) Um dos homens mostrou a casa a Dorothy e explicou o sistema; depois de ouvi-lo com toda a paciência, ela disse a Charles: "Essa gente é louca. Se quer ficar comigo, você vai ter de ser monogâmico. Já estou velha e um tanto fora de forma para experimentos desse tipo".

Eles se casaram em 1981 às margens do rio Willamette, numa cerimônia que não tinha validade legal. Um pastor episcopal rezou um culto; depois, realizou a celebração a partir do *Livro de oração comum*, o livro de preces de igrejas que seguem a fé anglicana. Como não acreditavam no envolvimento do Estado, não tiraram certidão de casamento. Dorothy usou um vestido branco longo de musselina, Charles vestiu calça e camisa brancas, e ambos usaram colares de flores que um amigo tinha confeccionado para a ocasião. Outro conhecido tocou violão, e todo mundo cantou junto.

Durante esse tempo, Charles ainda estava obcecado pela ameaça da guerra nuclear. Não entendia como isso não deixava todo mundo apavorado. Como as pessoas podiam seguir normalmente a vida quando o planeta podia ser incinerado a qualquer momento? Era uma loucura. Os protestos nos quais ele se envolvera até então, a maioria deles invadindo usinas nucleares, claramente não tiveram muito impacto. Charles sempre se impressionara com a efetividade dos jejuns de Gandhi. Portanto, no final dos anos 1970, decidiu que a situação era urgente o bastante para protestar da forma mais radical possível: uma greve de fome sem data para acabar, que poderia levá-lo à morte.

Quando conheceu Dorothy, Charles já começara a planejar o que chamava de "Jejum pela Vida", um protesto contra o desenvolvimento de mísseis de cruzeiro e Pershing na Europa. Dorothy não apenas concordou que Charles fosse em frente com o plano como se juntou a ele — afinal, isso fazia parte do pacote que ela aceitara. Ela também tinha uma postura firme sobre o assunto, mas por razões diferentes. Charles era contra as bombas nucleares porque achava que podiam explodir o mundo. Dorothy não estava tão preocupada com o fim do mundo; era contra as bombas porque eram caras e desviavam dinheiro estatal que poderia ser usado para alimentar pessoas. Quando pensava sobre armas nucleares, Dorothy imaginava crianças passando fome.

Eles pesquisaram sobre o assunto e descobriram que um jejum de longa duração precisava de treinamento, como qualquer outra coisa. É necessário preparar corpo e mente. Por três anos, eles praticaram: faziam jejuns de três dias, de uma semana, de duas semanas. Durante um ano, viajaram por todo o país e também pela Europa e pela Ásia divulgando a causa e recrutando voluntários para jejuar. As viagens eram pagas com doações para a equipe que estava organizando o jejum, e eles eram sempre recebidos na casa de outras pessoas nos mais diversos lugares — o problema é que esse programa estava muito fora do esquema WEB, e eles se sentiam desconfortáveis com isso. Em meio aos preparativos, em 1981, Bobby Sands, um jovem membro do Exército Republicano Irlandês Provisório (Provisional IRA, na sigla em inglês), morreu na prisão devido a uma greve de fome, e eles perceberam que a morte do rapaz trouxe bastante atenção e compaixão para a causa que ele defendia.

Assim, os dois começaram a jejuar no Dia de Hiroshima — 6 de agosto — em 1983. Os principais jejuadores se estabeleceram em sedes em várias cidades: quatro pessoas em Paris (incluindo Solange Fernex, do Partido Verde), duas em Bonn e um canadense e um japonês em Oakland, além de Dorothy e Charles. Havia um escritório de comunicação em Oakland com dez voluntários que recebiam ligações e liam cartas, além de conversar com a imprensa. O líder do Partido Social-Democrata alemão, Willy Brandt, se encontrou com os jejuadores em Bonn e prometeu fazer oposição ao desenvolvimento de mísseis na Alemanha; dois ministros do governo de François Mitterrand foram ao encontro dos jejuadores em Paris.

Depois de quatro dias, Dorothy parou de sentir fome — sentia-se apenas vazia. Sabia, pela pesquisa que fizera, que levaria mais ou menos três semanas para o corpo queimar a gordura de metabolização mais fácil e passar para os músculos. Depois, passou a se sentir muito cansada, e, ao mesmo tempo, experimentava uma sensação de bem-estar espiritual, como se uma presença divina estivesse com ela. Encarou o jejum como uma espécie de oração.

Estava aberta à ideia de jejuar até a morte, mas tinha que pensar em Christopher, a quem prometera que não ia morrer, embora, na verdade, não soubesse o que podia acontecer. Depois de começado o jejum, lendo uma entrevista ou vendo alguma coisa na TV, Christopher descobriu que aquilo não tinha data para terminar. Ele ficou muito chateado. O fato de sua mãe ter considerado fazer isso com ele e, pior ainda, ter mentido fez com que alguma coisa dentro dele morresse. Mesmo trinta anos depois do ocorrido, Christopher continuava determinado a nunca acreditar em promessas.

No dia 1º de setembro, o 27º dia do jejum, o voo 007 da Korean Air Lines, que ia de Nova York para Seul, foi atingido pelos soviéticos em cima do mar do Japão. Todos a bordo, inclusive um congressista americano, morreram. Foi um momento terrível da Guerra Fria e logo ficou claro que, para os Estados Unidos, o desarmamento ainda estava longe de chegar. Dorothy tinha perdido cerca de dezoito quilos e estava começando a ficar cega. No 38º dia, Daniel Berrigan, um conhecido ativista antinuclear católico por quem Dorothy tinha grande respeito, ligou para ela e disse: "Já chega. Pare". E ela parou. Dois dias depois, Charles interrompeu seu jejum também, o que irritou alguns ativistas. Ele dissera que seguiria até a morte, mas voltou atrás. Outros estavam irritados simplesmente por terem começado a jejuar, o que acreditavam ser um ato violento. Dorothy e Charles sentiram que tinham feito o que podiam.

Depois que os dois se recuperaram do jejum, Dorothy anunciou que era a sua vez de definir o plano, e ele concordou. O lance da vida simples e do jejum — quase até a morte — tinha sido ideia de Charles, e agora ela queria fazer algo diferente. Dorothy disse aos amigos ativistas que estava se mudando para a Nicarágua para ser enfermeira. Eles ficaram chocados e a criticaram duramente por partir. Ninguém conseguia entender o motivo de Dorothy estar fazendo aquilo; ninguém disse: Que legal, espero que dê tudo certo. Ela tinha sido uma das eleitas, uma das poucas pessoas que entendiam quanto a questão nuclear era importante, e tinha se mostrado disposta a arriscar a vida para confrontar esse perigo, mas agora queria ser *enfermeira*? Qualquer pessoa podia ser enfermeira! Como ela podia abandonar a causa maior da paz? Como podia ser tão egoísta?

Uma pessoa falou para ela: "Se você está abandonando o movimento, quem vai tratar do racismo?". Durante anos ela fora a única latina entre os ativistas pela paz, ajudando os brancos a sentir que estavam lidando com a questão racial. Dorothy respondeu que o racismo era problema dele, não dela. Isso era outra coisa que sempre a chateava: era um privilégio tirar uns dias de folga para participar de um protesto, ir para a cadeia de propósito, abrir mão de um salário de classe média e se tornar pobre. A maior parte das pessoas "morenas" nos Estados Unidos não tinha esse privilégio. "Eu me lembro de conversar com alguns amigos negros que me disseram: 'O que você está fazendo nesse movimento de brancos? Eles que se explodam! Que vão para o inferno! Quem se importa?'", contou.

Dorothy e Charles partiram para a Nicarágua. Quando pararam na Cidade do México, receberam uma mensagem pedindo que fossem imediatamente para a Cidade da Guatemala. Um amigo, Alain Richard, um monge franciscano francês com quem tinham vivido durante o jejum em Oakland, estava sozinho e precisava de ajuda. Alain estava organizando um centro que cedia espaço para o Grupo de Apoyo Mutuo [Grupo de Apoio Mútuo, o GAM], formado, em sua maioria, por viúvas de homens desaparecidos. Várias delas também corriam perigo e precisavam de proteção. No dia seguinte, Dorothy e Charles entraram num ônibus e foram para a Guatemala.

Eles chegaram na terça-feira da Semana Santa de 1985. Enquanto os dois partiam do México, um membro do GAM tinha sido sequestrado e encontrado morto, com a língua cortada. No dia seguinte à chegada dos dois, houve no centro uma reunião, da qual participou María del Rosario Godoy de Cuevas, uma jovem casada com um líder estudantil universitário que estava desaparecido; ela tinha um filho pequeno, Augustine, que tinha cerca de dois anos. Na quinta-feira daquela semana, no fim da tarde, depois da reunião, Rosario e Augustine desapareceram. A presidente do GAM, Nineth Garcia, ligou avisando que Rosario havia desaparecido e era preciso encontrá-la. Nineth foi até o centro num táxi com quatro ou cinco mulheres, as que tinham sobrado no conselho de administração do GAM. Charles disse não ter certeza se deveriam sair para procurar Rosario, porque não tinham autorização. Dorothy disse: "Se não quiser ir, pode ficar, mas eu vou".

Já estava escuro. Primeiro, foram de carro até os maiores hospitais para ver se Rosario estava em um dos necrotérios, mas não conseguiram encontrá-la. A essa altura, já era uma hora da manhã. Nineth decidiu que eles deveriam ir ao DIT — Departamento de Investigações Técnicas, força especial da polícia controlada pelo Ministério do Interior, órgão que tinha a reputação de ter entre seus funcionários membros dos esquadrões da morte. O escritório do DIT era uma sala suja com pouca luz. Havia um pequeno banco de madeira em uma sala de espera e um balcão com alguns homens do outro lado. Eles eram assustadores. Dorothy apoiou-se na parede — seus joelhos tremiam tanto que ela achou que ia cair. Nineth pegou um cigarro e pediu fogo a Dorothy. Bem em cima delas, na parede, havia uma placa que dizia "*No fuma*". Dorothy apontou para a placa, mas Nineth falou: "Eles estão fumando; peça um isqueiro para eles". Então, hesitante, Dorothy foi até a mesa e pediu aos homens um isqueiro para que Nineth acendesse o cigarro. Nineth a assustava. Dorothy percebeu que algo muda nas pessoas que perdem membros da família: elas ficam destemidas. Não é que não queiram continuar vivendo; mas saber o que aconteceu se torna mais importante. Quando perceberam que os homens do DIT não sabiam o que tinha ocorrido com Rosario, continuaram a procurar.

Decidiram ir até o Cemitério Verbena, o necrotério mais antigo da Cidade da Guatemala. Eram três da manhã. Era Sexta-feira Santa e as principais ruas da cidade estavam bloqueadas para ser cobertas de flores e transformadas na Via Dolorosa; ao longo da noite, sob a luz de lanternas, as pessoas tinham espalhado pétalas para criar a "rua da dor". Por vias secundárias, elas chegaram ao necrotério; e lá estava Rosario, numa mesa. Seu irmão mais novo e Augustine também estavam lá, ambos mortos. Um dos lados do rosto de Rosario estava afundado e roxo, e suas mãos estavam quase completamente ceifadas; elas souberam mais tarde que seu irmão e seu filho foram torturados e mortos na frente dela, e Rosario tinha cortado os braços, que estavam amarrados com arame, na tentativa de se soltar para impedir que eles fossem mortos.

Depois dessa noite, Dorothy percebeu que Nineth, sendo a presidente do GAM, era provavelmente a próxima vítima; então resolveu protegê-la. Passou a acompanhar a colega por todos os lados, 24 horas por dia. Esperava que, sendo uma cidadã americana registrada na embaixada, os esquadrões da morte relutassem em se envolver em seu assassinato. Alain Richard ouvira de um diplomata que todas as mulheres que faziam parte do conselho do GAM estavam na lista de pessoas que seriam mortas.

Dorothy se manteve nesse esquema por três semanas. Tinha medo o tempo todo. Sabia que uma pessoa podia pular de um carro a qualquer momento e agarrar Nineth, e achava que era seu dever impedir que isso acontecesse. Havia uma van branca com vidros escuros que as seguia por todo canto e ficava estacionada do lado de fora da casa de Nineth. Dorothy não tinha uma arma e não queria ter uma: a ideia de carregar armas a apavorava tanto quanto a de levar um tiro, e ela sabia que, se os homens do esquadrão da morte quisessem matá-la, eles o fariam, estivesse armada ou não. Imaginava que, caso tentassem levar Nineth, ela só gritaria que eram assassinos malditos, e talvez isso os parasse; era tudo o que podia ser feito.

Estava pronta para dar sua vida por Nineth — achava que o trabalho da colega era mais importante do que o seu —, mas sabia que era pouco provável que isso acontecesse. O mais plausível era que simplesmente a golpeassem na cabeça e levassem Nineth embora. Nineth estava enlouquecendo por ser escoltada o tempo inteiro, mas Dorothy não a deixava só nem por um minuto, pois mantê-la viva era sua obrigação. Alguns dias depois da morte de Rosario, o Departamento de Estado Americano anunciou que os Estados Unidos ficariam descontentes se mais algum membro do GAM fosse morto. Três semanas mais tarde, novas pessoas chegaram para ficar no lugar de Dorothy — a Brigada Internacional da Paz decidiu que se responsabilizaria por observar e acompanhar essas mulheres —, então ela e Charles entraram em outro ônibus e partiram para a Nicarágua.

Dorothy trabalhou na clínica de Mulukukú por quase vinte anos. Perto do fim desse período, uma clínica gratuita do governo foi aberta na cidade, oferecendo cuidados médicos e vacinas. Dorothy sugeriu que a clínica da cooperativa reduzisse seus serviços, disponibilizando o que a clínica do governo não oferecia: exames de papanicolau e medicina preventiva. Ela treinaria os médicos do governo para sair a campo e realizar acompanhamento pré-natal nos assentamentos. As outras mulheres da cooperativa concordaram — ou ao menos era nisso que Dorothy acreditava. Mas, ao voltar de uma viagem para arrecadar fundos nos Estados Unidos, descobriu, para seu completo espanto, que a cooperativa, liderada por Grethel, tinha decidido fazer algo totalmente diferente: transformar a clínica num espaço privado que cobraria por seus serviços.

Dorothy ficou chocada. Depois de vinte anos, todas as coisas pelas quais tinha lutado haviam sido rejeitadas. Ela se sentiu traída pela cooperativa, principalmente por Grethel. As duas haviam trabalhado juntas todos os dias; foram amigas próximas por duas décadas; eram quase uma família. Quando deixou sua casa de bambu e foi para a cidade, Dorothy ficou na casa de Grethel.

Achava que elas compartilhavam a mesma política, os mesmos ideais. As duas haviam passado por muita coisa juntas. Por vezes, ao auxiliar alguém, acabavam desapontando outras pessoas. Uma mulher chegou a pedir a ajuda delas para colocar as filhas para adoção, na tentativa de protegê-las do marido, que estava preso, suspeito de estuprar a enteada. Quando foi solto, o marido acusou a cooperativa de se encarregar da adoção sem que ele tivesse permitido.

Dorothy pensava que ia morrer em Mulukukú. Retirou-se para Manágua para pensar sobre o que tinha acontecido. As pessoas disseram a ela que as doações americanas estavam diminuindo e que a clínica não tinha outra escolha a não ser se tornar autossuficiente. Talvez fosse verdade. Ela tentava ter em mente que, mesmo se opondo a essa mudança e acreditando que isso contrariava o propósito da clínica, a cooperativa ainda fazia coisas boas pelas mulheres da Nicarágua.

Em Matagalpa, Dorothy trabalhava dia após dia. Quando trabalhava, estava feliz. Ainda havia muito a fazer por muitas mulheres que não tinham quase nada. O trabalho era a única forma de felicidade a que ela aspirava agora, e essa felicidade bastava.

Não acreditava mais em um Deus onipotente, mas tinha esperança, ainda que reduzida, em governos decentes. A Nicarágua e os sandinistas não eram mais o que haviam sido. Quando os liberais chegaram, pintaram os antigos murais, e essas imagens não foram substituídas por outros desenhos. Quando a eletricidade finalmente chegou a Mulukukú, no final dos anos 1990, imediatamente todas as casas pobres passaram a ter uma televisão; nessas casas não havia sequer comida suficiente, mas todos estavam assistindo às novelas do Brasil e do México sobre os infortúnios de pessoas ricas. As coisas estavam melhores, sem dúvida — as pessoas não passavam mais fome e havia clínicas de saúde pública por todo lado. Mas de que adiantava fazer uma revolução se tudo o que se produzia era mais uma nação de consumidores? "Quem se importa com a distribuição de riqueza se os pobres se tornaram tão gananciosos quanto os ricos, mas numa escala menor?", ela se perguntava. "O que isso tem a ver com ser um ser humano?"

Ela estava com 84 anos, mas ainda queria fazer muitas coisas, como ir a lugares onde nunca estivera. Por exemplo, Machu Picchu, no Peru. Christopher se tornara um naturalista e trabalhava como guia na Amazônia e na Costa Rica; vez ou outra, ela embarcava numa viagem com ele.

Dorothy não sabe quanto tempo de vida ainda tem. Sabe que é uma mulher forte pelo fato de ter contraído malária muitas vezes em Mulukukú e ter sobrevivido. Sua mãe viveu até os 94, mas tinha demência quando morreu; foi uma morte feia, e ela não deseja isso. Já decidiu o que realmente quer. Quando estiver pronta, quando não puder mais tomar conta de si mesma, vai parar de comer e, depois, parar de tomar líquidos. Um dia, vai beber uma última taça de vinho e, então, alguns dias depois, vai morrer. Ouviu dizer que Charles Gray se foi dessa forma, alguns anos atrás, no Oregon, e foi uma morte boa. Ela combinou tudo com Christopher. Ele compreende.

Os mais oprimidos de todos

Quando jovem, Aaron Pitkin procurava uma causa a que pudesse devotar a vida — algum meio de aliviar o sofrimento que via no mundo —, e ele a encontrou nos frangos. Era uma questão de números. Mais de 8 bilhões de frangos morriam a cada ano nos Estados Unidos, quase 1 milhão por hora. Dentre os animais abatidos para consumo, eles eram, sem sombra de dúvida, a grande maioria, dadas suas reduzidas dimensões — pouca carne para muita morte, terrível. E o tratamento que recebiam nas granjas antes do abate o indignava — as aves sofriam de dor crônica praticamente durante as seis semanas que viviam, tão gordas que as pernas não sustentavam o corpo, sentadas sobre os próprios excrementos, cobertas de feridas. Aaron vislumbrou que, se descobrisse como melhorar a vida dos frangos, a carga de sofrimento a ser subtraída do mundo seria muitas vezes maior do que qualquer outro expediente que lhe passasse pela cabeça.

Não que os frangos fossem mais importantes do que as pessoas, ou mais inocentes ou fofos. Ele se impressionava por eles serem mais indefesos e até mais massacrados que as mais oprimidas das gentes; o sofrimento daquelas aves era maior, e mais injusta sua condição. Ele não perdia tempo cogitando se um frango seria de fato mais feliz em outras circunstâncias. Não lhe interessava a felicidade; seu lance era a dor.

Embora tivesse feito do sofrimento animal a missão de sua vida, isso não o comovia em especial. Quando algum abuso novo e terrível lhe chegava aos ouvidos, ou mesmo quando se deparava com imagens horrendas, sua reação imediata — ocorrência sim, outra não — era pensar: "Sensacional! Isso é ótimo para a causa!". Chorou assistindo um vídeo em particular, que mostrava o tratamento sádico impingido aos bois num matadouro kasher no Meio-Oeste, mas isso era raro. A postura desapaixonada, porém, não afetava seu empenho pela causa. Passado o furacão Katrina, ele percorreu de carro centenas de quilômetros até New Orleans para salvar frangos, pois sabia que as granjas estariam inundadas e ninguém se importaria em resgatá-los.

Aaron tem quarenta e poucos anos. (Os nomes foram modificados a pedido dele.) Trabalha numa conceituada entidade de defesa dos direitos dos animais e tem sido um aliado extraordinariamente competente dos frangos, colaborando para uma mudança significativa tanto na legislação quanto nas atitudes das pessoas. Ele é vegano porque acredita que essa é a coisa certa a fazer, mas não é ortodoxo — é um sujeito pragmático, para quem aliviar o sofrimento é mais importante do que seguir à risca um determinado princípio. Por essa razão, não vê problema em comer carne em encontros com criadores de gado (ele também zela pelos bois) para mostrar que não é um fanático pronto a destruí-los, mas uma pessoa como qualquer outra, com quem eles podem negociar. O problema é que, se algum militante flagrá-lo comendo carne, sua autoridade irá por água abaixo. Ele sempre lembra de um famoso defensor dos direitos dos animais que, segundo consta, era um indivíduo horrível, viciado em cocaína, chegado a um assédio sexual e dado a se exibir com armas de fogo, mas o que realmente escandalizara seus seguidores tinha sido o boato de que ele fora visto comendo chocolates M&M's. É verdade que a turma que armou o escândalo dos M&M's era meio maluca, mas esse pessoal era a base do movimento, e ele dependia deles para levar seu trabalho adiante.

Foi no ensino médio que Aaron decidiu que comer carne era errado, mas ele só virou vegetariano seis meses depois. Todo dia ele descia do ônibus, ia à lanchonete Hardee's, mandava ver um cheese bacon e se sentia uma pessoa horrível por isso. Então, quando a família da namorada o convidou para o jantar de Natal, sabendo que a carne a ser servida teria, muito mais do que um cheese bacon, a forma reconhecível de um animal — um peru inteiro e um pernil —, ele se deu conta de que não conseguiria suportar aquela visão. E assim acabou sua vida carnívora. Passado algum tempo, foi visitar a Farm Sanctuary, uma organização que resgatava animais de propriedades do agronegócio, e descobriu que eles eram maltratados também na produção de ovos e derivados de leite — convenceu-se então de que a única posição defensável era se tornar vegano. Pensou: "Cara, vou sentir falta de sorvete, mas não tenho escolha".

No ensino médio, tocou numa banda de death metal e usou o cabelo comprido e despenteado. Seu animal de estimação era uma cobra píton chamada Snaky, de quase 2 metros, com quem dividia a cama. Ele não gostava que mandassem nele. Batia boca com os professores e tomou um corretivo com uma raquete de pingue-pongue. Um professor botou pimenta-caiena em sua língua porque ele falava demais (ele atribui ao episódio sua preferência por comidas picantes). Estava sempre à procura de um protesto ou de um macete. Em dado momento, percebeu que as bijuterias que comprava para as namoradas, por um preço absurdo, eram mercadoria adquirida no atacado e depois revendida. Por 25 dólares, conseguiu uma licença para poder comprá-las no atacado, e assim passou a revendê-las aos amigos e a doar os lucros para a caridade.

Na faculdade, decidiu que se dedicaria à justiça social. Inicialmente, o plano era atuar como médico em países do Terceiro Mundo. Então leu um ensaio que mudou tudo: "Fome, riqueza e moralidade", de Peter Singer. O filósofo argumentava que não se podia justificar o consumo de supérfluos quando algumas centenas de dólares, se doados a uma agência internacional de ajuda humanitária, podiam salvar uma vida. Depois de ler o artigo, cada vez que comprava alguma coisa, ainda que pequena e barata, Aaron imaginava estar roubando comida ou remédio de pessoas necessitadas. Ninguém pegaria um refrigerante de um distribuidor automático se uma criança faminta estivesse ali do lado, ele pensava; dali em diante, sempre haveria uma criança faminta na sua frente. Passou a levar uma vida muito frugal. Catava xepa do lixo. Nunca ingeria álcool, não só pelo custo, mas porque não suportava a ideia de perder o controle. Sempre que gastava dinheiro, mesmo que pouco, anotava o valor num caderno. Leu a respeito de um sujeito chamado Charles Gray, que tinha vivido com menos de duzentos dólares por ano; mesmo não tendo ideia de como proceder, jurou chegar o mais perto possível desse marco.

Aaron agora sabia que precisava doar o máximo possível para organizações internacionais de caridade, mas o que mais deveria fazer? Chegou à conclusão de que os animais eram seres mais oprimidos do que os humanos, e de que os que estavam nos níveis inferiores da cadeia alimentar — os não mamíferos, menos inteligentes ou bonitinhos — eram os mais oprimidos de todos. Quase todo mundo cuidava de cachorros e gatos, muita gente estava de olho nos coelhos e nas vacas, mas quase ninguém pensava nos frangos. Depois de tomar a decisão de se concentrar nessa causa, ele resolveu que parte de seu tempo, todo ano, seria dedicada a ler críticas contra os direitos dos animais, a fim de colocar seus princípios à prova e se certificar de que não existia nenhum argumento que o convencesse a mudar de rumo. Queria tratar a questão em termos racionais; afinal, escolhera o ativismo da causa animal por razões lógicas, e não emocionais. Em pouco tempo interrompeu a pesquisa — já estava convencido de que aquele era o caminho certo. Os direitos dos animais não entravam em conflito com os direitos dos humanos, pois comer menos carne fazia bem para a saúde das pessoas, era bom para o meio ambiente, e os imigrantes sem documentação empregados nos matadouros estavam entre os trabalhadores mais maltratados do país.

Tendo decidido que sua causa seria os direitos dos animais, ele passou a enxergar animais sofrendo por todos os lados. Uma vez, na faculdade, estava correndo para chegar a tempo de fazer o exame final de uma disciplina importante para continuar sua formação universitária — e o exame tinha grande peso na nota final. Mas chovia e a água da chuva havia empurrado várias minhocas para o meio da calçada. Ele sabia que, se não as recolhesse, elas seriam pisadas, esmagadas e mortas por quem passasse por ali. Diante da cena, ele parou, catou as minhocas e as devolveu à grama, o que o fez chegar atrasado para a prova. Lutando contra o tempo para concluir a última questão, com a resposta já no visor da calculadora e prestes a transcrevê-la para a folha de prova, o fiscal de sala anunciou: "Tempo esgotado, larguem os lápis!". Claro que os estudantes continuaram escrevendo, mas, Aaron — que já tinha o resultado pronto — largou o lápis sobre a carteira e deixou a resposta em branco.

Esse momento foi um divisor de águas. Até aquele dia, ele sempre acreditara em princípios absolutos — nunca mentir, nunca trapacear, nunca isso, nunca aquilo. Mas, quando se lembrou de sua atitude naquela prova, largando o lápis assim que o fiscal mandou enquanto todos os outros continuavam a escrever, ficando com uma nota pior do que merecia, o que poderia atrapalhar o prosseguimento dos estudos, tudo por causa de um senso moral estúpido, ele estremeceu. Ele se deu conta de que ser ético não tinha a ver com rigor; ser ético era se importar com o sofrimento. Dali por diante, decidiu que a coisa certa a fazer em termos morais não era adotar princípios invioláveis, mas pensar nas consequências de suas ações. Claro que, em geral, era melhor ser honesto, mas, se Anne Frank está escondida na sua casa e os nazistas batem na porta, você mente.

Já na pós-graduação, Aaron compensava seu isolamento amoral dedicando à caridade o pouco tempo livre de que dispunha. Organizou sua grade horária de modo a poder trabalhar às sextas-feiras como voluntário na Food Not Bombs.* Era um trabalho desgraçado. Tinha de acordar na madrugada congelante de Boston e bater ponto numa viela coberta de dejetos humanos, descarregar inúmeras caixas de uma van até que seus dedos sangrassem e em seguida levá-las ao porão abafado onde ficava a cozinha, e então preparar as refeições. A parte boa era servi-las e ver a expressão no rosto das pessoas que recebiam a comida, mas ele geralmente ia embora antes disso. Ele percebeu que sempre havia gente disponível para essa etapa, mas só ele estava disposto a encarar o pesado, então encarava e ia cuidar da vida.

Quando não estava carregando comida, Aaron participava de protestos. Ele se vestia de lagosta e ia para a rua com um cartaz

* Formada por coletivos independentes e presente em diversas partes do mundo, é uma organização cujos voluntários servem comida vegana e vegetariana, grátis, preparada com os excedentes de mercados e restaurantes. (N. E.)

que dizia "Ser Fervida Dói". Aaron sempre admirou o fato de sua mãe ter sido presa num protesto contra o racismo, então procurava um jeito de ser preso também. Ele achava injusto que houvesse uma lei proibindo as pessoas de passar a noite no Boston Common. Como os sem-teto que dormiam nos bancos do parque vinham sendo retirados à força por policiais, ele e outros camaradas resolveram acampar ali uma noite e foram presos. Quando ele ligou exultante para a mãe para contar a novidade, ela respondeu: "Já não era sem tempo".

Os pais de Aaron, Barbara e Mike, se conheciam desde pequenos — ela morava em Flatbush, no Brooklyn, e no verão frequentava a praia perto da casa dele, em Long Island. Casaram-se em 1964. Barbara foi trabalhar como inspetora no Departamento de Bem-Estar Social da Prefeitura de Nova York; Mike começou uma carreira de fotógrafo, registrando protestos políticos. Ambos militavam no Core, Congress of Racial Equality, e participavam de muitas manifestações. A foto mais famosa de Mike mostrava um homem negro sendo preso pela polícia numa passeata contra a discriminação racial. Centenas de pessoas foram detidas naquele dia, inclusive Barbara. Mike a fotografou sentada no chão, sorrindo, pouco antes de ser levada; ao lado dela, um policial de pé. Aaron tinha uma cópia da foto sobre a escrivaninha e gostava de dizer que sua mãe estava sendo arrastada pela polícia.

Em 1965, Mike e Barbara deixaram o Brooklyn e foram para o Colorado, onde ele trabalharia para um diário local. Ela gostou da mudança, mas alguma coisa parecia ter acontecido com Mike, que passou a se comportar de um modo bizarro, a ponto de acabar sendo mandado embora. A partir daí, a situação só piorou. Ele arrumou um emprego em Wyoming e, então, depois de ter sido demitido, arranjou outro, numa agência dos correios, mas estava cada vez mais esquisito. Exibia fotos em que aparecia sem roupa; fazia ameaças; dava em cima das mulheres; praticamente não dormia. Barbara tentava esconder dos filhos a loucura do pai; certa vez precisou levá-lo ao hospital psiquiátrico e disse aos meninos que ele viajara a trabalho. Quando ele estava em casa, ela ficava em pânico: ele sempre inventava coisas malucas e perigosas para fazer com os filhos, e os dois adoravam — ele era tão mais divertido que ela.

Depois que ele foi demitido do último emprego, no Arkansas, sua deterioração foi bem mais acelerada. Cismou que nazistas lançavam gás venenoso pela fresta da porta, e mandava todo mundo falar baixo porque um dos vizinhos seria um nazista que espionava sua família. Começou a comprar armas. Julgava-se o Messias. Barbara não se sentia mais segura com todas aquelas armas em casa. O pessoal da clínica de saúde mental onde ele se tratava tampouco; por fim, a situação degringolou a ponto de ela despachar o marido, sozinho, de volta para a casa dos pais dele.

Barbara sempre protegeu Aaron, não queria que ele soubesse muito a respeito do pai. Nunca lhe contou sobre suas frequentes traições. Disse que estava se separando dele porque Mike estava doente. Aaron, que tinha uns nove anos, ficou horrorizado e começou a chorar. Se o pai estava doente, era preciso cuidar dele, e não abandoná-lo! E se ele, Aaron, ficasse doente, a mãe também o abandonaria?

Depois do divórcio, Barbara decidiu voltar com os meninos para a Costa Leste, sobretudo porque se cansou de ser a única família judia na cidade; Aaron andava apanhando na escola porque os judeus eram os assassinos de Jesus. Mas o estrago já estava feito. Enquanto apanhava por ser judeu, ele pensava: "Se eu tivesse nascido aqui, no meio dessa gente, minha fé seria a deles, e agora eu também estaria batendo em mim. Então como posso ter certeza de que a minha é que a fé verdadeira?". Aos oito anos, Aaron disse para a mãe que não acreditava em Deus.

* * *

Quando tinha vinte e poucos anos, Aaron conheceu Jen. Ela trabalhava na New England Anti-Vivisection Society, organização de proteção aos animais em Boston, e um dia ele apareceu oferecendo seus serviços como especialista na doença da vaca louca. De cara ela detestou aquele sujeitinho reservado, arrogante e mal-educado. Ele começava a se tornar uma espécie de celebridade no movimento pelos direitos dos animais, e vivia cercado de mulheres. Alguns meses depois, num jantar, sentados em cadeiras vizinhas, ele resolveu bancar o sedutor. Encantada, ela aceitou o convite para sair com ele.

Na ocasião, eles se identificaram um com o outro. Ambos se dedicavam integralmente a pôr fim às injustiças. Ela chegara aos direitos dos animais por caminhos mais tortuosos — começara no movimento feminista e, pela via do ecofeminismo, desenvolvera a percepção de que animais e mulheres eram igualmente oprimidos —, mas os dois acabaram no mesmo lugar. Também riam das mesmas coisas; adoravam cartuns de humor grotesco. Para surpresa dela, ele era divertido. As pessoas riam até em suas palestras sobre veganismo. Ele mostrava um gráfico com ilustrações dos sete tipos de cocô, com as respectivas descrições, para concluir que o mais saudável era, é claro, o dos veganos.

Aaron e Jen foram morar juntos, e foi então que os problemas começaram. A bagunça dele, por exemplo. Aaron não era só desorganizado, era sujo. A roupa para lavar ficava jogada no quarto, a louça usada sobre a pia. Ele cozinhava um monte de comida para economizar — quilos e mais quilos de lentilha cozida ou homus — e largava as panelas e tigelas cheias de restos. Quando ela reclamava, ele dizia que o tempo gasto com a louça era tempo perdido no trabalho pelos direitos dos animais, bem mais importante. Ela não conseguia pensar num contra-argumento satisfatório — na verdade, achava que, do ponto de vista moral, ele estava certo. Quando sentia que estava para enlouquecer com aquela sujeira toda, ela só conseguia dizer: "Mas eu *preciso* que você ajude, eu *quero*, eu estou te *pedindo*". Anos mais tarde, ela desejaria ter gritado: "Sabe de uma coisa? A questão é de equilíbrio, e a gente vive num mundo imperfeito, e você tem razão, se você lavar prato vai ter menos tempo pros animais, agora lava essa porra dessa louça antes que eu tenha um colapso nervoso". Mas ela era jovem, não sabia direito o que era certo, ou normal, ou o que ela merecia. E ficava para morrer porque sempre se vira como uma pessoa ética, e agora se sentia egoísta, burguesa. Como assim, lavar pratos, quando animais eram torturados e pessoas morriam de fome? *Pratos*?

A história familiar de Jen era uma desgraça só. Sua mãe fora criada num orfanato e engravidara ainda muito jovem. O pai, dono de uma oficina mecânica, faturava um bom dinheiro, mas perdeu tudo ao se tornar um alcoólatra violento. Quando criança, Jen foi molestada pelo pai e pelos dois irmãos. Ao contar à mãe sobre os abusos e dizer que pensava em se matar, ouviu dela que, se era isso que queria fazer, que fosse em frente, ela entendia. O pai começou a comprar armas e certa vez tentou estrangular Jen e a mãe. Anos mais tarde, um dos irmãos foi preso por assassinar a mulher.

Certa noite, quando tinha quinze anos, Jen foi despertada pela mãe — deveriam fugir imediatamente ou seriam mortas pelo pai. Ela conseguiu sair, mas a mãe continuou lutando por uma hora contra ele, mantida sob a mira de uma arma. Do lado de fora, debaixo de neve, à espera do desfecho, Jen pensava: "Ela vai morrer, ela vai morrer". Por fim, a mãe deu um jeito de escapulir e as duas foram parar num abrigo de mulheres vítimas de violência. Por alguns meses não tiveram onde morar. Jen dormia em sofás na casa de amigos, mas continuou frequentando a escola e tirando boas notas, pois sabia que, se não fizesse isso, estava condenada.

* * *

Até concluir o ensino médio, ela trabalhou para ajudar a mãe com o aluguel; na faculdade, às vezes descolava um dinheirinho para comprar comida recolhendo latas para reciclagem. Começou a se endividar no cartão. Acreditava no movimento feminista, de modo que, ao se formar, em vez de procurar um emprego que lhe pagasse um bom salário, foi trabalhar praticamente de graça para o grupo que apoiava mulheres vítimas de violência. Considerando sua história de vida, porém, ela não via problema em, vez por outra, comprar um par de sapatos para se sentir melhor. Ela não era perdulária, mas Aaron controlava tanto os próprios gastos que ela se sentia culpada. Ele mantinha o aquecimento no mínimo, mesmo em pleno inverno. Reduzira seu planejamento de gastos a 24 mil dólares anuais, depois a 20 mil, por fim, a 9 mil. Não dava um pio quando ela voltava para casa com alguma compra que ele considerava supérflua, mas nem era preciso. Ela sabia o que ele pensava sobre aquilo.

Jen trabalhava muito, mas Aaron estava *sempre* trabalhando, e o trabalho vinha sempre em primeiro lugar. Ele sentia — inclusive fisicamente — o peso do sofrimento no mundo. Como poderia relaxar assistindo à tevê com gente passando fome? Mesmo quando estavam juntos, ela percebia que ele não via a hora de voltar ao trabalho. Quando se queixava, ele ficava abismado por ela ser tão egoísta. Quando ficava triste, ele se entristecia também, mas não abandonava seus princípios. Às vezes ela achava que ele tinha razão em agir daquele jeito, às vezes pensava que, na condição de namorada, merecia tratamento especial — as pessoas deviam mais satisfação aos mais próximos do que a algum desconhecido. Havia ocasiões em que debatiam o assunto filosoficamente: "Imagine que dois desconhecidos estão se afogando", propunha Jen, "e eu também estou me afogando. Se pudesse salvar ou as duas pessoas ou a mim, o que você faria?". Essas discussões sempre acabavam mal.

Ela se deu conta de que o ativismo dele era a outra na relação do casal, a amante com a qual jamais poderia competir. Quando não estava frequentando algum curso, ele ficava na estrada por semanas dando palestras. Ela cozinhava para ele, limpava a casa, arrumava as malas dele, despachava caixas para onde quer que ele estivesse. O único momento em que ele se dedicou totalmente a Jen foi quando ela passou por uma crise tão terrível que ele achou defensável desviar sua atenção. Quando o pai dela morreu, ela ficou apavorada de ter de ir ao funeral porque seus irmãos, que haviam abusado dela, também estariam lá. Aaron cuidou dela. No dia da cerimônia, ele a ajudou a se vestir, pois ela mal conseguia se mexer, de tão entorpecida. Ele deixou de lado sua birra pela religião e recitou o kadish com ela, que não queria fazer a oração sozinha.

Não por acaso Aaron escolheu alguém com uma história de vida como a de Jen. Ele mesmo tinha um histórico com mulheres traumatizadas. Quando cursava o ensino médio, começou a sair com uma garota que vinha sofrendo abusos desde pequena, estuprada pelo pai e pelo irmão. O pai era viciado em jogo e alcoólatra. Ela sofria de terrores noturnos e não conseguia dormir. Aaron decidiu salvá-la. Por ter sido tão machucada e passado por coisas tão terríveis, ela merecia alguém que a tratasse bem, ele pensou. Desde criança ele tivera aquele vontade acachapante de ajudar as pessoas, mas não sabia como; agora se deparava com uma situação que pensava dar conta. Se abandonada à própria sorte, ela desabaria; por isso ele se aproximou dela.

Quando ela começou a bater nele, ele escondeu da mãe o que estava acontecendo. Se ela o deixava com o lábio sangrando ou com escoriações na pele, ele dizia que tinha se metido numa briga na escola. Ela roubou dinheiro da mãe dele para comprar cocaína, e ele tentou esconder isso também. Um dia sua mãe entrou no quarto dele e o flagrou encolhido num canto enquanto a namorada o enchia de socos; desde então ela não podia mais visitá-lo, mas nem assim ele terminou o namoro. Achava que era capaz de segurar a onda — era forte o suficiente e vinha de uma boa família. Pretendia se casar com ela, zelar por ela e ampará-la pelo resto da vida.

Ele revidou uma vez só. Ele a levara para casa, mas ela se recusava a sair do carro. Quando ela começou a bater nele, ele tentou se esquivar, mas o carro estava entulhado de coisas e ele não conseguiu se proteger. Ela o esmurrava e ele ficava cada vez mais furioso; de repente, ele levantou o braço contra ela e acertou sua cabeça. Ela havia antecipado o golpe e se abaixara, de modo que ele a atingiu na parte de trás do crânio. A mão dele doía absurdamente, e os dois começaram a chorar, numa infelicidade histérica; no meio daquilo tudo, ele se deu conta do que tinha feito e ficou nauseado. O único objetivo de sua vida era proteger os mais fracos, e naquele momento ele tinha agredido uma garota muito traumatizada — tornara-se mais um homem violento na vida dela. Mas ao mesmo tempo compreendeu que era aquilo o que ela queria: que ele revidasse, para poder culpá-lo depois. Quando ele foi para a faculdade, ela foi atrás dele e não o deixava estudar. Por fim, um dia, quando tentava sair de casa para fazer uma prova e ela não o deixava passar, ele teve uma luz: não posso continuar desse jeito — e terminou o namoro.

A certa altura, Jen descobriu, surpresa, que Aaron tinha dinheiro — não uma fortuna, mas um fundo de que ele poderia dispor como quisesse. Pediu a ele que quitasse a dívida do cartão de crédito dela. Não fazia sentido para os dois, do ponto de vista financeiro, que ela continuasse pagando aquele montante de juros, e, mais do que isso, o fato de estar endividada havia tantos anos a estava deixando fora de si. Jen tinha um medo terrível de ficar pobre, traumatizada pelo período em que ela e a mãe não tinham onde morar. Mas ele se recusava a pagar. Disse que outras pessoas precisavam mais daquele dinheiro. Disse que ela estava bem alimentada e tinha uma casa onde morar, enquanto no mundo havia gente que passava fome. Ele já havia reservado esse dinheiro para uma instituição de caridade. Aos olhos de Aaron, era dinheiro sujo — o pai de sua mãe fundara uma empresa que fabricava acessórios de banheiro feitos de ouro, ao passo que o pai de seu pai fizera fortuna com casacos de pele —, que só poderia ser redimido se fosse gasto para aliviar os piores tipos de sofrimento. De um lado, havia Jen; do outro, a Somália. Ou animais enjaulados. Como ela poderia competir com eles? Não havia como. Ela sabia que ele estava certo.

Os dois se casaram em 1999. Discutiram sobre isso por muito tempo — como em Massachusetts ainda não se permitia que gays e lésbicas casassem, Aaron julgava o casamento uma instituição discriminatória que eles não deveriam endossar. Jen disse que passaria os dez anos seguintes lutando pela igualdade de direitos para os gays, mas ela queria se casar agora. Depois de tudo o que havia aguentado durante a convivência com ele, ela queria a aliança no dedo. Sabia que ele jamais concordaria em ter filhos, de modo que deixou o assunto de lado, ainda que não tivesse certeza de como se sentia em relação a isso. Passou a manhã do dia da cerimônia vomitando.

A união durou dois anos. Um dos aspectos mais difíceis da separação, para Jen, foi ter de admitir para si mesma que ela não era a pessoa ética que imaginava ser. Não estava apenas abandonando Aaron: estava optando pelo egoísmo. Optava pela felicidade em detrimento da sobrevivência de outras criaturas. Não conseguia encontrar uma justificativa para o que estava fazendo, achava que estava fazendo a coisa errada, mas não podia evitar — ela não era ele.

Por um momento, foi horrível. Pouco a pouco, o ressentimento e a infelicidade que ela reprimira ao longo daqueles anos explodiram. Ela se rebelou. Por anos, ela e Aaron tinham observado rigorosamente a dieta vegana — e Jen agora *comia queijo*. Viajou para Paris e se entupiu de queijo. Comprou roupas novas. Ingeriu álcool pela primeira vez na vida. Fumou maconha e adorou. Repensou suas opiniões sobre Israel. Arrumou trabalho como dominatrix atendendo clientes com fetiche por pés. Deixou a reciclagem de lado.

Aaron, enquanto isso, radicalizava na direção contrária. Depois do rompimento com Jen, ficou sem ter onde morar por quase um ano. Espalhou que estava disposto a ir a qualquer lugar para discorrer sobre veganismo, nutrição, direitos dos animais ou justiça social, de graça, desde que lhe pagassem a passagem e arrumassem um canto onde dormir, mesmo que fosse o chão da casa de alguém. No começo, estava em êxtase. Depois de tantos anos de culpa vivendo com Jen, enfim se via livre para se dedicar por completo ao ativismo. Não ganhava nada, tampouco gastava. Estava em permanente movimento. Fazia cerca de quarenta palestras por mês, rodava o país num carro doado, no qual dormia se ninguém se dispusesse a hospedá-lo. Mas aí, depois de oito meses nessa vida, concluiu que já bastava: queria voltar a ter uma casa. Fez entrevista para um emprego numa organização de defesa dos direitos dos animais, e nesse mesmo dia alugou um apartamento minúsculo e soturno em cima de uma loja de móveis.

Adorava o novo trabalho — tanto que logo percebeu que gastar um dia inteiro, toda semana, no preparo de lentilhas não era um emprego eficiente do tempo. Quando era mais jovem, tinha a impressão de que seu tempo não valia basicamente nada, então o negócio era empregá-lo para economizar dinheiro. Agora que era um especialista com diploma e plataforma de atuação, percebeu que seu tempo era valioso. Continuava a doar quase a metade do salário, mas seu foco não era esse. Não demorou muito, e ele passou a ser tão obsessivo com o tempo quanto havia sido com o dinheiro. Elaborava gráficos de controle de fluxo e fazia listas, tentando descobrir como usar seus dias de modo mais eficiente. Instalou o computador no quarto, pois assim podia, com um único movimento, levantar e apertar o botão para ligar a máquina; os quatro metros e meio até o banheiro o exasperavam. Experimentou dormir menos — três, quatro horas por noite — para ver se produzia mais e quanto aguentava antes de desabar. Seu médico lhe disse que precisava se exercitar, e ele se deu conta de que acabava cochilando na escrivaninha porque dormia pouco, então decidiu que trabalharia enquanto fazia esteira, o que o manteria acordado e resolveria o problema dos exercícios sem que ele precisasse se afastar do trabalho. Usava um cinto com pesos para ajudar na estabilidade e prendia o corpo à mobília com cordas elásticas para firmar o tronco e não sentir vertigem. Parecia tantã, mas e daí?

Ele mal tinha tempo para os amigos, e nunca se dava um tempo para sentar e pensar. Sabia, no plano intelectual, que sair com amigos ou meditar sobre os rumos da vida podia ser bom para o trabalho — talvez aprendesse algo importante, ou percebesse que alguma coisa precisava mudar —, mas ele preferia evitar riscos. Se fizesse essas coisas, talvez não aprendesse nada e teria desperdiçado um tempo precioso. Se passasse a noite trabalhando, sabia que teria cumprido uma tarefa.

Quando os avós não puderam mais cuidar do pai de Aaron, a solução foi arrumar uma casa de repouso na Califórnia. Mas ele ficou tão deprimido que parou de comer, e o estabelecimento acabou por interná-lo num hospital psiquiátrico que não estava nem aí se ele ficasse deitado em posição fetal por horas seguidas, a ponto de não conseguir esticar as pernas no final do dia. Chamaram a família e disseram que seu destino seria um asilo. Como o pai ainda era jovem e não tinha nenhum problema físico de maior gravidade, Aaron ficou indignado e providenciou sua transferência para um hospital na cidade onde vivia. Mike chegou em péssimo estado. Como não podia andar, sofria com infecções pulmonares e outras doenças, além de escaras que o corroíam até os ossos; vivia entrando e saindo do pronto-socorro. Caía numa depressão catatônica que durava meses, e então voltava à tona e agia como um maníaco, falante e animado, mas ao mesmo tempo profundamente paranoico. Apesar de estar convencido de que o pessoal do hospital tentava envenená-lo, passava o dia feliz, perdido em reminiscências.

Agora que tinha o pai perto de si, Aaron se perguntava quantas vezes devia visitá-lo. Como equilibrar as obrigações com o pai e a responsabilidade do trabalho? Nessa equação, será que deveria pesar o fato de o pai ter sido um marido terrível e ter tornado a mãe tão infeliz? Decidiu fazer o que era minimamente decente — só aparecia durante as crises (que eram muitas). Ele se perguntava como agiria se fosse a mãe que estivesse naquela situação. Ele a amava muito. Faria a mesma coisa, porque era a coisa certa a fazer, mas seria muito mais difícil.

Nos momentos em que o pai estava lúcido, Aaron lhe contava o que tinha ocorrido durante as crises, descrevia os mais terríveis cenários que poderiam ocorrer e lhe perguntava se queria ser ressuscitado naqueles casos; o pai sempre respondia que sim. Aaron não conseguia entender: ele ficava olhando para o teto o dia inteiro, não conseguia nem mexer o pescoço para olhar pela janela, odiava tevê e rádio, a vista cansada o impedia de ler, e seu maior prazer era comer comida chinesa. Aaron pensava que, no lugar dele, enlouqueceria. Mas seu pai queria viver; e ele faria tudo o que fosse preciso para tanto.

Por fim, seu pai foi entubado, não podia mais falar nem comer. Entrou em coma. Os médicos disseram a Aaron que ele não sairia mais do respirador artificial, nem recobraria a consciência. Recomendaram a Aaron que os autorizasse a desligar os aparelhos, e ele concordou. Não era de hoje que ele se sentia desconfortável com os gastos do tratamento do pai, quando aquele dinheiro poderia ter poupado muito sofrimento se empregado de outro modo. Ele era indulgente consigo próprio porque o dinheiro era do pai; uma vez que seu pai queria continuar vivendo, ele não se sentia no direito de lhe negar isso. Por outro lado, fazia anos que seu pai tinha sido considerado incapaz, o que significava que as escolhas, afinal, recaíam sobre Aaron, e ele não podia fingir que as coisas não eram assim.

No dia em que o ventilador mecânico do pai seria desligado, Aaron chegou cedo ao hospital para se despedir. Sentou-se ao lado da cama; pouco antes de a enfermeira injetar uma derradeira dose de morfina, o pai abriu os olhos. Parecia cena de filme de terror, pensou Aaron, um cadáver de volta à vida. Os olhos do pai seguiam os movimentos de Aaron pelo quarto; ele conseguia mover a cabeça e respondia o que lhe perguntavam. Aaron, apavorado pelo que estivera na iminência de fazer, foi falar com o médico — e soube que Mike abrira os olhos também na véspera, mas o médico, acreditando que não valia a pena mantê-lo vivo e percebendo que Aaron estava tendo dificuldade em deixar o pai partir, resolvera não contar nada. Aaron ficou furioso. Mandou que se interrompesse o desligamento dos aparelhos e se retomasse o tratamento. Foi a decisão errada, como ele pôde constatar.

Era caro demais manter seu pai na UTI, de modo que o hospital o transferiu para uma clínica equipada com respiradores artificiais. No fundo da família havia dinheiro para cobrir os gastos com instalações boas, mas mesmo assim o lugar era deprimente: camas e mais camas com seres humanos que mal viviam, cada um ligado a uma máquina. Muitos estavam em coma, sem nenhuma atividade cerebral. Era como a linha de produção de uma granja, Aaron pensou. Ali não havia parentes nem visitantes. Qual o propósito daquilo? Seu pai não estava em coma — agonizava, a despeito dos analgésicos cada vez mais fortes que as enfermeiras lhe aplicavam, e continuava consciente. Acabou voltando à UTI com outra infecção, entrou em coma, e os médicos novamente aconselharam Aaron a autorizar o desligamento dos aparelhos. Dessa vez ele concordou, e o respirador artificial foi removido — e, de novo, o pai retomou a consciência. Os médicos disseram a Aaron que seu pai morreria em poucos minutos, seus pulmões estavam atrofiados demais para manter o funcionamento autônomo, mas o pai não morria. Respirava, estava consciente, e sofria. Não podiam mais aplicar morfina, pois ela apressaria a morte, e isso era ilegal. Aaron ficou ali, em agonia, sentindo que assassinava o pai, e que o fazia sofrer, mas seria pior enviá-lo de volta àquela granja de ventiladores mecânicos. Passaram-se minutos, passaram-se horas, e seu pai não morria. Demorou vinte horas para que tudo acabasse.

Até o dia em que assistiu à morte do pai, a principal preocupação de Aaron havia sido o sofrimento dos animais. Tinha visto por tanto tempo imagens de animais aterrorizados gritando em matadouros, animais aleijados e doentes sangrando em jaulas, animais cujas patas doíam tanto que eles não conseguiam andar — tinha passado tantos anos de sua vida entre imagens e sons como esses na cabeça que, para ele, sofrimento significava algo que os seres humanos infligiam aos animais, a agonia a que os mais fracos e desprovidos de voz eram submetidos pelos mais fortes. Agora ele sabia que havia seres humanos aprisionados em lugares brutais como jaulas, e que, quando esses seres humanos sofriam, seu tormento era tão atroz quanto o dos animais que viviam em condições terríveis apenas para morrer. Ele já sabia que seres humanos podiam sofrer, é claro. Mas que havia humanos tão impotentes diante do tormento que sofriam — que havia humanos incapazes de se mover e de se alimentar por conta própria, desprovidos de linguagem para dizer o que se passava com eles ou implorar para que seu sofrimento fosse aliviado —, disso ele não lembrava.

Pouco depois de ter começado a trabalhar na organização de defesa dos direitos dos animais, Aaron conheceu Leana, o amor da sua vida. Ela também trabalhava na entidade; ele, com frangos, ela, com focas. Leana era uma vegana de Waterford, Connecticut. Vivia quase tão frugalmente quanto ele, e ela também, como ele, desconfiava que, dados seus princípios em relação a dinheiro e outras coisas, ela sempre viveria sozinha. Aos treze anos chegou à conclusão de que ter filhos não era ético, e não mudou de ideia desde então. Ela, como ele, achava as obrigações familiares um tédio e em geral procurava evitá-las. Em certos aspectos, era até mais xiita que ele: importava-se mais com o meio ambiente, de modo que, quando foram morar juntos num prédio em que o aquecimento e o ar-condicionado estavam incluídos no aluguel, ele se permitia usar esses recursos, mas ela bloqueou as saídas de ventilação do próprio quarto, e congelava ou derretia conforme a estação. Logo no início do relacionamento, ele lhe deu de presente um aparelho de DVD usado, e ela caiu no choro: pouco antes havia visto um filme sobre a exploração de mão de obra infantil na China, e, como o aparelho era *made in China*, ele talvez carregasse essa mácula. Aaron ficou encantado: ela era uma criatura tão pura, tão moralmente sensível que nem deveria existir neste mundo decaído.

Aaron estava decidido a não estragar tudo com Leana como havia feito com Jen, então lhe disse que, no primeiro ano de vida em comum, ele se empenharia seriamente em zelar pela relação. Passado esse período, voltaria à rotina. A princípio isso a irritou, mas no fim ela não se importou muito; ela também gostava de passar bastante tempo sozinha. Estabeleceram que jantariam juntos na maioria das noites e viajariam alguns finais de semana prolongados por ano, e isso seria o suficiente.

Depois de tantos anos dedicados à defesa dos direitos dos animais, as coisas começaram a dar certo. Vitórias consideráveis e significativas para os frangos, tanto legislativas quanto corporativas, tinham recebido um empurrão de Aaron. Diversos gigantes empresariais — Safeway, Bon Appetit e Costco, entre outros — se comprometeram a comprar frango apenas de granjas com práticas satisfatórias. A rede Starbucks prometeu que só usaria ovos de galinhas criadas livremente. O estado da Califórnia aprovou uma lei que obrigava que galinhas chocadeiras tivessem 70% mais espaço nos viveiros e proibia a venda de ovos botados por aves mantidas em gaiolas com luz artificial. O consumo de carne nos Estados Unidos começou a cair a cada ano, o que ninguém imaginava ser possível; o índice de consumo vinha subindo constantemente desde os anos 1950, mas enfim, depois de tantos anos, a mensagem — a mensagem dele — de que carne fazia mal estava sendo entendida. Sistemas públicos de ensino haviam adotado a Segunda-Feira Sem Carne.

Ele se deu conta de que era bobagem entrar em desespero se nem todas as pessoas estavam se tornando veganas; a maioria nem se tornaria vegetariana, mas, se o consumo de carne continuasse diminuindo, pouco a pouco as coisas melhorariam para os animais. Às vezes ele se permitia ter a esperança de que o país inteiro iria se bandear para o seu lado: ninguém queria ver galinhas sendo torturadas, e era cada vez mais difícil negar os horrores do agronegócio. Às vezes ele tinha a impressão de que estava no limiar de assistir a um movimento pelos direitos civis dos frangos, que cresceria a tal ponto que os métodos empregados nas granjas seriam tão repulsivos e inimagináveis quanto a escravidão.

Nessas horas ele sentia que estava fazendo um bom trabalho, e que tinha feito coisas boas, e também experimentava um alívio perceptível no sentimento de culpa e na sensação arraigada de dívida que o haviam impelido a tomar aquele rumo quando mais jovem. Ele ainda precisava alcançar uma pontuação diária para se considerar útil, caso quisesse se sentir bem consigo mesmo, ter a sensação do dever cumprido, mas, uma vez que o trabalho vinha obtendo bons resultados, ficava mais fácil conseguir os pontos necessários. Nunca lhe havia passado pela cabeça, quando jovem, que algum dia ele poderia sentir que estava fazendo o *suficiente*. Na maior parte das vezes essa sensação era boa, mas não totalmente confiável. E se a lição a tirar de sua atual competência não era que ele merecia relaxar um pouco, mas que devia trabalhar mais justamente por estar conseguindo bons resultados? Era mais lógico.

E se o sentimento de realização fosse ilusório — e se, como muitas vezes acontece quando as pessoas envelhecem, ele estivesse simplesmente se tornando mais flexível e complacente? Não que o mundo já estivesse consertado — ainda havia milhões de pessoas morrendo de fome, e a vida da maioria dos animais continuava horrível. Ele não deixara de sentir o enorme peso do sofrimento — um horror que ficava logo ali, na soleira da sua mente, e abrir essa porta, mesmo que uma fresta pequena, era constatar como esse sofrimento era medonho e infinito. Ele percebia que um grande número de vegetarianos, sentindo-se virtuosos por não comer carne, nunca se empenhava pela causa maior. Ele não queria acabar assim. Disse a si mesmo que jamais deveria se comparar aos outros; as outras pessoas, na grande maioria, faziam tão pouco pelo mundo que talvez ele começasse a se achar superior.

Não, a única comparação possível era entre o que ele estava fazendo e o que mais ele poderia fazer.

Sempre considerara os anos 1960, a década de seus pais, a época em que muitos haviam abraçado o ativismo e repudiado o egoísmo, mas aí ele pensava: "O que havia acontecido com todas aquelas pessoas? Em que momento elas se perderam, mais ou menos quando tinham a atual idade dele? Não eram mais ativistas". Para consumo interno, sem dúvida elas haviam inventado alguma história que justificava ganhar dinheiro e formar família, e os anos 1960 eram um passado distante. Ele tinha certeza de que isso não aconteceria com ele, mas provavelmente aquela gente toda também pensara o mesmo. Vai ver era algo biológico, uma coisa que acontecia numa determinada idade.

Ele estava feliz, que estranho. Adorava o trabalho, fazia uma coisa que só ele era capaz de fazer. Colecionava vitórias, uma após outra. Estava apaixonado por uma mulher que não exigia dele mais do que ele podia lhe dar. E até brincara com um casal de ativistas bem próximos, dizendo que, caso percebessem que ele estava pegando leve consigo mesmo e negligenciando suas obrigações, em vez de deixá-lo ficar velho e autocomplacente, que por favor eles pegassem um travesseiro e o sufocassem.

Oh dever! Sublime e grande nome, que não compreendes em ti nada benquisto que comporte adulação mas reivindicas submissão

Será que os padrões de conduta dos bons samaritanos são tão estranhos assim? Imaginemos que você pretenda ser um deles: em termos de moralidade, quanto se pode exigir de você? Você é responsável pela sua vida e pode vivê-la como quiser, ou parte dela deve ser dedicada a outras pessoas? Se esse for o caso, quanto deve dedicar aos outros? A questão moral aqui é mais quantitativa — até onde devo ir? — do que qualitativa — o que devo fazer?

Alguns bons samaritanos dizem que só estão cumprindo sua obrigação: apenas fazem o que todo mundo deveria fazer e, se a maioria das pessoas acha que seu senso de dever é bizarro e desmedido, então a maioria é que está errada. Os bons samaritanos rejeitam a ideia de que suas ações sejam comparáveis às de santos ou heróis, porque, para eles, essa é outra forma de dizer que não precisamos nem mesmo tentar fazer nada parecido. O elogio é uma desculpa disfarçada.

Mas, claro, pode ser que os bons samaritanos estejam errados. Quase todo mundo acredita que algumas ações ultrapassam o senso de dever. Quase todas as religiões creem na existência de seres superiores, como os santos, capazes de fazer mais do que o resto de nós. O filósofo J. O. Urmson argumenta que parte fundamental da moralidade humana é descrever alguns feitos como santos ou heroicos — ou seja, é muito bom que eles sejam realizados, mas não é possível esperar que venham de todo mundo, pois o sacrifício ou a coragem que exigem são grandes demais. Rejeitar a ideia de santidade e heroísmo — dizer que não existe esse negócio de "ir além do senso de dever" — é afirmar que todos devem ser heróis ou santos, na mesma medida em que qualquer pessoa precisa pagar suas dívidas e evitar roubar; e isso seria ridículo por ser uma moralidade feita para anjos, não para seres humanos.

Vamos pensar em uma maneira de abordar essa questão. Claro que essa não é a única forma de ver o caso, mas é, atualmente, um dos argumentos mais conhecidos em favor da moralidade extrema dos bons samaritanos. Em 1971, houve um genocídio no leste do Paquistão que foi seguido, quase imediatamente, de um terrível ciclone, tudo isso num lugar paupérrimo. Algumas pessoas acharam que bastava arrecadar determinada quantia de dinheiro para enviar ao país e assim amenizar o sofrimento. Ao ouvir sobre os problemas do Paquistão no noticiário, algumas pessoas em países ricos ficaram tão incomodadas com a situação que doaram dinheiro através de agências humanitárias, já outras não foram tão afetadas pela história. As duas reações eram aceitáveis, uma vez que fazer doações para ajudar uma população estrangeira ultrapassava os limites do que a maioria considerava como dever. O dinheiro arrecadado não foi suficiente para evitar que milhares morressem de fome, e é possível especular que essas mortes poderiam ter sido evitadas caso mais dinheiro tivesse sido arrecadado para a causa.

Em resposta a essa situação, o filósofo australiano Peter Singer escreveu o hoje célebre ensaio "Fome, riqueza e moralidade", argumentando que gastar dinheiro para manter um estilo de vida de classe média, em vez de usá-lo em ajuda humanitária contra a fome ou outra forma de caridade, era não somente mesquinho como perverso. O argumento era mais ou menos o seguinte: se você está passando perto de um lago raso e vê uma criança se afogando, deve salvá-la, mesmo que isso signifique sujar sua roupa de lama? A maioria das pessoas diria que, claro, é o mais correto a fazer — roupas enlameadas não são nada se comparadas à morte de uma criança. Ora, prosseguia o filósofo, crianças morrem o tempo todo no mundo, então, se pudermos salvá-las sem sacrificar algo tão valioso, em especial se for algo tão banal quanto roupas, devemos fazê-lo. A maior parte dessas crianças pode estar bem longe de nós, mas que diferença faz, moralmente falando, se essas mortes acontecem ou não diante dos nossos olhos? Se gastamos duzentos dólares em roupas em vez de usar essa quantia para comprar comida ou remédios que poderiam salvar uma vida, somos responsáveis por uma morte na mesma medida. E, por extensão, se não doamos boa parte do que temos e recebemos para amenizar o sofrimento do mundo, nos tornamos responsáveis por muitas mortes.

Esse artigo causou um efeito profundo em muita gente — em particular sobre aquelas pessoas que, como Aaron Pitkin, estavam em busca de um rumo moral, inquietas pela sensação desconfortável de que o sofrimento do mundo exigia delas uma resposta pessoal e dolorosa. O argumento do lago raso resolvia essa inquietação moral. Ao menos para Aaron, parecia irrefutável. Era uma experiência assustadora — Aaron se deu conta de que vinha vivendo de forma ainda mais imoral do que imaginara, e de que teria de mudar um monte de coisas em sua vida —, mas também estimulante. Para um bom samaritano inveterado como ele, um argumento moral convincente, que mandasse claramente seguir um caminho, era em última análise um alívio, mesmo que o caminho em questão envolvesse um grau de asceticismo maior do que ele estivesse disposto a encarar. Para Aaron, a incerteza moral seguida de uma sensação de culpa difusa era mais incômoda do que qualquer sacrifício. Por essa razão, ele aceitou o argumento sem se preocupar muito com as complexidades que não foram abordadas no texto — tais como as questões políticas em jogo quando pessoas do Primeiro Mundo pensam que é de sua responsabilidade ajudar estrangeiros pobres, assim como questões práticas acerca da capacidade limitada das instituições de caridade para resolver problemas, em especial em lugares cujos governos fossem incompetentes ou corruptos.

Mas o argumento do lago raso afetou não apenas pessoas como Aaron, inclinadas a aceitá-lo; até quem sentia que era errado era pressionado a explicar por quê. Talvez essas pessoas pensassem que era óbvio que comprar um par de sapatos não podia ser tão ruim quanto deixar uma criança se afogar na sua frente. Alguém que se recusava a deixar sua família viver na penúria não podia ser tão perverso quanto um serial killer. Se alguma dessas coisas era verdade, então o nosso instinto moral devia ser tão falho que era melhor simplesmente não ouvi-lo; e, se o nosso instinto estivesse errado, como confiar nele para qualquer coisa? Mesmo assim, apesar do absurdo que era pensar nesses termos, as questões postas pelo argumento do lago raso incomodavam por permanecer sem resposta. Por que deveria fazer diferença uma criança morrer na nossa frente ou não? E, se era um dever salvar uma, por que não cinco — ou mil crianças?

Como isso acontecia? Como uma criança se afogando se transformava em mil crianças se afogando numa infinita sucessão de lagos rasos, levando à perspectiva de uma vida dedicada a correr freneticamente de um resgate para o outro? Como o preço da moralidade subira numa velocidade tão alarmante, chegando a alturas assombrosas? Como aquele simples argumento fizera com que uma conclusão tão alheia ao bom senso parecesse resultado do instinto moral mais convencional e robusto? O que provocou essa confusão é o limite do que a maioria das pessoas considera serem duas situações morais completamente distintas: a caridade e o resgate. O resgate — ajudar uma pessoa que esteja bem na sua frente, como uma criança se afogando num lago raso — parece à maioria das pessoas um dever, desde que não ofereça perigo. A caridade — no sentido de ajudar uma pessoa invisível e distante — não é vista dessa maneira. (Tem gente, claro, que considera a caridade um dever, mas um dever limitado, que não tende ao infinito, como aquele de que falava Singer.)

Para a maioria, a distância entre você mesmo e outra pessoa — tanto física quanto emocional — é um fato moral profundo: faz uma enorme diferença para o senso de dever. Uma pessoa distante, que não pode ser vista nem ouvida e com a qual não se possui nenhuma ligação, não suscita o mesmo tipo de impulso que alguém que está bem na nossa frente, ou que seja, de alguma forma, um dos nossos. Ignorar os gritos de uma criança que se afoga é não ter a forma mais básica de compaixão; qualquer um que fizesse isso pareceria menos humano. Cultivar a empatia por pessoas invisíveis e desconhecidas, por outro lado, surge como uma espécie de sentimento moral abstrato, de segunda ordem, do tipo que vale pontos extras — muito admirável, porém acima do que se espera de uma pessoa comum. Singer sabia que, para a maioria, essas eram diferenças significativas, mas ele quis mostrar que não deveriam ser. Na sua visão, a distância física, em particular, tinha peso moral nulo. Como é que alguém que considerasse imperdoável permitir uma criança se afogar diante de seus olhos não via problema em deixar outra criança igualmente indefesa morrer, com a diferença de que uma estava mais longe? Não fazia sentido.

* * *

Peter Singer é um utilitarista, e isso significa que ele acredita que uma pessoa deveria saber o que é moralmente certo sem precisar consultar uma lista de regras — não roubar, não matar, honrar pai e mãe, ajudar velhinhas a atravessar a rua —, mas tentando criar o maior bem-estar possível no mundo. Em princípio, isso quer dizer que a preocupação deveria ser com o próprio bem-estar, independentemente de quem se beneficie dele, o que significa se preocupar com desconhecidos distantes tanto quanto com familiares e pessoas que estejam na nossa frente. Na verdade, muitos utilitaristas acreditam que o mais acertado é cuidar da família mais do que de desconhecidos, pois o mundo funciona melhor dessa maneira, mas isso é apenas uma concessão pragmática. Além dos seres humanos, Singer também incluiu em seu cálculo os animais, uma vez que sua crença sobre o bem-estar segue a célebre definição de Jeremy Bentham, fundador do utilitarismo: "A questão não é se [os seres] são capazes de *raciocinar* ou se conseguem *falar*, mas sim se estão passíveis de *sofrimento*".

Aceitar essa ideia — de que, ao menos em princípio, temos compromisso idêntico com desconhecidos e com pessoas próximas — é rejeitar uma parte essencial daquilo em que a maioria das pessoas acredita. Conforme observou o filósofo Kwame Anthony Appiah, um utilitarista rigoroso não resgataria a criança do lago raso: ele a deixaria se afogar, venderia as roupas limpas e doaria o que arrecadasse a uma instituição de caridade capaz de salvar mais de uma criança com aquele dinheiro. Desconsiderando-se a questão da distância física, surgem bizarrices desse tipo. Mas é claro que ignorar a preeminência do dever para com a família é muito mais difícil. Pode-se argumentar que essa diferença entre família e desconhecidos seja mais qualitativa que quantitativa: *quem* se deve ajudar, e não quanto ajudar. Na prática, porém, o número de desconhecidos que passam necessidade quase sempre é bem maior do que parentes na mesma situação.

O utilitarismo não é apenas radical ao defender a imparcialidade no tratamento de familiares e desconhecidos, pois também exige *muito* de seus praticantes. Afinal, em alguns sistemas morais baseados em regras, há sempre a possibilidade de que, respeitando-se essas normas e tendo cumprido seu dever, a pessoa pode escolher como quer usar o resto do seu tempo e dos seus recursos. Você não roubou nada nem matou ninguém, honrou pai e mãe e ajudou velhinhas a atravessar a rua, agora pode ir cuidar da sua vida, tendo a certeza de que é um ser humano decente. Mas o utilitarismo defende a ideia de que devemos agir para criar o maior bem-estar possível no mundo. Essa orientação, tomada literalmente, significa que qualquer coisa que se faça a qualquer instante da vida deveria ser motivada por esse objetivo. Ou seja, não existe o momento em que se pode dizer: cumpri meu dever, segui as regras, agora estou livre para fazer o que desejar.

Singer é um utilitarista bastante extremista, mas não chega a ser o maior deles. É provável que o mais exigente desse grupo tenha sido um utilitarista da primeira geração, William Godwin — marido de Mary Wollstonecraft e pai de Mary Shelley, e um contemporâneo de Bentham. Escrevendo logo após a Revolução Francesa, Godwin afirmou que o desejo de cuidar mais da família ou dos amigos era um impulso tão prejudicial que deveria ser colocado ao lado das paixões, junto com a avareza e o amor à fama. Para ele, não existia vida para além do dever, porque essa era uma perspectiva infinita. Um homem "não tem o direito de desperdiçar um só xelim", escreveu, "por conta de um capricho seu. Sem merecer nenhum aplauso por destinar uma ninharia à filantropia, ele será, aos olhos da justiça, um delinquente se não entregar uma quantia qualquer a essa causa". Essa era uma posição pura, consistente, de um radicalismo revigorante, mas que causava uma aversão tão generalizada que o utilitarismo rapidamente recuou para buscar maior moderação.

Em seus anos de amadurecimento — a época de John Stuart Mill e Henry Sidgwick, na segunda metade do século XIX —, o utilitarismo ganhou os contornos de uma doutrina de pragmatismo moderado, definitivamente progressista, mas livre de qualquer vestígio de indignação jacobina. Para Mill e Sidgwick, instintos como o amor pelos filhos e a lealdade aos amigos eram tão úteis que deveriam ser encorajados, mesmo que em alguns casos trabalhassem contra o bem comum. Na verdade, muito da moralidade convencional deveria ser preservado. Afinal, conforme escreveu Mill de forma reconfortante: "As ocasiões em que qualquer pessoa (exceto uma em mil) tem o poder de a multiplicar [a felicidade] a uma escala abrangente (por outras palavras, de ser um benfeitor público) são excepcionais; e apenas nessas ocasiões uma pessoa é chamada a considerar a utilidade pública; em outros casos, a utilidade privada, o interesse ou a felicidade de apenas algumas pessoas, é tudo aquilo a que tem de dar atenção". Um raciocínio bastante razoável e que coincide com os instintos morais da maioria. O problema era que aquilo não era verdade. Então, cem anos depois, Peter Singer surgiu como o fantasma de William Godwin para convocar o retorno do utilitarismo às suas raízes exigentes.

Para um não utilitarista, uma moralidade extrema tal como a defendida por Singer ou Godwin pode parecer não apenas uma exigência opressiva, como também um tanto cruel, pois viola o dever do cuidar de si mesmo. Defender a tese de que uma pessoa veja a si mesma como um instrumento em prol do bem geral pode ser considerado o equivalente a sequestrar alguém na rua para tirar seus órgãos com o intuito de salvar três ou quatro vidas. Pedir isso a qualquer pessoa seria cruel, errado e até perverso. Um amor universal e imparcial pode se apresentar como a antítese daquilo que mais valorizamos sobre a profundidade do afeto humano.

O filósofo britânico Bernard Williams desprezava o utilitarismo, mas achava que a noção de "dever para consigo mesmo" era uma fraude — apenas um jeito esperto de, conforme afirmou, fazer lavagem de dinheiro na moeda do desejo. Achava que era mais honesto dizer de uma vez que a moralidade nem sempre está acima das outras preocupações. A moralidade gosta de forjar-se como a única alternativa para um mundo sem sentido e acredita que qualquer coisa que foge do reino do dever não passa de um impulso egoísta. Isso não é verdade, pois boa parte da vida depende disso. Se uma pessoa é convocada a todo momento a cumprir seu dever moral, então muito do que faz a vida valer a pena, como amar as pessoas, é abandonado.

Williams propôs pensar na seguinte situação: se um homem tivesse que escolher entre salvar a vida de sua esposa ou de dois desconhecidos de morrer afogados, quem ele escolheria? Um utilitarista talvez se perguntasse se era admissível para esse homem salvar a esposa. Mas só o fato de *fazer essa pergunta* já era, segundo escreveu Williams sem rodeios, "pensar demais". Um marido que amasse a esposa a salvaria espontaneamente, sem precisar consultar uma regra moral. Conceder à moralidade o poder de um julgamento imparcial num caso desses seria abandonar o que dá sentido à vida humana. Se não somos egoístas e parciais em benefício de pessoas a quem somos afeiçoados, à família e aos amigos, não somos nada. Seres humanos são criaturas que se definem por parentesco e lealdade, e não escravos cegos do mundo.

Não surpreende que os utilitaristas sejam raros, mesmo entre os bons samaritanos. Pouquíssimas pessoas acreditam que precisam se sacrificar por desconhecidos em detrimento da família. A maior parte dos bons samaritanos, como a maioria das pessoas, pensa a moralidade em termos de regras e princípios — o que devem e não devem fazer —, e não na *quantidade* de bem-estar produzido. Por outro lado, mesmo um não utilitarista passa a refletir sobre quantidade quando confrontado com números suficientemente altos. Pode ser repulsivo pensar que alguém se questione se é admissível salvar a esposa em vez de dois desconhecidos — mas e se fossem cinco, ou cinquenta, ou cinco mil pessoas? E se a esposa fosse uma serial killer demente fugindo da polícia? Chega o momento em que até o mais passional dos antiutilitaristas, uma pessoa sem nenhuma tendência a ser um bom samaritano, começa a sentir culpa.

O que bons samaritanos e utilitaristas têm em comum é a crença de que as ideias correntes sobre dever moral para com desconhecidos e sobre quanto se pode exigir das pessoas são, em geral, equivocadas. Um bom samaritano talvez acredite, como qualquer pessoa comum, que se deve salvar a esposa em vez dos dois desconhecidos; mas, à medida que cresce o número de desconhecidos se afogando, o bom samaritano tende a se preocupar com a imoralidade de não mudar de ideia muito antes do que uma pessoa comum. Além disso, são poucos os momentos em que ele se sente livre para se dedicar totalmente ao que deseja — em que, cumprido seu dever, não deve nada ao mundo, e tudo aquilo que sobra de seu tempo, de seu dinheiro e de sua energia é seu por direito.

Haveria, então, um limite para o que a moralidade pode exigir de nós? Acreditar que todo mundo tem obrigação de ser um instrumento para o maior bem possível é sugerir que não existe diferença entre deveres básicos, como dizer a verdade, e as atitudes de abnegação mais santas. Não apenas essa ideia destoa da maneira como a maioria pensa sobre moralidade, mas também destrói por completo a noção de dever. Se é um dever sacrificar a própria vida por um estranho tanto quanto não mentir ou não roubar, ou se comprar um par de sapatos é tão perverso quanto se omitir de salvar uma criança que se afoga num lago, a mensagem passada é que não mentir ou não roubar não são *tão* obrigatórios assim, sendo que o mesmo acontece com o ato de sacrificar sua vida por um desconhecido. O dever tem de ser uma lei que todos, sem exceção, têm a obrigação de obedecer, ou deixa de ser um dever. Exigir demais pode se revelar tão perverso quanto exigir muito pouco, uma vez que exigir demais acaba com as aspirações. Se toda boa ação é obrigatória, nenhuma merece louvor. A virtude deixa de existir e só restam o dever e o vício.

Muita gente considera as conclusões de Singer tão extremas que chegam a parecer malucas. Hoje em dia, uma teoria moral segundo a qual quase todo mundo é visto como imoral e até depravado soa ridícula. No passado, porém, vale lembrar, a noção de que todos éramos pecadores miseráveis era perfeitamente normal.

A crença do bom samaritano de que cuidar de desconhecidos é uma obrigação tanto quanto da família pode soar contrária ao instinto humano; mas nem todos os instintos humanos tendem ao conforto e ao amor. O sacrifício, por exemplo, também é um instinto humano. Há um instinto que manda acumular provisões para proteger a família contra desastres futuros, mas há, igualmente, o instinto de presentear alguém que não se conhece. Existe algo de uma abnegação sublime em dar coisas para pessoas invisíveis e desconhecidas, como a crença numa divindade invisível e misteriosa. Se não é natural adotar, segundo a expressão de Henry Sidgwick, "o ponto de vista do universo", como tentam fazer os bons samaritanos, também não é natural imaginar o ponto de vista de Deus.

A um só tempo racional e apaixonada

Ansiava que sua vida fosse cheia de ações racionais e apaixonadas; e como já passara o tempo das visões alentadoras e dos direcionamentos espirituais, e como a oração aumentasse os anseios e não a educação, que iluminação haveria além da sabedoria?

George Eliot, *Middlemarch*

Por muitos anos Julia Wise se perguntou se um dia encontraria alguém que pensasse como ela. Todos estranhavam suas ideias sobre moralidade, assim como seu senso de dever em relação a essas ideias. A maior parte das pessoas simplesmente achava Julia esquisita. Alguns chegaram a admitir que ela talvez estivesse certa, mas não tinham disposição para se sacrificar tanto; outros pensavam que suas ideias, além de equivocadas, eram ruins. Por isso, Julia chegou a imaginar que pudesse estar enganada. Afinal, qual era a probabilidade de todo mundo estar errado e ela certa? Mas ela desconfiava dessa preocupação; seria bastante conveniente estar errada, já que não precisaria se doar tanto. Embora considerasse seus valores não apenas razoáveis como também verdadeiros, e embora pudesse argumentar sobre o assunto de forma racional, as crenças de Julia não eram resultado de um pensamento consciente, pois o impulso essencial que gerou tudo aquilo fazia parte dela. Não podia evitar, sempre fora assim, desde criança.

Julia acreditava que cada ser humano era igualmente precioso e que, portanto, não devia se importar mais com seu próprio bem-estar do que com o de qualquer outra pessoa; acreditava, assim, que era seu dever passar grande parte da vida trabalhando em benefício dos outros. Essa era a ideia central. Conforme foi crescendo, Julia aperfeiçoou as implicações desse princípio em mais detalhes. Na faculdade, achou que poderia trabalhar em algum país estrangeiro, mas se deu conta de que provavelmente a coisa mais útil a fazer era não se tornar uma voluntária branca dizendo para as pessoas de outros países o que fazer; em vez disso, ganharia um salário de Primeiro Mundo e o doaria para ONGS que pudessem usar o dinheiro para contratar trabalhadores locais, que sabiam muito melhor do que ela aquilo de que seus países precisavam.

Julia se tornou assistente social em Boston e adorava seu trabalho. Nunca fora boa em bater papo, mas as conversas que tinha com seus clientes eram quase sempre relacionadas a sentimentos profundos e situações reais, e ela esperava que, pelo menos em alguns casos, ajudasse as pessoas. Era uma sensação boa oferecer compaixão e auxílio a alguém que estava sentado bem na sua frente e precisava ser ouvido. Mas Julia sabia que havia pessoas em outras partes do mundo em situações piores do que as que ela via em prisões e hospitais psiquiátricos — gente que morria jovem e de alguma doença curável, que não tinha comida suficiente nem água limpa. Por isso, concluiu que suas doações para organizações de caridade, que ajudavam pessoas em lugares distantes que ela nunca viria a conhecer, eram mais importantes do que seu trabalho social. Acreditava que, se queria ajudar tanto quanto possível, precisava levar em conta o que as pessoas mais necessitavam, e não o que ela mais gostava de fazer. O importante era que essa gente recebesse alguma assistência, independentemente de quem estava ajudando.

Julia reduziu quanto pôde seus gastos, para que pudesse doar o máximo possível do que ganhava. Depois de pesquisar, doava para qualquer instituição de caridade que promovesse ajuda aos que mais tinham necessidade usando menos dinheiro, o que com frequência levava a intervenções médicas no Terceiro Mundo. Como ganhava um salário de assistente social, não tinha tanto para doar, mas, ano a ano e durante toda a vida, tinha colaborado bastante, com centenas de milhares de dólares, e isso significava que muitas crianças que talvez pudessem ter morrido de alguma doença facilmente curável teriam sobrevivido.

Julia sofreu de depressão no passado e, mesmo se sentindo feliz havia vários anos, vestígios dessa tristeza ainda apareciam. Julia é cautelosa e reservada, e dá para imaginar as portas se fechando dentro dela, barrando toda a luz. O sofrimento pode fazer uma pessoa se voltar para dentro de si, levando-a a se preocupar apenas com sua dor sem nem pensar na dor do outro, mas não foi o que aconteceu com Julia. Sua depressão a tornou mais consciente do sofrimento dos outros, de uma maneira que as pessoas mais alegres não seriam capazes de entender. Ela tem trinta anos, ainda é jovem, mas não a ponto de sua juventude explicar suas crenças; já passou da idade em que a maioria das pessoas esquece, distorce ou rejeita as regras simples que aprenderam quando crianças.

Apesar da extrema frugalidade, Julia não é uma asceta. Ama coisas materiais como todo mundo. Adora fogos de artifício e sorvete, além de cozinhar. Ama costurar roupas e fazer chapéus à moda antiga com retalhos. Sente prazer nesse tipo de coisa e não em doar dinheiro. Para ela, doar dinheiro é simplesmente um dever, como não roubar; portanto, não traz em si uma sensação de virtude. Se todas as pessoas vivessem bem no mundo, ela gostaria de morar numa fazenda, criar animais, plantar abóbora e feijão e ter um jardim de girassóis. Costuraria cortinas, leria, prepararia tortas e teria filhos. Mas nem todas as pessoas vivem bem no mundo.

Quando ainda era bem jovem, Julia pensou que seria infernal ser casado com ela. Julia não estava aberta a abrir mão da sua moral pessoal, o que significava, por exemplo, que não concordaria em gastar dinheiro com coisas que as pessoas casadas gastam. Ainda assim, aos 22 anos, ao se apaixonar por um jovem que se chamava Jeff Kaufman, ela o pediu em casamento e eles ficaram noivos. Jeff sabia sobre os princípios de Julia, mas as questões de dinheiro não tinham vindo à tona enquanto ainda estavam na faculdade, porque não precisavam pagar por comida e moradia. Portanto, o verdadeiro teste moral da vida a dois ocorreu quando terminaram a graduação.

Num dia de sol de setembro, eles estavam em um pomar de macieiras nos arredores de Boston com um grupo de dança. Havia maçãs do amor à venda, e Julia queria uma. Normalmente, diria a si mesma que não havia justificativa para gastar dinheiro nisso, mas Jeff falou que, se ela quisesse alguma coisa, ele poderia comprar com seu próprio dinheiro. Tinha conseguido um emprego como programador de computadores; Julia ainda estava desempregada e não tinha economias, já que doara tudo o que tinha ganhado no verão para a Oxfam. Jeff comprou a maçã.

JULIA: Custou, tipo, quatro dólares?

JEFF (*chocado*): Não!

JULIA: Era de um dos pomares.

JEFF: *Uma maçã do amor de quatro dólares?*

JULIA: Não sei.

JEFF: Até *eu* me sentiria mal se custasse tanto assim.

JULIA: Então custou três?

JEFF: Acho que não foi tanto.

JULIA: Tenho certeza de que está na planilha.

Naquela noite, eles se deitaram e conversaram sobre dinheiro. Jeff disse a Julia que, inspirado no exemplo dela, estava pensando em doar uma porcentagem do seu salário para instituições de caridade. E Julia se deu conta de que, se Jeff ia começar a abrir mão do que ganhava, então, ao pedir que ele comprasse a maçã, tinha usado dinheiro que poderia ter sido doado. Com seu desejo ridículo e egoísta de comer a maçã do amor, privou uma família de obter um mosquiteiro para prevenir malária ou um vermífugo capaz de salvar a vida de uma criança. Quanto mais pensava nisso, mais horrível e intolerável a situação parecia, e ela começou a chorar. Chorou durante bastante tempo, e o sofrimento foi se intensificando tanto que Jeff começou a chorar também, o que ele quase nunca fazia. Chorou porque, mais do que qualquer coisa, queria fazer Julia feliz; porém, como ela poderia ser feliz se passasse a vida vendo por toda parte crianças morrendo de malária porque lhes faltara um mosquiteiro? Queria se casar com ela, mas não estava certo de que conseguiria suportar uma vida tão difícil e triste sem algum tipo de consolo.

Portanto, pararam de chorar e começaram a falar sobre dinheiro. Os dois se deram conta de que Julia ia perder a cabeça se desperdiçasse o resto da vida comparando o valor de cada compra pequena com mosquiteiros. Depois de muita discussão, criaram um sistema. Nos meses que se seguiram, ele foi aperfeiçoado e adaptado, levando em conta possíveis injustiças. O elemento crucial do sistema era que, dali para a frente, o dinheiro de Jeff e de Julia seria contabilizado de forma inteiramente separada. Uma vez estabelecido isso, podiam fazer o que quisessem com o próprio dinheiro. Jeff decidiu que doaria 50% do seu salário e guardaria o resto para gastar e economizar, enquanto Julia doaria 100% do dela. A partir do que sobrasse do salário de Jeff, ele distribuiria uma mesada para cada um deles, de 38 dólares por semana, que usariam para pagar qualquer coisa que não fosse o aluguel e a comida — roupas, sapatos, transporte e pequenos agrados, como a maçã do amor. Jeff decretou que essa mesada tinha de ser gasta nesse tipo de coisa: não podia ser doada nem guardada, ou ele faria uma doação no mesmo valor para o Partido Republicano. Assim, se Julia quisesse gastar com alguma coisa, não estaria tirando o dinheiro de uma pessoa que estava morrendo. Julia sabia, claro, que essa separação que tinham criado em relação ao dinheiro de cada um existia apenas na cabeça deles, mas, como a única função disso era preservar sua sanidade, ela não se importou.

Ao criarem o sistema, seguiram-no à risca. Controlavam todas as compras, inclusive as mais insignificantes, e colocavam tudo em uma planilha. Um ano depois, se deram conta de que doar 50% do salário de Jeff, mais os impostos (eles tinham esquecido os impostos), e ainda pagar aluguel, empréstimo estudantil e doar 100% do salário de Julia era basicamente impossível, então, por isso, ajustaram o valor para 30%. Em 2009, gastaram 15 688 dólares com eles mesmos e doaram 28 309. Em 2010, gastaram 20 591 e doaram 36 056. Em 2011, gastaram 17 959 e não doaram nada, porque Julia estava pagando pela sua especialização como assistente social e Jeff estava investindo a maior parte de seu salário em ações. Em 2012, gastaram 12 107 (o aluguel foi menor, porque se mudaram para a casa dos pais de Jeff) e doaram 49 933. Nessa altura, decidiram juntar suas finanças e doar 50% dos seus salários desconsiderando os impostos, e também se deram conta de que fazia sentido comprar uma casa e alugar parte dela, em vez de pagar aluguel. Como estavam ganhando mais, doavam mais do que nunca, tanto proporcionalmente quanto em termos absolutos, apesar de terem comprado uma casa — em 2014, doaram 127 556.

Uma vez que o sistema deles ficou estabilizado, os dois passaram algum tempo procurando a instituição de caridade mais efetiva, ou seja, a que ajudasse os mais necessitados usando menos dinheiro. Primeiramente, escolheram a Oxfam, porque lhes agradava que a instituição empregasse trabalhadores locais em vez de contar apenas com os típicos voluntários estrangeiros de ONGs, e gostavam do fato de a instituição se dedicar ao desenvolvimento a longo prazo e não tanto ao imediatismo dos desastres naturais, o que saltava aos olhos, mas era ineficiente. Mais tarde, ouviram falar de uma organização chamada GiveWell, que avaliava instituições de caridade não a partir de quanto economizavam em custos operacionais — uma medida tola, já que os custos operacionais, assim como as pesquisas de eficiência, podem ser um dinheiro bem gasto —, e sim da sua capacidade de salvar e melhorar vidas. A GiveWell promovia grupos como Against Malaria Foundation, que distribuía mosquiteiros, e a Schistosomiasis Control Initiative, que administrava tratamentos baratos contra vermes. As pessoas viviam dizendo para Julia e Jeff que eles precisavam ajudar sua própria comunidade no lugar de mandar dinheiro para o exterior, mas, na concepção deles, isso estava errado. Para começar, esse dinheiro valia mais em outros países, assim podiam ajudar mais pessoas. Além disso, eles se perguntavam por que desconhecidos de Somerville ou de qualquer outra cidade próxima mereceriam mais ajuda do que desconhecidos do Maláui. Não fazia sentido.

Todas as doações e a frugalidade autoimposta faziam com

que Julia e Jeff pensassem muito a respeito de dinheiro, o que algumas pessoas achavam desgastante, uma vez que se tratava de somas relativamente pequenas. Havia uma grandeza na soma total das doações e no que podia ser feito com ela, de modo que o valor do dinheiro tendia a desaparecer e se tornar invisível diante de objetivos ambiciosos. Já quantias menores pareciam insignificantes, uma vez que eram definidas pelas coisas banais que podiam ser compradas no Primeiro Mundo (um par de sapatos, um carro), e não pelo valor que teriam em outros lugares (comida, remédios). Pequenas renúncias podiam fazer uma pessoa parecer mais mesquinha do que generosa.

E o que essas pequenas somas realmente seriam capazes de fazer? É verdade que não se pode de fato mudar nada sem a ação dos governos. Julia e Jeff sabiam que o desenvolvimento por si só é, na melhor das hipóteses, limitado, e, na pior, realmente prejudicial. Mas achavam que valia a pena se empenhar em procurar as instituições de caridade mais efetivas, para doar a maior quantia possível de seu dinheiro com o intuito de amenizar o sofrimento de algumas vidas. E isso era o máximo que uma pessoa comum poderia desejar, mesmo que no quadro geral os males sistêmicos persistissem.

A ideia era tentar fazer com que o dinheiro fosse usado para alguma coisa útil, e não transformar a autoprivação em um fim em si. Tinham lido sobre um homem chamado Charles Gray que decidira restringir seus gastos ao que chamava de World Equity Budget. O orçamento desse cara era bem menor do que o deles, e isso os impressionou, mas Julia e Jeff acharam meio tolo o fato de Charles Gray pensar que o importante era ele ser mais pobre, e não as outras pessoas serem menos pobres. Era triste que um impulso moral forte como aquele fosse desperdiçado de forma tão inútil. Afinal, não eram as intenções que faziam a diferença quando se tratava de promover o bem no mundo.

Era meio tedioso preencher cheques como uma forma de se doar — muito menos interessante do que, digamos, tornar-se um voluntário num país distante. Havia um glamour moral em jogar tudo para o alto, abandonar sua casa e ir para um lugar perigoso onde todos os tipos de privação poderiam ser encontrados. Mas não há glamour nenhum em ficar, ganhar um salário e doá-lo. Pensar em dinheiro o tempo todo não lava a alma. Mas Julia e Jeff sabiam bem que muita coisa depende do dinheiro — só um tipo de sentimentalismo muito insensível não atentaria para esse fato. Dinheiro bem gasto pode significar mais anos de vida, ao passo que dinheiro mal gasto leva a anos de vida perdidos.

> JULIA: As pessoas não conseguem pensar em dinheiro e vida como coisas intercambiáveis, mas elas são. Por exemplo, hoje, no trabalho, estávamos comentando sobre um adolescente que decidiu velejar ao redor do mundo e teve de ser resgatado do meio do Oceano Índico. Quanto dinheiro teve de ser gasto para salvar essa única vida? E há outras situações em que gastamos grandes somas em algum procedimento médico muito caro, considerando nossa vida infinitamente preciosa, mas também estamos dispostos a ficar parados vendo um monte de gente morrer por razões estúpidas que podiam ser evitadas. Acho que deveríamos pensar em como as coisas seriam se todas as pessoas doentes fossem tratadas da mesma forma, em vez de ocultarmos várias delas no Haiti. Ouvi no noticiário que uma segunda pessoa morreu no Arizona depois de lhe terem negado um transplante de órgão porque o governo cortou 1,4 milhão do programa de transplantes. Tudo o que pude pensar foi: *Todo esse dinheiro, e só duas pessoas morreram*?

No verão, logo depois que Jeff se formou na faculdade — antes do incidente da maçã do amor —, ele e Julia trabalharam em

Pinewoods, um acampamento de música e danças típicas; Julia cozinhava, enquanto Jeff lavava a louça. Juntos, ganharam cerca de 5 mil dólares, que doaram para a Oxfam. Enquanto trabalhavam no acampamento, pensavam que essa era uma boa maneira de passar o verão: estavam vivendo uma vida simples, não gastavam nada, ajudavam outras pessoas a fazer os serviços que ninguém queria e doavam o dinheiro de seus salários. Mas, quando o verão terminou e Jeff começou a fazer as doações, ocorreu a ele que os dois podiam ter ganhado muito mais fazendo outra atividade, o que lhes daria condições de doar mais. Teria sido aquele verão, então, um comodismo? Teriam eles o direito de gastar três meses de sua vida e de sua caríssima formação brincando de camponeses e ganhando quase nada? Haveria de fato alguma diferença entre escolher não ganhar dinheiro e gastar tudo num novo sofá ou em roupas chiques? Será que, para se sentirem satisfeitos em sua pobreza confortável, tinham que pagar para diminuir o sofrimento dos outros?

Já era suficientemente ruim pensar nessas questões em retrospecto, só que eles se sentiram ainda mais pressionados quando Julia começou a pensar sobre sua carreira. Havia anos que desejava ser assistente social, mas podia ganhar muito mais dinheiro trabalhando em outra área. Será que mesmo assim era certo ser assistente social? Quanto ela podia pensar na própria felicidade? Poderia justificar que cursar administração ou direito para ganhar mais dinheiro a deixaria muito infeliz, levando-a a um colapso em poucos anos. Além disso, era preciso considerar o custo desses cursos ou de qualquer outra coisa que fosse necessária para entrar num desses ramos de trabalho. Ela sabia que não ajudaria ninguém caso se forçasse a seguir uma profissão que não suportava. Uma carreira tinha que durar por um longo período. Só que obviamente havia vários empregos que pagavam menos que a área de finanças, porém mais do que o serviço social. Como poderia justificar sua escolha de trabalhar em uma área que pagava tão pouco? Pensou muito sobre esse dilema e, embora nunca tenha chegado a uma resposta satisfatória, matriculou-se no curso de assistência social de qualquer maneira.

Tudo isso não representava um problema tão grande para Jeff. Imaginava que, se tivesse casado com outra pessoa que não Julia, talvez não estivesse gastando muito mais do que gastava agora; estaria apenas economizando, e não doando o dinheiro extra que sobrava. Jeff queria manter uma reserva para ter mais opções no futuro e poder ajudar sua família caso alguma coisa ruim acontecesse. Se não tivesse casado com Julia, gastaria um pouco mais em instrumentos musicais melhores — cobiçava sobretudo um novo violino — e se sentiria mais livre para abandonar seu trabalho por algo que lhe pagasse menos. Talvez tivesse se tornado um músico em tempo integral ou um animador de grupos de danças típicas. Mas, fora isso, a vida seria basicamente a mesma. Pensava que se acomodaria bem em uma série de empregos possíveis, então sentiu-se livre para escolher o que pagava melhor. Gostava de trabalhar como programador e imaginava que, se não tivesse obrigações com as instituições de caridade, talvez estivesse fazendo algo muito semelhante. Não era difícil fazê-lo feliz.

Enquanto estava na faculdade de assistência social, Julia considerou se tornar psiquiatra, e os psiquiatras ganham muito mais do que assistentes sociais. Era o que devia ter feito, pensou. Mas achava terrível a ideia de investir muito dinheiro por vários anos de sua vida em cursos preparatórios para depois encarar a faculdade de medicina — ela acreditava que se sentiria completamente infeliz ao longo desse período, porque não poderia fazer doações. Mais tarde, considerou que ganharia mais dinheiro na sua área de interesse trabalhando no setor jurídico das companhias de seguro, negando cobertura para pessoas doentes. O trabalho era horrível, mas permitiria que ela doasse muito mais sem precisar fazer um treinamento adicional. Teria ela o direito de recusar essa alternativa?

O problema é que ela adorava seu trabalho. Sua primeira atividade foi como conselheira em uma prisão. A maior parte do tempo, não podia fazer grande coisa pelas pessoas com quem conversava — estavam presas, afinal —, mas muitos se sentiam tão infelizes e carentes de um pouco de bondade que Julia percebeu que já significava muito apenas ouvi-los e dar-lhes apoio. Vez ou outra, sentia que algo que dissera tinha realmente ajudado. Uma das presidiárias era filha de um pai alcoólatra que morrera devido aos efeitos da bebida; o pai sempre dissera que ele bebia devido ao mau comportamento da filha, e ela se sentia culpada por isso, acreditando que tinha de fato matado seu pai. Julia disse: "Imagine se seu pai tivesse falado no grupo do AA que bebia por sua causa? Que era tudo culpa sua?". A filha percebeu de imediato quanto isso soava estranho e não se sentiu mais tão culpada. Momentos como esse faziam Julia se sentir feliz, mas ela tinha o cuidado de não se deixar levar. Estava lá para pensar sobre as necessidades de seus clientes, não para se sentir bem. Julia escreveu em seu blog:

> Existe um anúncio sobre um banco de alimentos que aparece em todos os ônibus em Boston. Há uma garota branca bonita abraçando uma mulher branca mais velha. Suponho que a jovem representa o banco de alimentos, já que parece feliz, enquanto a mais velha, cujo rosto não se distingue, está presumivelmente faminta e precisando de conforto. Mas espere um pouco. Ela não precisa de um abraço. Ela precisa de comida. Tenho uma fantasia de resgate — qual assistente social não tem? Em algum lugar lá dentro, adoramos acreditar que podemos fazer os clientes se sentirem melhor apenas com um abraço. Se os levássemos para casa, oferecêssemos uma boa refeição e bastante empatia, acreditamos que poderíamos resolver qualquer coisa e merecer sua eterna gra-

tidão. Mas isso é um *pensamento interno*. Você não deve falar sobre isso com seus clientes. A ideia é ajudar, não se sentir útil... Se precisasse de comida, será que eu gostaria de ir a algum lugar onde poderia receber um abraço de uma jovem de olhos marejados com complexo de salvadora da pátria? De jeito nenhum.

Julia sempre quis criar galinhas e se deu conta de que, embora não fosse muito prático criar bichos no pequeno apartamento em que morava com Jeff, talvez pudesse criar codornas, pois eram menores e mais silenciosas do que as galinhas e podiam ser mantidas em uma gaiola no quarto. Eles poderiam comer os ovos e, quando não botassem mais, iriam comer as próprias aves. Julia fez uma pesquisa e descobriu que era possível comprar ovos de codorna fertilizados que eram entregues pelo correio; só era preciso providenciar uma incubadora, algo que Jeff conseguiria construir. Seu aniversário estava se aproximando, e, quando sua mãe perguntou o que ela gostaria de ganhar de presente, Julia pediu um alimentador de codornas. Sua mãe, em vez de comprar um e enviar pelo correio, mandou um cheque escrito "alimentador de codornas". Porém, uma vez que Julia se viu com o dinheiro nas mãos, soube que teria de desistir da ideia. E foi exatamente o que fez. Ela se deu conta de que estava agindo como se fosse uma adicta.

Isso tinha sido motivo de conflitos entre Julia e sua família desde a mais tenra idade, pois ela sempre dera tudo o que possuía. Quando tinha mais ou menos cinco anos, a irmã mais velha de uma amiga perdeu uma nota de dez dólares, e Julia, sentida com a situação que ela via como uma maré de azar, quis dar à menina sua mesada para compensá-la. A mãe de Julia a impediu, dizendo que era importante que a garota aprendesse a ser responsável com o próprio dinheiro. Julia não disse nada, mas foi até o andar de cima e voltou algum tempo depois com as meias cheias de moedas, dizendo à mãe que ia dar uma volta.

Julia cresceu num subúrbio de Richmond, Virginia. Seu pai era administrador de imóveis; sua mãe, professora da pré-escola. Anos mais tarde, pensaria sobre o local e a forma como fora criada como um declínio em relação ao que viera antes. Seus pais se conheceram numa aula de sapateado, e seu pai trabalhava como carpinteiro; na época em que Julia nasceu, viviam em uma pequena casa no interior com um laguinho artificial e forno a lenha, sem ar-condicionado. Sua mãe fazia conservas e costurava as roupas deles. Mas as escolas não eram muito boas ali, então a família se mudou para uma casa ampla no subúrbio, com um fogão moderno e ar-condicionado, e seu pai começou a administrar propriedades. Julia por vezes pensava naquela pequena casa no interior e imaginava como os pais podiam ter desistido daquela vida ideal, e como ela a teria de volta um dia.

Quando era um pouco mais velha, Julia parou de dar coisas para os amigos e começou a colocar sua mesada na cesta de coleta da igreja, achando que o dinheiro iria para os pobres. Festas de aniversário a angustiavam, porque sabia que não podia aparecer sem um presente, mas acreditava que seria errado gastar cinco dólares, quando os mesmos cinco dólares poderiam ser doados para alguém que precisasse mais do dinheiro. Uma vez, cobiçou desesperadamente um bichinho de pelúcia, mas sentia que seria um pecado gastar dinheiro naquilo. Chamou sua melhor amiga, Bridget, e se abriu com ela. Bridget sugeriu que Julia contasse aos pais que tinha colocado todo o seu dinheiro na cesta de coleta da igreja; seus pais ficariam tão emocionados com a demonstração de virtude da filha que dariam a ela o dinheiro, que poderia ser usado para comprar o bichinho. (Mais tarde, Bridget se tornaria uma advogada.) Julia ficou tão chocada com a proposta que desligou o telefone na cara da amiga sem nem se despedir.

Até os onze anos, Julia foi muito religiosa. Acreditava que, como Deus havia lhe dado a vida, tinha para com Ele uma dívida tão grande que nunca poderia ser paga, mas era seu dever tentar ao máximo. Julia rezava por horas, pedindo perdão por suas imperfeições. Lia a Bíblia e tentava segui-la à risca. Ao ler que era proibido misturar lã e linho, passou a se recusar a vestir roupas que fossem mescladas com fibras diferentes. Parou de trabalhar aos sábados. Seguia uma alimentação kasher, embora fosse protestante. Então, certo fim de semana, ocorreu a ela que outras pessoas acreditavam em seus livros sagrados com tanto fervor quanto ela acreditava na Bíblia. Dessa forma, por que deveria achar que sua religião era a verdadeira? Nunca tinha sentido qualquer evidência da presença de Deus. De uma hora para a outra, perdeu a fé.

Depois que parou de acreditar em Deus, não doou mais dinheiro para a igreja e, por alguns anos, gastou sua mesada seguindo as suas vontades: se Deus não existia, não devia nada a ninguém. Depois, começou a tomar consciência da pobreza existente no mundo e percebeu quanto era rica em comparação com outras pessoas. Por isso, com treze anos, começou a doar a mesada novamente, em sua maior parte para o Heifer Project, que combate a fome no mundo. A essa altura, um menino que frequentava a igreja ficou muito doente, precisava de uma cirurgia grande e os pais dele não tinham convênio médico. A igreja organizou uma arrecadação, e a mãe de Julia disse a ela que ali estava uma pessoa conhecida a quem ela podia ajudar — por que não dar o dinheiro para ele? Julia respondeu: "Por que a vida de uma pessoa que conheço vale mais do que a vida de várias outras que não conheço e que poderia ajudar com essa mesma quantia?".

Embora não fosse mais devota, Julia sentia falta da comunidade e dos rituais religiosos. Continuava a celebrar o Natal e a

Páscoa e a observar o calendário litúrgico — gostava de como ele sistematizava o ano. Um dia, entrou na internet e fez um teste de religião; o resultado apontava que suas crenças se alinhavam às dos humanistas seculares e unitaristas. Julia decidiu dar uma olhada num culto unitarista, mas não conseguiu encontrar a igreja, se perdeu e acabou indo parar num depósito de lixo. Achou que a história daria uma ótima música country — "Fui procurar uma religião e acabei no lixão" —, mas imaginava que não era permitido mencionar o unitarismo nesse tipo de canção. Finalmente, encontrou o caminho até o culto unitarista, mas achou que as letras dos hinos eram melosas e acabou preferindo se juntar a um grupo quacre. O encontro com os quacres satisfez sua sede de rituais, mas Julia ainda desejava uma comunidade à qual pudesse se misturar e que agregasse mais vertentes de sua vida moral e emocional. Ainda que não acreditasse, ela gostava de pensar no que via como utopias — a Terra-Média de *O senhor dos anéis* e a Nova Inglaterra do século XIX no livro *Mulherzinhas*. Julia sabia que o comunismo não tinha funcionado, mas desejava uma utopia de menor escala e menos ambiciosa que funcionasse, como um kibutz, uma comunidade Shaker — dos adeptos da Sociedade Unida dos Crentes na Segunda Aparição de Cristo —, ou uma cooperativa em que as pessoas compartilhassem tudo e abrissem mão de certas coisas para o bem comum.

Julia foi estudar em Bryn Mawr, uma faculdade pequena perto da Filadélfia. Foi em seu último ano que conheceu Jeff, que estudava em Swarthmore, outra faculdade nas proximidades. Ela olhou a página de Facebook de Jeff e notou que não havia ali as fotos comuns de festas regadas a bebidas, nem caras estúpidas para a câmera — pelo contrário, havia fotos de Jeff com sua família, tocando música folk, jogando cartas, cozinhando. Em uma das fotos identificou um certificado de casamento quacre pendurado na parede. A ausência de fotos de bebedeira não era uma questão de discrição: Jeff decidira no ensino médio que nunca tomaria bebidas alcoólicas, porque não lhe agradava a ideia de mudar a forma como pensava. Embora nunca tivesse ficado bêbado, pensar nisso o deixava desconfortável. E se o Jeff bêbado discordasse do Jeff sóbrio? Como decidiria qual dos Jeffs estava certo? A coisa toda era confusa, e ele preferia evitá-la. Por conta disso, mesmo sendo ateu, acabava fazendo amizade com evangélicos e mórmons.

Jeff cresceu em uma grande casa vitoriana em Medford, subúrbio de Boston; seu pai, Rick, era terapeuta; sua mãe, Suzie, parteira. A família da mãe de Jeff fora quacre por muitas gerações; seu avô tinha sido um objetor de consciência durante a Segunda Guerra Mundial e fora submetido a duros experimentos militares em um campo de concentração. Jeff gastara ainda menos dinheiro do que Julia quando criança, mas por uma razão diferente. Quando tinha oito anos, queria muito os instrumentos que via nos festivais de música folk, então começou a guardar suas mesadas para comprar um deles. Ganhava um dólar por semana, e ficava feliz em poder trocar as notas de um por uma de cinco. Continuou economizando até poder trocar quatro notas de cinco por uma de vinte. Quando já podia comprar um dos instrumentos, tinha demorado tanto para juntar a quantia que desistiu da compra e resolveu continuar economizando. O hábito da frugalidade se tornou, então, uma parte essencial do seu caráter.

Jeff levou Julia para conhecer sua família — na casa que ela vira no Facebook — e, quando estavam prestes a entrar, Julia soube que queria morar ali. Havia espaços para estar acompanhada e para ficar sozinha, além de muitos livros. Na casa havia uma cozinha enorme com uma mesa onde dava para sentar e conversar com o cozinheiro enquanto ele picava os ingredientes. Ali se respirava música: o pai de Jeff tocava violino, violão, baixo, bandolim e viola. Jeff, além do piano, tocava violino com tanta intensidade que arrebentava as cordas do instrumento. Pouco tempo depois dessa visita, Julia se sentou com Jeff embaixo de uma árvore e disse que gostaria de se casar com ele.

Julia e Jeff raramente comentavam com os outros a respeito de suas doações. Era estranho. As pessoas não gostavam de falar sobre dinheiro em geral e também não queriam se sentir julgadas por guardar grande parte do que ganhavam para si próprias. Depois de Julia tentar várias vezes falar sobre as doações, uma pessoa lhe disse que ela era louca e que estava caminhando para a infelicidade; outra tirou sarro. Julia não conseguia decidir como se sentia em relação a isso. Por um lado, achava que uma das coisas mais úteis que podia fazer era encorajar os outros a doar mais; pensava que, se fosse mais corajosa e se importasse menos com etiquetas sociais, poderia ser mais agressiva a esse respeito. Tinha lido nos diários de John Woolman, líder quacre do século XVIII, que, para ele, a pregação sobre justiça era extremamente constrangedora; pedia a Deus que não lhe desse essa tarefa, mas, como Deus insistia, continuava mesmo assim. Se fosse uma pessoa melhor, Julia pregaria mais também. Por outro lado, sabia que era importante para a causa não ser uma pessoa desagradável, e se havia uma coisa desagradável era o proselitismo. Ou seria essa apenas uma forma de ela racionalizar o que não queria fazer? Não tinha certeza. Sabia que era importante não parecer puritana ou limitada demais para que pensassem que ela tinha algum tipo de complexo de mártir, ou que era impossível doar muito dinheiro sem ficar infeliz quando, na verdade, na maior parte do tempo, Julia achava fácil ter uma vida agradável sem gastar muito.

As necessidades do mundo eram como a morte, pensava Julia — todo mundo sabia que elas existiam, mas pensar nisso era tão destruidor que as pessoas acabavam bloqueando a informação para que não se machucassem. Julia, por um lado, compreendia esse ponto de vista, mas, por outro, não entendia por que as outras pessoas não doavam mais do que ela e Jeff. Como as pessoas poderiam permitir isso? Julia doava e era tão humana quanto os outros. Como as pessoas eram capazes de ignorar a miséria e a injustiça no mundo? Como conseguiam não ajudar? Julia não era um desses seres humanos elevados que não julgam os outros — ela julgava. Via-os como responsáveis pelas suas ações. Mas não julgava os outros por acreditar que era superior — muito pelo contrário. Não achava que havia algo de especial nela que explicasse seu senso de dever enquanto as outras pessoas ficavam à toa. Qualquer um que quisesse podia fazer o mesmo que ela, pensava Julia. Nick Carraway, em *O grande Gatsby*, disse: "Abster-se de julgamentos é questão de esperança infinita", mas o oposto também era verdade: julgar é acreditar que uma pessoa pode fazer melhor; é saber que as pessoas podem mudar seus comportamentos, até mesmo de forma bastante radical, como reação ao que é esperado delas. Julgar é ter esperança de que as pessoas sejam egoístas, em parte porque acreditam que isso faz parte da condição humana. Julia escreveu em seu blog:

> Uma coisa sobre a qual quase nunca falo é a raiva. Quando estou feliz com minha vida, não tenho razão para sentir raiva, mas, quando estou sofrendo, algumas vezes sinto. Sinto como se estivesse puxando uma coisa pesada, que não posso carregar sozinha — como um carro para fora de um atoleiro. E todo mundo está parado em volta dizendo: "Puxa, que azar que o carro está na lama", ou "Parece que esse trabalho que você está fazendo é pesado", ou, mais frequentemente, "Você ficou sabendo que a seleção italiana perdeu para a Eslováquia?". Eu acredito de verdade que existem bens materiais e talentos humanos suficientes para que ninguém

precise ser miserável. Se todo mundo pudesse puxar um pouco o carro pesado, eu não precisaria fazer tanta força.

Ficou claro para Julia que era importante estabelecer um alvo. Uma pessoa comum poderia não ser receptiva às suas ideias, mas certamente havia gente por aí que estava apenas esperando algum empurrão. Como poderia encontrá-las? Decidiu começar um novo blog, chamado Giving Gladly [doando com alegria], na esperança de que o título explícito e o tratamento direto sobre o assunto atraíssem possíveis interessados. A certa altura, descobriu que existia um filósofo em Princeton, Peter Singer, que advogava por uma visão moral do mundo bem semelhante à dela. Por isso; pegou o livro de Singer, *The Life You Can Save* [A vida que você pode salvar], numa biblioteca e, com a empolgação de alguém prestes a cometer seu primeiro ato criminoso, fez algumas anotações nele, convidando as pessoas que se sentissem tocadas pela mensagem da obra a contatá-la.

Julia fazia coisas desse tipo em parte porque sentia que era seu dever encorajar outras pessoas a doar, e também por solidão. Não conhecia ninguém além de Jeff que compartilhasse de suas crenças sobre dinheiro e responsabilidade e muito menos alguém que acreditasse nessas ideias a ponto de segui-las. Deparar com a obra de Peter Singer fora emocionante — descobrir que havia um filósofo que pensava como ela era animador, mas não era o mesmo que ter um amigo.

Essa sensação de isolamento durou bastante tempo, até que Julia e Jeff descobriram a Giving What We Can. Tratava-se de uma organização fundada havia pouco tempo por Toby Ord, um jovem professor de filosofia moral de Oxford, para espalhar a ideia de que toda pessoa tinha a obrigação de doar mais para ajudar os menos favorecidos. Os membros tinham que assinar um compromisso de doar pelo menos 10% de seu salário bruto até a aposentadoria. Alguns já doavam mais do que isso, mas Toby tinha fixado os 10% porque o valor parecia substancial e ao mesmo tempo não intimidava, além de se assemelhar às normas religiosas do dízimo.

Julia e Jeff se sentiam envergonhados de falar com as pessoas sobre doações, mas Toby não se intimidava; em um curto período, dera início a um debate público. Repórteres ouviram sobre sua organização e vários artigos saíram nos jornais; estudantes inauguraram filiais do grupo nas universidades; outras pessoas entraram em contato com a organização pela internet. Em um ou dois anos depois da sua fundação, em 2009, a Giving What We Can se tornara um dos principais núcleos do que ficou conhecido entre seus membros como um movimento do altruísmo eficaz. O componente "altruísta" remetia a fazer mais doações e o "eficaz" estava ligado à ideia de buscar pesquisas — idealmente, estudos controlados randomizados, mas, se não fosse possível, pelo menos informações confiáveis —, com o intuito de encontrar as instituições de caridade cujos programas ajudassem mais vidas usando menos dinheiro.

Toby era uma pessoa alegre e tranquila. Vivia da forma que acreditava que devia viver, então não sentia culpa. Sempre doava muito dinheiro, mas não via isso como um sacrifício. Ele já tinha tudo o que queria — uma esposa que amava, amigos e um trabalho interessante e respeitável. Doava dinheiro para aliviar o sofrimento humano, mas não era atormentado por pensamentos relacionados a esse sentimento, porque estava fazendo sua parte para amenizá-lo. Acreditava que era melhor não sentir tanta empatia, porque, se sentisse a dor das pessoas o tempo inteiro, não conseguiria realizar coisa nenhuma. Certa vez, membros de um grupo da Giving What We Can estavam conversando sobre quais eram as razões que os levavam a levantar da cama todos os dias. Várias pessoas disseram que se sentiam inspiradas em espalhar as ideias do movimento pelo mundo, mas Toby disse que não havia nada em especial que o fizesse levantar da cama, ele simplesmente levantava e ia trabalhar.

Toby era magro e pálido, tinha a pele do rosto bem retesada, com uma expressão de tenacidade estampada na face. Crescera em Melbourne, na Austrália, filho de arquitetos. Quando estava na escola, costumava pensar que tinha de fazer algo em relação à pobreza no mundo. Via pôsteres de crianças famintas e pensava: "Ah, eu devia fazer algo a respeito disso". Até o dia em que enfim resolveu agir. Nessa época, ganhava cerca de oito mil libras por ano e sua vida ia bem, então imaginou que, quando tivesse um salário de professor, seria fácil fazer doações acima de dezoito mil. Ao fazer as contas do que provavelmente ganharia ao longo de sua vida profissional, calculou que receberia cerca de 1,5 milhão de libras e que teria necessidade de gastar cerca de meio milhão para cuidar de si mesmo — incluindo poupança, uma provável hipoteca e um fundo para emergências —, o que o deixava com 1 milhão de libras para doar.

Foi uma surpresa agradável — 1 milhão de libras era bastante dinheiro! Fez mais alguns cálculos e chegou à conclusão de que 1 milhão de libras poderia promover cerca de 100 mil anos de vida saudável. Isso era realmente animador. Pensou que poderia seguir esse caminho ou enriquecer sua vida já feliz com futilidades. Escolheu a primeira opção. Considerou buscar uma carreira diferente da filosofia, na qual ganhasse mais dinheiro para doar; tinha condições de ter um bom salário como programador de computadores e gostava dessa atividade. Mas se deu conta de que se fosse professor em Oxford teria boas chances de influenciar estudantes que viriam a ser nomes poderosos no mundo. Quando começou a Giving What We Can, sentiu que era a coisa mais efetiva que poderia ter feito, já que nos quatro primeiros anos da fundação recolheu algo em torno de 100 milhões de dólares, o que era muito mais do que poderia ter ganhado em qualquer outra atividade.

Na primavera de 2013, Toby estava em Boston a trabalho, e Julia e Jeff o convidaram para jantar. Tinham promovido um encontro de altruístas eficazes naquela tarde — em parte, graças a Toby, haviam descoberto uma pequena rede de pessoas que pensavam como eles em relação a assuntos morais. Gostavam de promover jantares para divulgar a causa de tempos em tempos e também porque Julia adorava cozinhar para bastante gente. Os altruístas eficazes eram, em geral, vegetarianos ou veganos, e, sabendo disso, Julia cozinhava uma enorme panela de macarrão com vegetais e fazia bolo de chocolate com sorvete de sobremesa. Os convidados se serviam e se sentavam em cadeiras dispostas em círculo ou no chão.

Os frequentadores regulares desses encontros costumavam ser jovens brancos bem qualificados, com formação em tecnologia e temperamento racional, ainda que Julia desejasse que houvesse mais mulheres. No geral, pouca gente nova aparecia — amigos de amigos ou pessoas que tinham lido sobre o jantar na internet —, e os novatos entravam nas discussões sem estar familiarizados com as normas e os princípios do movimento. Na noite em que Toby apareceu para o jantar, três jovens israelenses — Barak e Yuval, estudantes de medicina, e Netta, estudante de direito e esposa de Yuval — também compareceram, por sugestão de um amigo.

> BARAK: Você comentou sobre o cirurgião que vai para a África por uma semana para fazer cirurgias em vez de apenas ficar em seu emprego bem pago ou doar dinheiro. Conheço muitos cirurgiões que fazem isso, e ir para a África os deixa com uma sensação tão grande de gratidão que isso acaba

tendo um impacto impressionante na vida deles. Sei que deveríamos nos concentrar em como ajudar os outros, mas acho que há muito que se discutir sobre a busca por realização própria também. Isso vai soar excessivamente sentimental, mas escolhi minha profissão porque era uma forma de ajudar os outros; escolhi dedicar minha vida a isso, e acho que a razão para eu de fato seguir fazendo o que faço é porque amo muito minha profissão.

Barak tinha cabelo escuro bem curto e usava um longo espeto de prata que atravessava a parte de cima de sua orelha direita em dois furos. No ano anterior, passara um tempo no Quênia abrindo uma clínica médica para crianças — e se mostrava surpreso e desconcertado de descobrir que seu esforço não tinha grande valor entre os altruístas eficazes.

NETTA: Eu iria ainda mais longe. Diria que outro aspecto da ajuda que prestamos às pessoas na África é lhes oferecer contato humano, e não apenas jogar dinheiro nelas.

TOBY: Mas não estamos literalmente jogando dinheiro nelas. O que fazemos é pagar para que outras pessoas façam os trabalhos — ou seja, financiar um cirurgião local. Há aspectos interessantes em ir até lá e conhecer as pessoas. Mas aí você precisa pensar sobre o que é mais importante: conhecer uma pessoa diferente ou *não deixá-la morrer*?

BARAK: Mas uma das razões pelas quais escolhi a medicina foi para dizer "Não quero mais ignorar a doença e a morte — quero estar onde a merda acontece". E, para mim, a África foi uma experiência devastadora de humildade.

BEN K.: Concordo plenamente que colocar a mão na massa pode ser útil em termos de motivação pessoal — mas não se seu objetivo é fazer o maior bem possível para as outras pessoas.

* * *

Ben K. se graduara em matemática em Harvard. Seu cabelo preto era farto, tinha sobrancelhas à Groucho Marx e sorria bastante. Ele, como outros altruístas eficazes, achava que não importava *quem* estava levando auxílio aos necessitados — o importante era que o auxílio chegasse. Barak se surpreendia com esse desapego de como um ser humano — no caso, ele próprio — deve passar seu tempo no planeta.

> BEN L.: Uma coisa que acho de grande valor na maneira como tomo decisões é distinguir entre as coisas que faço porque estou tentando ajudar o maior número de gente possível e o que faço para me sentir bem enquanto pessoa. São dois problemas diferentes, que frequentemente requerem soluções distintas. Doei muito dinheiro, mas isso não me satisfazia: clicar em um botão e ter um número diferente no meu extrato bancário não fazia sentido no meu cérebro de macaco. Então, quando quero sentir esse tipo de conexão humana, vou doar sangue. Sei que há uma forma mais eficiente de usar meu tempo, em termos de ajudar o maior número possível de pessoas, mas isso não é o que tento fazer quando vou doar sangue; nesse momento, estou tentando me sentir uma boa pessoa.

Ben L. era um jovem engenheiro de software que vestia uma camisa roxa e raspara o bigode havia pouco, por sugestão de Julia.

> BEN K.: Existe um ditado nos círculos utilitaristas de que uma pessoa deve separar as coisas. Se tentar encontrar uma instituição de caridade que ao mesmo tempo a faça se sentir bem e contribua para a qualidade de vida de outras pessoas,

vai acabar achando uma instituição de caridade que é muito ineficaz em uma dessas duas coisas.

Toby inicialmente presumira que a parte do altruísmo em sua mensagem seria mais difícil de vender do que a parte da efetividade: imaginava que seria difícil convencer as pessoas a doar dinheiro, porque isso envolvia sacrifício, e mais fácil convencê-las a redirecionar seu dinheiro para instituições de caridade melhores — afinal, quem não gostaria de ajudar ainda mais gente com seu dinheiro? Descobriu que as pessoas não eram tão racionais e, na verdade, o que aconteceu foi o contrário: era muito fácil persuadir as pessoas a doar mais dinheiro se você mexia com as emoções delas, mas persuadi-las a abandonar causas nas quais acreditavam havia anos era bem difícil. Assim, era mais fácil para ele convencer tipos racionais, que nunca tinham pensado muito sobre contribuir com instituições de caridade, do que mudar a cabeça de benfeitores de longa data. Os convertidos ao altruísmo eficaz tendiam a ser o tipo de gente para quem, se instinto ou emoção entrassem em conflito com um argumento bom, o argumento venceria.

Os altruístas eficazes tinham lido bastante sobre ajuda humanitária e conheciam os vários erros catastróficos que ONGs haviam cometido no passado e continuavam a cometer. Sabiam que a ajuda recebida em casos de desastres naturais poderia ser desastrosa e que o auxílio a refugiados de guerra poderia estimular ainda mais a guerra. Por isso era tão importante nunca presumir que o que parecia o óbvio a fazer — dar comida aos famintos, por exemplo — estaria isento de efeitos colaterais que piorariam tudo. No ano anterior, a GiveWell colocou entre as três instituições de caridade de sua escolha uma organização chamada GiveDirectly, cujo método era identificar as famílias mais pobres em determinada área com o intuito de dar dinheiro a elas, recurso com o qual podiam fazer o que quisessem. (Muitas vezes as famílias gastavam a verba em telhados de metal.) As escolhas da GiveWell eram seguidas de perto pelos altruístas eficazes, e a GiveDirectly em particular causou uma agitação considerável.

> CHRIS: Espero que a GiveDirectly não seja a melhor forma de intervenção de caridade em que podemos pensar, porque isso seria meio triste. Seria admitir que quando você usa a inteligência e de fato pensa sobre como ajudar as pessoas optaria pelo mesmo que qualquer pessoa pensaria individualmente. Seria admitir que as preferências individuais são a melhor forma de tornar as pessoas felizes, e essa hipótese não se sustenta.

Chris era mais velho do que a maioria dos altruístas eficazes, era casado e tinha um bebê. Trabalhava para uma instituição educacional sem fins lucrativos, a One Laptop per Child.

> BEN K.: Eu compreendo. Temos todas essas coisas sensacionais a que as pessoas que estamos tentando ajudar não têm acesso, e seria uma pena se nenhuma dessas coisas sensacionais fosse de fato útil, então a melhor opção seria entregar o dinheiro diretamente para os mais pobres. Acho que acaba sendo fútil ter todas essas coisas sensacionais, para começo de conversa.
>
> TOBY: Mas eu não acho que essa seja a forma mais efetiva de ajudar as pessoas. Tem um monte de benefícios comunitários, como sistemas de esgoto, que não seriam construídos por esse tipo de esquema, mesmo que as pessoas soubessem o que é melhor para elas, o que geralmente não ocorre. Especialistas fizeram estudos de controle randomizados, que cus-

taram milhões de dólares, para descobrir se algo é efetivo, mas as pessoas comuns desses países não têm acesso a esse tipo de informação.

MIKE: Sinto que devo fazer o papel de advogado do diabo. Gostaria de apoiar um pouquinho o consumismo. O dinheiro que você doa para as instituições de caridade não é um dinheiro que desapareceria se você não doasse — ele foi desviado de uma grande economia ou de uma economia mais efetiva, e os resultados do Terceiro Mundo têm melhorado muito não por causa das instituições de caridade, mas por conta do crescimento econômico geral no mundo.

Mike era um jovem transumanista calvo com uma barbichinha no queixo. Ele havia pedido demissão de um emprego numa companhia telefônica recentemente.

BEN K.: Pois é, a gente gasta todo esse dinheiro em caridade e, no fim das contas, uma das maiores forças que impulsionam uma melhora na qualidade de vida das pessoas são as empresas globalizadas. Em muitos casos, as coisas que levam a grandes transformações são completamente imprevisíveis. Se você estivesse parado lá em 1900 se perguntando sobre qual a melhor forma de ajudar as pessoas, você jamais pensaria na globalização da Coca-Cola. Então pode ser mais razoável fazer o que você faz bem e esperar que, qualquer que seja essa atividade, ela traga resultados mais rápido porque você está fazendo algo que faz bem, em vez de fazer alguma coisa que acha que é mais útil, mas que você não faz tão bem.

TOBY: Mas conquistamos muito por meio de ajuda humanitária. Uma quantia absurda. A questão é: se eu gasto meu dinheiro indo ao cinema, isso ajuda as pessoas nos países pobres tanto quanto se eu lhes fornecer um mosquiteiro?

> Não entendo como o argumento do crescimento econômico poderia ser aplicado nesse exemplo.

Quando Toby falava sobre suas ideias em público, tentava não colocar culpa nos outros — acreditava que fazer as pessoas se sentirem culpadas não levava a nada. Em vez disso, Toby dizia que doar dinheiro era uma oportunidade emocionante. "Olhamos para pessoas como Oskar Schindler, que salvou 1200 vidas, e pensamos que isso é de um heroísmo moral incrível e que, se quiséssemos, poderíamos fazer sacrifícios menores dos que o de Schindler e salvar mais vidas!", dizia ele. Algumas vezes, as pessoas falavam para Toby que seus princípios eram muito exigentes — que não era razoável pedir que as pessoas abrissem mão da maior parte do seu dinheiro em nome de desconhecidos. Quando isso acontecia, ele recorria ao exemplo de Oskar Schindler, além de pontuar que achava o argumento muito ruim. "A moralidade pode ser exigente. Vamos dizer que você foi falsamente acusado de assassinato, que recebeu pena de morte e se dá conta de que só pode escapar se matar um dos guardas. A moralidade diz que você não pode matá-lo, mesmo que isso signifique perder a própria vida. É assim que funciona. Bom, acontece que podemos salvar a vida de milhares de pessoas. Se você não faz isso, então está admitindo que sua vida vale mil vezes mais do que a vida de um estranho. Isso parece plausível? Não acho que seja o caso. Se você pensa assim, sua teoria é realmente estúpida", concluía.

Conforme o movimento pelo altruísmo eficaz crescia, o cofundador da Giving What We Can, outro filósofo chamado William MacAskill, fundou uma organização-irmã, a 80 000 Hours, para ajudar mentes altruístas a pensar sobre como tornar as horas da sua vida mais úteis. Will queria disseminar a ideia de que um tipo altruísta não precisava necessariamente seguir o caminho dos benfeitores tradicionais — tornando-se um voluntário ou um médico no Terceiro Mundo —, mas poderia considerar buscar uma carreira que lhe rendesse bastante dinheiro para ser doado. Will chamou a ideia de "ganhar para doar", e ela começou a pegar. Um aluno de Peter Singer foi trabalhar na área de finanças; no primeiro ano fora da faculdade, doou 100 mil dólares para organizações que lutam contra a pobreza. Outro estudante, formado em engenharia, embora inicialmente planejasse se mudar para a África e construir esgotos, foi trabalhar em um banco de investimentos em Londres, e se deu conta de que qualquer pessoa poderia construir esgotos na África, mas pouquíssimas poderiam fazer o que ele estava fazendo. "Decidi ser o Super-Homem", declarou em uma entrevista. "Vi um anúncio dizendo que uma vacina contra a pólio podia ser comprada por trinta pence. Equivale a três pessoas imunizadas por uma libra. Então, pensei... se eu conseguir um emprego que me permita doar 60 mil libras, serão 180 mil pessoas em um ano. O Super-Homem não poderia nem sonhar em ajudar tanta gente."

Algumas pessoas achavam essa conversa de cifras desagradável, como um Don Juan do altruísmo contando suas conquistas. (Toby fazia isso também: em conversas, dizia para as pessoas que esperava salvar trezentas vidas com suas doações pessoais e que todas as adesões ao Giving What We Can acrescentavam entre 2 e 11 milhões de anos de vida saudável — como só fazia 5 milhões de anos que os humanos tinham se distanciado dos chimpanzés, isso era suficiente.) Julia temia que isso afastasse as pessoas. Mas a maior parte dos altruístas eficazes não se preocupava com rótulos sociais. Eles acreditavam que, se saber das próprias cifras ajudava a motivar o doador e atraía outras pessoas a doarem mais dinheiro, tratava-se de uma coisa boa. Eles sempre falavam sobre "causar impacto" e "fazer a diferença" — uma linguagem que não é típica de caridade, e sim da ambição.

* * *

Julia sempre desejara ter filhos. Mesmo quando estava no ensino médio já pensava sobre isso e fazia planos — as brincadeiras juntos, os brinquedos que ela faria para eles. "Quero ter filhos e filhas. Quero cantar Gilbert e Sullivan com eles na cozinha. Quero ensiná-los a dançar valsa e a plantar brócolis. Quero contar histórias para eles e levá-los para fazer piquenique no bosque", imaginava.

Sempre pensara que, se desistisse de ter filhos, teria atingido o ponto em que a vida não estaria apenas limitada, mas também destruída. O futuro parecia desolador ao imaginar que quando seus pais e os pais de Jeff tivessem partido não haveria uma geração mais jovem para substituí-los, apenas ela e Jeff, vivendo sozinhos em um pequeno apartamento alugado.

Mas, de repente, ela começou a questionar isso. Muitas pessoas tinham dito a ela que as pessoas ficam diferentes quando têm filhos — sua forma de pensar e sua visão de mundo mudam. Para ela, isso soava muito esquisito. É claro que, querendo ou não, o mundo a afetava o tempo todo, mas tomar uma decisão que logo de saída poderia transformá-la completamente e de forma imprevisível, talvez de um jeito que modificaria suas convicções a respeito das obrigações para com estranhos, aí já era outra coisa. Jeff nunca tivera problemas em valorizar a família mais do que gente desconhecida, mas Julia sofria conflitos em relação a isso, e sabia que ter filhos era o teste final.

P: Se duas crianças estivessem morrendo afogadas ali e Jeff estivesse morrendo afogado aqui, você se sentiria no direito de salvar Jeff?

JEFF: O Jeff provavelmente doa mais dinheiro do que elas.

JULIA: Eu poderia tomar ambas as decisões e me sentiria horrível a respeito de qualquer uma. Porque quase todo mundo que conheço acha que é preciso cuidar de você mesmo, da sua família e de pessoas próximas em primeiro lugar, e pouca gente compartilha das minhas ideias sobre esse tipo de coisa...

JEFF: E um deles teria morrido.

P: Quem?

JEFF: Eu!

JULIA: Parte da minha decisão teria a ver com o fato de eu saber que outras pessoas me julgariam por cuidar de desconhecidos da mesma maneira que cuido das pessoas próximas. Sei que, se tivermos filhos, as pessoas vão nos julgar duramente por não dar a eles sempre uma vantagem e por considerar as crianças dos outros tão importantes quanto as nossas.

JEFF: Por mim tudo bem valorizar a Julia mais do que qualquer outra pessoa. Tudo bem valorizá-la infinitamente. Mas se fosse Julia ou outras 10 mil pessoas, eu teria que salvar as 10 mil.

P: Então quanto vale a vida dela? Dez? Vinte pessoas?

JEFF: Chegar a um número exato é muito difícil. Você poderia tentar calcular isso a partir da cifra das minhas doações em comparação ao tanto de dinheiro que dou a Julia, mas acho que não funcionaria.

Enquanto trabalhou no acampamento de verão, Julia encontrou algumas crianças que se comportavam tão mal que se deu conta de que a imagem que criara quando era mais jovem, de ser mãe e ter uma família, não correspondia à realidade. Suas crianças imaginárias existiam apenas em livros. Julia começou a se perguntar se realmente precisava de filhos. Parte dela suspeitava que o lugar emocional que imaginava preencher com as crianças já era de Jeff.

Uma vez que se abriu à ideia de que talvez ter filhos não fosse necessário — passando-os na sua planilha moral da coluna de essencial para facultativo —, Julia percebeu quanto espaço na planilha uma criança ocuparia. Uma criança seria a coisa não essencial mais cara que ela poderia possuir, então, ao ter os próprios filhos, estaria na verdade matando os filhos de outras pessoas. Além disso, acrescentar uma nova pessoa à população de um país do Primeiro Mundo era uma coisa terrível do ponto de vista do meio ambiente: comparado a esse estrago, qualquer coisa que tentasse fazer para repará-lo — reciclagem, compostagem, evitar embalagens, não usar água quente — seria completamente insignificante. Jeff acreditava que uma pessoa mediana tinha uma rede de impactos positivos no mundo, pelo menos do ponto de vista da felicidade humana, mas Julia não estava tão convencida de que isso fosse verdade.

Julia conversou sobre o assunto com Jeff e ficou muito chateada. Uma vez que a perspectiva de ter filhos se tornou real para ela, foi algo tão doloroso quanto aterrorizante. Eles começaram a pensar em opções intermediárias. Desconsideraram a ideia de uma adoção internacional — era cara demais —, mas pensaram que poderiam justificar a adoção de uma criança de um abrigo nos Estados Unidos. Julia sabia que as consequências para crianças que passavam a vida em abrigos eram terríveis — mendicância, suicídio, drogas. Por essas razões, era arriscado adotar uma criança assim — não dava para ter a menor ideia do tipo de pessoa que ela se tornaria ou do tipo de vida que levaria. Julia desejava adotar uma criança desde os doze anos, mas, quando começou a pesquisar seriamente sobre o assunto e se deu conta de quanto era alto o potencial de uma catástrofe, hesitou. E, mais uma vez, pensou que nunca se sabe que tipo de pessoa os filhos se tornarão, mesmo com crianças biológicas; ter um filho significava abrir espaço para o acaso e a desolação.

Julia disse a seus pais que pensava em não ter filhos. Seu pai respondeu que a decisão não a faria feliz, e Julia explicou que a felicidade dela não era a única coisa em questão. Sua forma de pensar era tão diferente da de seus pais que não havia muito mais a dizer, e a conversa acabou rapidinho.

Jeff argumentou que o filho deles provavelmente cresceria pensando que doar dinheiro era uma coisa boa e necessária. Não poderiam presumir que a criança seria tão radical quanto eles em relação ao assunto — sem dúvida estaria mais no padrão normal, mas talvez não fosse um retrocesso completo. Nos cálculos de Jeff, se a criança doasse cerca de 10% de seu salário, então eles provavelmente ficariam quites — ou seja, o dinheiro que a criança doaria seria comparável aos recursos que os pais tinham deixado de doar para gastar nos cuidados com o filho. É claro que não levaram em conta se seria melhor doar agora do que no futuro, em particular para causas urgentes como o aquecimento global e a aids, e portanto alguns descontos teriam de ser incluídos no cálculo. Tudo isso fez Julia se sentir um pouco melhor. Ainda que estivesse ciente de que seria estranho dizer à criança que esperavam que ela pagasse por sua existência no mundo com determinado percentual de seu salário, Julia achava que, talvez, para o filho deles tudo isso pareceria perfeitamente sensato.

Por fim, Julia decidiu, um pouco antes do seu aniversário de 28 anos, que tentaria engravidar. Sua bebê, Lily, nasceu no começo da primavera de 2014. Em seguida, Julia começou a observar suas próprias reações para ver se, de fato, a maternidade a estava transformando.

> JULIA: Reparei que qualquer menção a uma criança pequena ser ferida me faz passar mal. Só que não posso sempre me trancar no quarto quando as pessoas falam desse tipo de coisa. Não estava esperando por isso. Alguns dos meus cole-

gas de trabalho que já eram pais mencionaram quanto também achavam doloroso trabalhar com crianças que foram feridas de alguma forma, então percebi que é uma coisa que acontece com as pessoas, só não achava que fosse acontecer comigo.

Pensar em deixar Lily para voltar a trabalhar fez com que Julia ficasse chateada, mas ela sabia que precisava começar a ganhar um salário novamente para poder retomar as doações. Sentia que havia pessoas no mundo que precisavam do seu dinheiro tanto quanto Lily precisava de sua presença, mesmo que a necessidade dessas outras pessoas não a emocionasse tanto quanto as que Lily lhe provocava.

Pouco antes de Julia engravidar, a mãe de Jeff, Suzie, foi diagnosticada com câncer de ovário. No dia em que Julia entrou em trabalho de parto, Suzie, que era parteira, estava muito doente, mas ainda teve condições de fazer o parto de Lily, sua primeira neta, a última dos 11 089 bebês que ajudou a trazer ao mundo. Foi hospitalizada no dia seguinte. Não esperava viver muito mais. Durante esse período de sofrimento, as pessoas da família encontravam consolo e alegria em cuidar de Lily e segurá-la no colo.

Julia ficou muito triste quando descobriu que Suzie estava com câncer. Era como se fosse sua própria mãe, uma vez que tinha vivido na casa dos pais de Jeff por mais de dois anos. Depois do choque inicial, Julia pensou sobre sua crença em relação à família e a desconhecidos, refletindo se essas circunstâncias terríveis tinham mudado sua forma de pensar. Quando a mãe de Peter Singer estava com um grau avançado de Alzheimer, Julia ficou sabendo que o filósofo, violando tanto suas teorias sobre doação quanto sobre sua definição de pessoa, gastou muito dinheiro com enfermeiras para cuidar dela. "Talvez seja mais difícil do que pensei a princípio", ele disse, "é diferente quando se trata de sua mãe."

Talvez gastar dinheiro com a mãe adoentada fosse a coisa certa a fazer pela mesma razão que era certo para Julia ter uma filha: se não tivesse feito isso, havia um risco muito grande de se arrepender amargamente, o que estragaria as doações dali para a frente. E, quando pensou sobre as doações, Julia percebeu que suas crenças não tinham mudado.

> JULIA: Quando ouvia pessoas dizendo "Eu financio a pesquisa XYZ, mesmo que não seja muito efetiva do ponto de vista de custo-benefício, faço isso porque minha irmã tem a doença XYZ", sempre me sentia meio mal por nunca ter estado nessa situação. Eu me perguntava se me sentiria diferente caso alguém que amasse estivesse doente. Mas realmente não mudei meu pensamento sobre doar ou sobre custo-benefício. Amo Suzie e odeio o fato de ela estar doente; e outras pessoas amam suas mães e odeiam o fato de elas estarem doentes. E se dez famílias ou uma família puderem ser poupadas dessa experiência, mesmo que essa família seja a minha, vou optar pelas dez famílias todas as vezes. Se as mães (ou quem quer que sejam) tiverem uma possibilidade de cura mais barata, devemos curá-las primeiro. Não gostaria de passar por isso, mas elas também não.

Julia sabia que seria difícil de explicar. Ainda mais do que antes, as pessoas se dividiriam entre as que consideravam isso generoso ou justo e as que viam a situação como falta de amor. Julia sabia como se sentia. Mas, conhecendo a natureza das ideias em relação ao amor, não esperava ser compreendida.

Uma habilidade acidental produzida, em sua estupidez sem limites, por um processo biológico que normalmente se opõe à manifestação dessa mesma habilidade

O ataque aos bons samaritanos, parte um

Existe uma história por trás da ideia de que há algo de desagradável, suspeito e destrutivo nos bons samaritanos. Ou melhor, muitas histórias, e esta é uma delas. É a história de como a ideia foi difundida no Ocidente ao longo dos últimos três séculos — não como um conceito unificado, mas como um aglomerado de argumentos, teorias e crenças relacionados entre si que se corroboram e moldam as percepções em outros lugares, ganhando força e influência. Esta não é a história toda, e sim uma associação de alguns pontos importantes; as ideias amplas que se originaram com uma roupagem esotérica e depois foram propagadas.

A noção de que as pessoas são egoístas não era nova. Nem era novidade pensar que quem parece estar fazendo o bem é um hipócrita enrustido ou faz o bem por razões egoístas (para dar a impressão de ser virtuoso, para ir para o céu, para aliviar o desconforto que é presenciar o sofrimento ou porque acredita que uma vida virtuosa é uma vida feliz etc.). O que veio mais tarde foi a noção de que, mesmo quando as pessoas fazem o bem genuinamente e por razões irrepreensíveis, ainda assim isso é um problema.

A história começa no verão de 1724, quando um médico londrino de meia-idade e dado a polêmicas chamado Bernard Mandeville foi levado ao tribunal da corte para ser processado por perturbar a ordem pública. Seu crime havia sido a publicação de um livro intitulado *The Fable of the Bees: or Private Vices, Publick Benefits* [A fábula das abelhas: ou vícios privados, benefícios públicos]. Algum tempo depois, quando foi publicada a tradução francesa, o livro foi queimado em Paris pelo executor público local. É natural que tudo isso, somado a acusações tanto por parte do clero quanto de filósofos, tenha aumentado consideravelmente o apelo do livro, e Mandeville e sua *Fábula* ganharam notoriedade internacional. O dr. Samuel Johnson observou que todo rapaz tinha um exemplar em sua estante.

A ideia explosiva que tanto indignou os leitores de Mandeville era que, numa florescente economia de mercado como a inglesa, a virtude se tornara um anacronismo. O que até então havia sido considerado vício — em particular a avareza e o orgulho — agora, argumentava o autor, era benéfico e até crucial para o bem-estar público. Se uma economia desejava prosperar, precisava de gente que comprasse coisas — não apenas para suprir necessidades básicas, mas coisas bobas, extravagantes, frívolas. Se as pessoas se comportassem de maneira frugal e abnegada, o mercado sofreria, o que seria desastroso para todo mundo — pior do que uma praga terrível!

O luxo a um milhão de pobres deu emprego
E o odioso orgulho a um milhão mais
A própria inveja e a vaidade
Eram ministros da Indústria

No passado, conjecturava o autor, virtudes como a frugalidade e a abnegação, somadas à promessa de ir para o céu, haviam sido propagandeadas pelos poderosos como um meio de manter as massas dóceis. O homem era naturalmente egoísta, mas a virtude se apresentava como uma excelente maneira de se destacar entre seus pares, então o comportamento virtuoso se dava por orgulho, para atrair admiração e evitar problemas. Mas, na afluente nova economia de mercado, o orgulho podia ser mais facilmente satisfeito pelo consumo ostensivo, e esse consumo, por sua vez, assegurava a perpetuação da riqueza. Além disso, uma sociedade de pessoas honestas, virtuosas e satisfeitas, insistia Mandeville, seria um lugar indolente e estéril, desprovido de arte, ciência ou confortos materiais. O homem precisava ser estimulado pela ganância e pelo orgulho para criar. Ou seja:

> *Assim, o vício em cada parte vivia,*
> *Mas o todo, um paraíso constituía* [...]
> *Tais eram as bênçãos daquele estado;*
> *Seus crimes tomavam-no abastado* [...]
> *O pior elemento em toda a multidão*
> *Realizava algo para o bem da nação.*

Aquilo que causava conflito em 1724 foi logo naturalizado. Um dos admiradores de Mandeville era, curiosamente, o filósofo alemão Immanuel Kant. Isso é curioso porque Kant se tornou conhecido, décadas mais tarde (o filósofo tinha acabado de nascer na época em que Mandeville foi declarado inimigo da ordem pública), por uma teoria da moralidade excepcionalmente rigorosa e exigente. No entanto, quarenta anos depois da publicação da *Fábula*, Kant observou que o fato de tão poucos homens agirem segundo princípios morais era uma bênção, já que era tão fácil interpretá-los de forma equivocada, e alguém que agisse segundo princípios equivocados podia causar sérios estragos. Os homens, em sua maioria, ele escreveu, "buscam fazer girar tudo em volta do interesse próprio, como em volta de um grande eixo", e tanto melhor que assim fosse, "pois são esses os mais assíduos, ordeiros e prudentes; dão aprumo e solidez ao todo, na medida em que, mesmo despropositadamente, se tornam úteis ao bem público, provendo as necessidades exigidas e oferecendo a base sobre a qual as almas delicadas podem propagar beleza e harmonia".

Um livro publicado em 1776 estabeleceu uma ideia similar à de Mandeville como uma das noções fundadoras do capitalismo: *A riqueza das nações*, do economista escocês Adam Smith. Ele argumentava que um homem que guiasse suas metas por interesse próprio, em ação conjunta com muitos outros fazendo a mesma coisa, poderia acabar contribuindo de forma mais efetiva para o bem comum do que se tivesse esse intuito como objetivo deliberado. "Ele tenciona apenas seu próprio ganho", escreveu Smith, "e nisso é, como em muitos outros casos, conduzido por uma mão invisível para produzir um desfecho que não faz parte de sua intenção."

Smith usou a expressão "mão invisível" uma única vez em seu livro, na defesa do argumento pontual de que era mais provável que indivíduos investissem na indústria doméstica no lugar da estrangeira — não por razões patrióticas, mas porque ao fazê-lo contribuiriam de forma mais efetiva para sua própria segurança. Smith era, além de economista, um filósofo da moral, e tinha repulsa à *Fábula* de Mandeville. Mas sua metáfora da "mão invisível" se mostrou tão influente e tão popular que passou a representar algo muito maior. A cultura ocidental passou, portanto, a ser regida pela noção de que priorizar o interesse individual podia ser benéfico para a sociedade como um todo; o que, por sua vez, sugeria que, se a meta moral fosse ajudar outras pessoas (e não o autoaperfeiçoamento), um homem egoísta talvez se saísse melhor do que um altruísta.

Não muito tempo depois da publicação de *A riqueza das nações* veio a Revolução Francesa e, em seguida, o Terror revolucionário. Seu líder, Robespierre, apelidado de "o Incorruptível", ficou célebre tanto pela pureza ascética quanto pelos atos violentos, e, por causa dele, as duas coisas passaram a ser indissociáveis. No passado, podia acontecer de algumas figuras santas mandarem matar seus inimigos — como São Thomas More, por exemplo — por acreditar que Deus as compelia a isso. Mas Robespierre era um bom samaritano feroz que matava seus inimigos por razões morais e em nome da justiça; a figura de um assassino com uma moral tão intensa e elevada como ele era mais sinistra e poderosa do que a de um revolucionário comum como Danton. Depois de Robespierre, a convicção moral mais extrema passou a carregar a sombra da violência; e, com essa associação reforçada pela revolução comunista na Rússia, era impossível não pensar em morte ao olhar para um sujeito convencido de que sabia como tornar o mundo melhor — e que estava preparado para se sacrificar por essa causa.

No século que se seguiu à publicação de *A riqueza das nações* e à decapitação de Robespierre, os bons samaritanos sofreram uma série de outros reveses. *A origem das espécies*, de Darwin, introduziu a ideia desagradável de que a luta egoísta pela sobrevivência estava na base da própria vida. Isso resultou num peculiar paradoxo: se o egoísmo era o meio pelo qual a existência do gênero humano havia se tornado possível, então devia ser também o meio pelo qual o homem chegara à própria natureza moral que supostamente lhe permitia se distanciar de si mesmo. Não fazia muito sentido. A virtude passava a ter menos a aparência de um dom concedido por Deus, a parte mais importante do eu, e mais a de um apêndice histórico peculiar — um enxerto de outra natureza que, na maior parte do tempo, não funcionava bem. Nem o próprio Darwin acreditava nisso. Para ele, o autossacrifício como padrão de comportamento era uma parte fundamental da natureza humana resultante da seleção natural, pois a chance de assegurar a sobrevivência da espécie seria maior num grupo de pessoas prontas a se sacrificar umas pelas outras do que em outro formado apenas por indivíduos egoístas. Grupos em que havia cooperação podiam derrotar aqueles em que a colaboração não existia. Mas, para muitos dos que acreditavam no esquema darwiniano, essa explicação parecia forçada e pouco convincente. Se o egoísmo era o mecanismo básico da evolução, como poderia o verdadeiro altruísmo sobreviver?

Enquanto dúvidas como essas circulavam por aí, a fé religiosa parecia enfraquecer; e havia o temor de que, se a crença em Deus e na vida após a morte diminuísse, o homem não teria mais por que se comportar moralmente, e a partir daí seria o caos. Em defesa da virtude, surgiram humanistas seculares que acreditavam ser possível a sobrevivência da bondade sem Deus — humanistas como o filósofo francês Auguste Comte, com sua "religião da humanidade". Foi Comte quem, na década de 1850, cunhou a palavra "altruísmo" como um termo secular para designar a bondade humana. Para ele, o altruísmo era parte da natureza humana tanto quanto o egoísmo. Comte chegou a indicar onde se situaria a bondade no cérebro humano — na porção mediana do lobo frontal, sendo que a veneração ficaria logo atrás. Para o filósofo francês, o propósito da sociedade era fomentar o amor. O termo criado por Comte foi adotado e popularizado no fim do século XIX por Herbert Spencer, o teórico britânico da evolução que formulou a expressão "sobrevivência dos mais aptos". Spencer acreditava na perfectibilidade humana, e que, no fim, o altruísmo prevaleceria sobre o egoísmo no caráter humano. Para Spencer, "altruísmo" era um termo satisfatoriamente científico e futurista, sem conotações religiosas, adequado ao debate em contextos que iam do político ao biológico. Uma teoria do altruísmo poderia competir no campo intelectual com as teorias dominantes do egoísmo humano, o que não estaria ao alcance de uma teoria da "virtude" ou da "bondade".

Graças à talentosa defesa de Spencer, o altruísmo se tornou um conceito que ficou na moda por um período curto, alcançando um breve apogeu de entusiasmo na Inglaterra e nos Estados Unidos nos anos 1890. Vários periódicos cheios de esperança foram lançados — o *Altruist*, o *Altruistic Review*, o *Altruistic Interchange*, o *Altrurian*. Já o romance *A Traveler from Altrutia* [Um viajante da Altrúria], de William Dean Howells, publicado em 1894, inspirou uma série de comunidades utópicas efêmeras, da Califórnia a Nova Jersey. "Altruísmo" passou a ser usado por aqueles que desejavam que a filantropia se tornasse mais pragmática e racional e menos refém de sentimentos. Era também o termo preferencial de quem se incomodava com a pobreza do mundo, mas se assustava com soluções radicais. O carisma da ideia era tamanho que ganhou espaço no campo da economia: em 1885, um economista bastante conhecido, John Bates Clark, previu uma onda de "altruísmo econômico" e um declínio no comportamento competitivo graças ao autossacrifício.

Mas a paixão pelo altruísmo logo se dissipou. Mesmo no auge de sua popularidade, candidatos a bons samaritanos eram alvo de deboche por suas aventuras em meio aos mais pobres ("'Você anda fazendo algumas boas ações bem caprichadas', comentou Janet", uma das personagens do romance satírico *An Experiment in Altruism* [Um experimento em altruísmo], "'Você é tão desagradável. Não há solo mais fértil para a filantropia do que as ruínas da virtude social e doméstica'"). Muita gente rapidamente se deu conta de que a política institucional era um meio mais efetivo para o progresso humano do que os corações generosos de burgueses diletantes. Paradoxalmente, quanto mais altruísta ficava, mais suspeito o altruísmo se tornava. Na época em que todos acreditavam em Deus e na vida após a morte, fazer o bem era apenas uma questão de prudência: abria-se mão de algum conforto no presente para evitar acabar no fogo do inferno no futuro. Mas, se até os que continuavam a ter fé tinham deixado de acreditar em inferno, as razões para levar uma vida moral pareciam ainda mais incertas. Mas esses deboches não eram nada perto dos que ainda estavam por vir.

Ainda durante a rápida moda do altruísmo no mundo anglo-americano, o filósofo alemão Friedrich Nietzsche não poupou esforços para destruí-lo. Para ele, a noção cristã de bondade — humildade, compaixão, devoção ao próximo pelo autossacrifício — era uma moralidade voltada para os insignificantes e os fracos. Era lastimável que uma crença tão desprezível tivesse sido tão amplamente aceita, pensava o filósofo; mas não era tão decisivo o fato de que a maioria das pessoas acreditasse nela. Não, a consequência mais perniciosa era que, de tão traiçoeira e sutil, a ideia tivesse enfraquecido até os mais fortes, levando-os a pensar com humildade, a viver pelos outros e a reprimir os instintos de sua natureza. A grandeza só poderia prosperar se fosse egoísta, acreditava Nietzsche, apenas se cultuasse a si mesma e tratasse com total indiferença as necessidades dos outros. Nietzsche desprezava o bem-estar que parecia a seus contemporâneos utilitaristas o objetivo por excelência da ação moral. "Abandonar a felicidade ao grande número", escreveu o filósofo — "felicidade como paz da alma, virtude, *comfort*, a candidez inglesa à la Spencer" —, era coisa para as massas, para gente comum, desimportante. A busca pela felicidade, fosse para si próprio ou para os outros, era uma forma desprezível de empregar o tempo, pois só com o sofrimento se chegava à nobreza. A felicidade não interessava: a grandeza humana deveria ser o objetivo da vida.

Nietzsche desprezava totalmente o altruísmo, mas para Freud, nascido não muito tempo depois, a questão era mais complicada. Freud achava que algum sentimento moral era normal — a consequência esperada da autoridade dos pais, internalizada como inibição do instinto. Tal inibição seria necessária à civilização: sem ela, o homem criaria não um paraíso livre do pecado original, mas um inferno violento. Só que a inibição fazia bem só até certo ponto — na medida certa. Excesso de virtude, pensava Freud, talvez indicasse um masoquismo moral, e um masoquismo muito particular, por estar desconectado de suas origens sexuais. "O verdadeiro masoquista", observou, "sempre oferece a face onde quer que tenha oportunidade de receber um golpe." Mas o masoquista *moral* não precisava de um sádico competente, pois bastava sofrer sozinho.

Na visão de Freud, o altruísmo era geralmente suspeito. Para ele, a mãe devotada e entregue ao autossacrifício, por exemplo, se comportava em parte como masoquista, em parte como tirana, escravizando a criança com os grilhões da culpa. Mas a criança dedicada e entregue ao autossacrifício seria igualmente ambígua em seu comportamento. Num ensaio sobre o amor, Freud observou que, na fantasia comum de salvar os próprios pais, está presente não apenas o amor como também o desafio — o desejo de pagar uma dívida, de acertar contas com quem nos deu a vida, de modo a escapar do fardo da gratidão. (Num texto posterior de outro analista, esse desafio foi elevado à agressão violenta, uma vez que imaginar um resgate seria pensar que a pessoa a ser salva está em perigo e talvez sofrendo fisicamente.)

A filha de Freud, Anna Freud, desconfiava do altruísmo ainda mais do que o pai. Ela cunhou o termo "rendição altruísta" para descrever o estado mental perverso de uma pessoa incapaz de satisfazer os próprios desejos a não ser pela via da satisfação de outra pessoa. Essa era a base de todo altruísmo, ela acreditava; um sentimento sempre conflituoso, patológico, distorcido e que desviava de sua intenção original.

ANNA FREUD: Você não acredita que as pessoas já nasçam altruístas.

JOSEPH SANDLER [outro analista]: Nem mesmo que a pessoa se torne altruísta, pela bondade no coração.

ANNA FREUD: Não, é por ter maldade no coração.

JOSEPH SANDLER: Muitas vezes fico pensando nessas pessoas que se dedicam aos outros no trabalho — aquela secretária excelente que todos sempre buscam. Algumas das qualidades ali envolvem tanta dedicação que a gente se pergunta que diferença existe entre esse tipo de sacrifício no trabalho e o masoquismo.

ANNA FREUD: Acho que, no fim das contas, tem aí uma ligação muito próxima com o masoquismo.

Se não era masoquismo, o altruísmo talvez fosse um indutor inconsciente da culpa e da obrigação que poderia, em especial na relação entre pais e filhos, se tornar um veneno. Mas, mesmo quando não enredava em complicações familiares, o altruísmo nunca era o que parecia.

ANNA FREUD: Altruístas são autoritários, pois o impulso normalmente associado à realização dos próprios desejos é agora direcionado à realização dos desejos de outra pessoa. E esses desejos precisam ser realizados de certa maneira, ou seja, do modo como o altruísta gostaria de realizá-los para si mesmo. E, de fato, é proverbial o autoritarismo dos chamados bons samaritanos. [...] Originalmente, o que o indivíduo quer é perseguir seus objetivos instintivos de forma agressiva. "Quero isso, vou pegar para mim e vou brigar com qualquer um que não me dê." Essa agressividade se torna impossível e proibida quando a realização do desejo é impossível e proibida, mas então, com o altruísmo, pode-se brigar para que outra pessoa realize o desejo, e com a mesma agressividade, com a mesma energia. De modo que se tem, ao mesmo tempo, o prazer libidinal satisfeito e o canal de expressão da agressividade. É surpreendente que mais pessoas não sejam altruístas!

O psicanalista francês André Green publicou um ensaio sobre o "narcisismo moral", detalhando as manobras astuciosas do ego que se delicia na renúncia. "Se foi Freud quem afirmou que o masoquismo ressexualiza a moralidade", escreveu Green, "queremos acrescentar: *o narcisismo transforma a moralidade num prazer autoerótico em que o prazer em si será suprimido.*" O corpo do homem moral era um inimigo, uma vergonha; a satisfação descomplicada estava proibida; de modo que sua única fonte de prazer era renunciar às coisas. Esses sentimentos tinham origem não apenas na culpa — era mais complexo que isso, pois a extrema humildade do narcisista moral servia para mascarar um orgulho medonho. Pessoas comuns seriam capazes de aceitar que tinham defeitos; o narcisista moral, não. Para Green, esse esforço moral excessivo não era admirável, mas sinistro, uma vez que o narcisista moral estaria disposto a qualquer coisa para preservar sua pureza, mesmo quando seus atos cobrassem um preço muito alto. Os homens, prosseguia o psicanalista, se identificam com Cristo, o cordeiro inocente. "A questão não se resume a ser crucificado ou ter a garganta cortada, pois significa ter inocência igual à de um cordeiro pronto para o holocausto", escreveu. "Sabemos que os inocentes muitas vezes levaram a culpa histórica por crimes que deixaram acontecer para que eles próprios preservassem sua pureza."

Outros psicanalistas se dedicaram ao assunto, o que fez surgir novos termos: "pseudoaltruísmo", uma capa de proteção para um sadomasoquismo oculto; e ainda "altruísmo psicótico", comportamento bizarro na função de cuidador e autonegação baseada em delírios. Multiplicaram-se as teorias que desconfiavam do altruísmo. A perda do pai ou da mãe amados na infância podia levar a fantasias patológicas de salvação — quando crescesse, aquela criança tentaria ser, para todas as criaturas indefesas do mundo, o protetor amoroso que o pai ou mãe tinham sido para ela. Isso talvez parecesse uma adaptação benigna a uma circunstância desafortunada, mas não era: compaixão e empatia aparentes mascaravam medo e hostilidade inconscientes, que se expressavam na forma de raiva e ódio contra aqueles que eram percebidos como a causa das aflições que se tentava aliviar. O altruísmo excessivo tendia a impossibilitar a verdadeira intimidade com outra pessoa; uma vez que o pressuposto da intimidade é dar e receber, uma pessoa excessivamente moral não era capaz de receber, somente de dar. Intimidade verdadeira significava também conhecer o outro; mas, para alguém preocupado com a salvação alheia, esse outro só poderia ser visto como manifestação do sofrimento do próprio salvador.

Ainda que um bom samaritano não fosse ativamente sinistro ou sádico, seu comportamento continuava a parecer doentio para os psicanalistas. Um artigo sobre "A psicologia do altruísta" examinou os casos de cinco bons samaritanos, incluindo um defensor de doentes de lepra, outro dedicado à adoção de crianças com deficiência e um terceiro que estudava para ser médico. O estudo os descreveu como solícitos, modestos e socialmente atraentes, mas também compulsivos, inclinados tanto a se identificar com as vítimas a quem procuravam prestar assistência quanto a sentir que a presença de uma pessoa necessitada significava que era esperado que eles oferecessem ajuda. Esses bons samaritanos tinham a tendência de minimizar os próprios infortúnios ("esses altruístas nunca deixavam de contabilizar suas bênçãos e lembrar a si mesmos da situação dos Armênios Famintos") a tal ponto que essa atitude foi chamada pela autora do artigo de exageradamente defensiva. Sentiam-se desconfortáveis em receber ajuda, o que, suspeitou a analista, se devia a uma percepção da hostilidade latente no ato de prestar assistência. Na verdade, conjecturou o texto, ocultar a própria hostilidade e a própria ganância de si mesmos talvez fosse uma das funções do altruísmo para pessoas daquele tipo.

Darwin e Freud mostraram o caminho. Ao longo de boa parte do século XX, o altruísmo seria visto pelas ciências humanas com profunda desconfiança, em geral tomado como uma forma de egoísmo disfarçado. Houve algumas poucas exceções. Um dos pioneiros da psicologia, William McDougall, tentou argumentar sobre a existência de um instinto humano no sentido de ajudar outras pessoas — uma "emoção terna" —, mas, ainda nos anos 1930, já era ridicularizado por isso. Pitirim Sorokin fundou em Harvard o Centro de Pesquisas em Integração Altruísta e Criatividade. Ele acreditava que um aumento nos níveis de amor altruísta era necessário, caso a humanidade quisesse sobreviver, e com esse fim mergulhou em pesquisas de todo tipo, das mais convencionais às mais bizarras, cobrindo desde a psicologia e a biologia até áreas como a parapsicologia (possíveis conexões entre o amor e a percepção extrassensorial) e a matemática (na busca de um teorema dos comportamentos egoístas e altruístas), e valendo-se de insights sobre a psicopatia proporcionados pelo uso do eletroencefalograma. Mas esses eram teóricos da moral atípicos. Um dos primeiros psicanalistas achava que havia, nas humanidades, uma "fuga da ternura", ocasionada talvez por uma reação exagerada à teologia. Parecia mais intelectualmente rigoroso estudar a agressão do que estudar o amor; se um cientista social acreditasse em altruísmo, talvez fosse considerado sentimental, ou um mané.

Na antropologia, o altruísmo foi reconceituado pelo francês Marcel Mauss, que publicou em 1925 seu *Ensaio sobre a dádiva*, uma análise da troca de presentes que acrescentou um viés primitivista à história de que o ato de dar nunca era exatamente o que se propunha a ser. Nas sociedades "arcaicas" que Mauss estudou, esse ato era sempre recíproco: a troca era o que mantinha a sociedade coesa. Não se tratava de uma questão de generosidade — estava em jogo a união de famílias e clãs, em que uma parte desses presentes permanecia com eles, e outra circulava. Dar sem a expectativa de receber de volta não era visto como uma atitude mais elevada e altruísta; pelo contrário, era agressivo e determinava o doador como superior a quem recebia, que se sentia humilhado e submetido ao fardo da gratidão sem que lhe fosse permitido o alívio da reciprocidade. Como um presente continha em si algo da essência de quem o dava, isso o investia de poder sobre o contemplado. Em algumas sociedades um presente que fosse guardado e não passado adiante podia causar sérios danos, inclusive a morte. Em algumas línguas, a palavra "dádiva" tinha um segundo significado: veneno.

Darwin havia tentado incorporar o altruísmo à sua teoria da evolução, mas, na altura dos anos 1960, o mecanismo pelo qual explicara esse aspecto da teoria, a seleção de grupos — a noção de que um grupo de pessoas que cooperassem umas com as outras tinha mais chance de prosperar do que outro em que não houvesse cooperação —, tinha sido excluído na biologia. Um biólogo americano, George C. Williams, provou matematicamente — ao menos era o que afirmava — que a cooperação, embora tivesse seus benefícios, no fim sempre perdia para o egoísmo, pois fazia mais sentido ser um lobo solitário. A moralidade, ele concluiu, não era um recurso adaptativo, e sim "uma habilidade acidental engendrada, em sua estupidez sem limites, por um processo biológico que normalmente se opõe à expressão de tal habilidade". O altruísmo era explicado pelos biólogos com as teorias da seleção por parentesco (ajudar familiares é uma boa maneira de propagar os próprios genes) e do altruísmo recíproco (ajudar outras pessoas, mesmo que não sejam parentes, traz vantagens, pois é mais provável que os outros nos ajudem se os tivermos ajudado, ou se souberem que somos o tipo de gente disposta a ajudar). Em outras palavras: no nível biológico, o altruísmo seria apenas mais uma forma de egoísmo — um meio mais sofisticado de assegurar a própria sobrevivência.

Em 1964, houve o célebre caso Kitty Genovese. Enquanto era estuprada e morta perto de seu apartamento em Nova York, a jovem gritou e foi ouvida por 38 pessoas — ou ao menos assim se acreditou na época; o que depois se provou um número inverídico — sem que ninguém fizesse algo para ajudar. Essa história horrenda levou a muitos experimentos sociocientíficos que tentavam explicar como tal coisa podia ter acontecido. Os seres humanos eram, evidentemente, ainda piores do que se supunha. Incontáveis choques elétricos foram aplicados em um grande número de falsas vítimas numa variedade de situações peculiares e improváveis, com o intuito de descobrir se algum dos sujeitos da pesquisa viriam em socorro. A maioria não veio; e aqueles experimentos contribuíram para a percepção de que o altruísmo não era parte significativa do caráter humano. A "pesquisa da testemunha ocular" descobriu que as pessoas se mostravam mais dispostas a ajudar se não houvesse ninguém mais por perto para fazê-lo; a disposição a ajudar sob quaisquer circunstâncias parecia menor, porém, e sujeita aos mais triviais fatores desencorajadores. Um famoso experimento pediu a estudantes de um seminário que dessem uma palestra sobre a parábola do bom samaritano para, em seguida, a caminho do compromisso seguinte, depararem com uma pessoa precisando de ajuda; foi dito a alguns participantes que eles estavam atrasados, e estes pararam menos frequentemente para prestar assistência do que aqueles que acreditavam ter uns minutos de sobra antes do compromisso.

Perto do fim do século XX, a maré começou a virar, e as atitudes em relação ao altruísmo mudaram mais uma vez. Em 1990, um artigo publicado na *Annual Review of Sociology* observou o que parecia ser, já a partir do início da década anterior, uma mudança de paradigma nas ciências sociais, que agora se afastavam da convicção de que comportamentos aparentemente altruístas sempre derivariam de razões egoístas. Uma das influências decisivas nessa mudança foi o trabalho dos sociólogos Samuel e Pearl Oliner, que escreveram sobre os gentios justos — os não seguidores da fé judaica que ajudaram a salvar a vida de judeus durante a Segunda Guerra Mundial.

A família de Samuel Oliner tinha sido morta no Holocausto, mas o sociólogo sobrevivera ao ouvir o apelo de sua madrasta para deixar seus familiares para trás aos doze anos e encontrar uma camponesa polonesa que arriscou a própria vida para abrigá-lo em casa e ensiná-lo a se fazer passar por gentio, dando-lhe outro nome e roupas novas, além de ensiná-lo a ler polonês e recitar o catecismo. O artigo dos Oliner estimava que cerca de 50 mil gentios teriam arriscado a vida — e a de suas famílias também — para salvar a vida de judeus sem receber nada em troca. Por que essas pessoas haviam feito isso, quando tantas outras não fizeram nada — diante de um risco tão grande e que nem poderia ser recompensado com aprovação social, como aconteceria num caso comum de altruísmo? Teria sido primordialmente uma questão circunstancial ou de caráter?

Rejeitando a hipótese que apontava para as circunstâncias, os autores concluíram que a questão era de caráter. Descobriram que os salvadores haviam sido ensinados pelos pais a se importar com o próximo, ao passo que quem não tinha essa disposição aprendeu que o correto era trabalhar duro e ser obediente. Para estes, o sentimento diante do que estava acontecendo era de impotência e desamparo; os salvadores sentiam que tinham algum controle sobre a vida deles e sobre as situações nas quais se encontravam, e estavam dispostos a arriscar. Tanto os que salvaram quanto os que não resgataram ninguém eram suscetíveis ao temperamento dos outros, mas, enquanto os que não ajudaram ninguém eram mais afetados pela felicidade, os que ajudavam eram movidos pela visão do sofrimento.

As coisas mudaram também na psicologia. O psicólogo social C. Daniel Batson, na esperança de derrubar o consenso em torno do egoísmo, se propôs a investigar se o altruísmo era realmente um pseudoaltruísmo ou se poderia ter, na sua origem, uma empatia genuína ou um desejo de aliviar o sofrimento alheio. "Se formos capazes de demonstrar altruísmo, então todas as ideias aceitas sobre psicologia individual, relações sociais, economia e política estão, em certo sentido, erradas", escreveu em 1991. "O pressuposto do egoísmo universal é tão disseminado em nossa cultura que é difícil enxergá-lo, como a água para um peixe." Determinar se o altruísmo verdadeiro existia era mais do que apenas uma questão de interesse científico, já que o pressuposto do egoísmo se retroalimentava. Afinal, o que poderia desencorajar mais o altruísmo do que a suspeita de que aquilo não passava, na verdade, de egoísmo? Se realizar uma atitude altruísta difícil era só mais uma maneira de ser egoísta, mais uma forma de se sentir melhor consigo mesmo, então havia outros jeitos mais fáceis e agradáveis de alcançar isso.

Na biologia e na psicologia evolutiva, a seleção de grupo foi reavivada e retomada como uma explicação para o altruísmo genuíno. Ainda que o altruísmo fosse visto como uma estratégia ruim para a sobrevivência de um indivíduo, o fato de que a seleção natural operava entre grupos tanto quanto individualmente significava que a própria evolução garantia que o altruísmo continuasse a prosperar. Também na economia o pressuposto do egoísmo racional começou a retroceder. Em 1989, um economista concluiu que as pessoas doavam dinheiro para financiar bens públicos não apenas por se importar com quem se beneficiaria, mas também pelo "brilho caloroso" proporcionado pela autossatisfação que o ato de dar produzia. Os economistas acreditavam que, no que tange aos bens públicos, sempre havia o problema dos aproveitadores: gente que não pagaria pelas coisas justamente com o objetivo de se beneficiar. Contudo, vários estudos demonstraram que essa hipótese só era verdadeira quando a pesquisa era feita com economistas.

Por fim, até na psicanálise foi observada uma mudança. Um artigo acadêmico assinado por dois psicanalistas tentou provar que, além do velho altruísmo patológico, haveria também um tipo normal. Sim, existiam os "vários mártires sem alegria e em autonegação, sofrendo de uma patologia masoquista e narcisista severa, que eram compulsivos como cuidadores e que usavam o seu autossacrifício como disfarce e mecanismo de defesa contra sua própria agressividade, inveja e necessidade de controle em relação ao objeto de seu altruísmo". Mas havia também pessoas para as quais ajudar os outros era uma fonte de prazer genuíno. Essa gente ajudava outras pessoas e se sentia bem fazendo isso, o que as tornava mais felizes. Os dois autores do artigo sugeriram que os psicanalistas tinham falhado em reconhecer a existência de pessoas assim porque eram poucas as que procuravam fazer análise. Além disso, com a ajuda de um analista competente, até um mártir sem alegria era capaz de se transformar num bom samaritano feliz. Por exemplo: depois de um trabalho terapêutico de qualidade, uma dessas mártires sem alegria arranjou um namorado, teve um orgasmo e passou a frequentar a ópera.

A humilhação dos outros

Mas Deus salva o pobre por sua pobreza, adverte-o em sua miséria.

Jó 36,15

BABA

Esta é a história de um homem que fundou uma colônia de leprosos nos confins da região central da Índia e que deixou esse empreendimento próspero e célebre a seus filhos e aos filhos de seus filhos, como qualquer outro homem deixaria seus negócios para seus herdeiros. O homem tinha dois filhos: o mais novo abriu uma clínica no meio da floresta e se tornou famoso e laureado como o pai; o mais velho se responsabilizou por continuar o empreendimento paterno, mas suas realizações não foram tão reconhecidas. A história começa com um encontro casual, certa noite num trem, que fez mudar o rumo de sua vida, e tudo o que aconteceria às gerações seguintes. É claro que as coisas poderiam ter sido diferentes. Dá para imaginar esse homem, em outra época e em outro lugar, se dedicando a outros projetos ambiciosos com a mesma paixão e tenacidade: ele poderia ter sido Henry Ford ou Napoleão. Se existem pessoas que nascem santas, esse homem não era uma delas.

Ele era assim: um sujeito muito inquieto, que ansiava por novidades e desafios, desprezava o conforto e precisava que a vida fosse difícil. Precisava ser chacoalhado e maltratado; precisava correr perigo. As características que mais valorizava em si mesmo eram a resiliência e a ousadia.

Numa noite chuvosa, o homem passou por um corpo caído no acostamento de uma estrada. Mal dava para reconhecê-lo como humano — era um leproso no estágio final da doença, nu, um morto-vivo com apenas uns tocos no lugar das mãos e dos pés, o nariz carcomido, a carne apodrecida e cheia de vermes. O homem sentiu repulsa por aquela visão pavorosa e, horrorizado pela ideia de que podia pegar a doença, fugiu correndo. Mas então se deu conta de que tinha corrido de medo — logo ele, que não tinha medo de nada. A ideia de que fosse medroso era mais terrível do que a de se tornar leproso, de modo que o homem voltou e cobriu o doente à beira da estrada com um pano para protegê-lo da chuva. Aquele, no entanto, era um caminho sem volta, e o leproso não demorou a morrer; o homem passou semanas profundamente abalado pela experiência. Tinha se apavorado, tinha *fugido*: para ele, pensar nisso era intolerável, mas a lembrança não o deixava em paz. O próprio Gandhi certa vez o chamara de destemido — isso dava uma ideia de que tipo de sujeito ele era! Odiou a si mesmo pela primeira vez na vida. Resolveu que a única coisa capaz de fazê-lo recuperar a serenidade era confrontar seu medo diretamente até se livrar dele; assim, transformou a lepra em sua missão de vida.

Começou com a ideia de oferecer tratamento para a doença,

mas, depois de muitos anos vivendo na colônia que fundara, ele se deu conta de que não era apenas o alívio do sofrimento que o entusiasmava, mas o sofrimento em si. Acreditava que, se uma pessoa não tivesse sofrido, física ou mentalmente, não teria capacidade de criar laços fortes, e que o sofrimento compartilhado era o que unia uma comunidade. O sofrimento quebrava a carapaça de um homem e lhe permitia acolher outras pessoas; o sofrimento estava no centro do que significava ser humano. A colônia se sustentava pelo sofrimento dos leprosos, acreditava Baba, e, por ele próprio também ter vivido boa parte da vida adulta em sofrimento — por causa de uma severa artrite degenerativa, era obrigado a passar muito tempo em tratamentos de tração e meses na cama —, sentia-se parte do grupo. "Para mim a irmandade no sofrimento/ Foi sempre o laço mais forte", escreveu num poema. "Talvez esquecesse aqueles com quem ri/ Mas jamais esquecerei os que comigo derramaram lágrimas." Sua esposa anotou: "Uma maior afinidade com o sofrimento é aquilo de que precisamos para transformar este mundo. Não precisamos de nenhuma outra religião".

Baba começou a vida como herdeiro. Seu pai era dono de 450 acres de terra no vilarejo ancestral de Goraja, no ponto mais central da Índia, oitocentos quilômetros a leste de Bombaim; o pai tinha também um bom emprego como funcionário público na cidade de Nagpur, trabalhando no departamento de finanças para os britânicos. O jovem patriarca, Murlidhar Amte, nasceu em dezembro de 1914; sua mãe foi quem o apelidou de Baba. Ainda na infância, percebeu que era indiferente ao sofrimento, o que agradava a seu pai, ao mesmo tempo que se sentia atraído pela dor alheia, o que era malvisto pelo pai. Por exemplo: Baba era um brâmane e, como tal, não deveria ser tocado nem pela sombra, muito menos pelo corpo de um *dalit* (intocável), pois esses indivíduos de casta inferior eram impuros e o contato com eles, infeccioso; não se tratava de esnobismo, fazia parte da devoção. Mesmo apanhando do pai por isso, Baba insistia em brincar com crianças *dalit* e, o que era ainda mais chocante, comer com as famílias delas. Sentiu-se mais atraído do que compadecido pelos marginalizados.

Quando chegou à adolescência, já era evidente que sua mãe tinha algum problema. À noite, ela gritava e cantava. Certo dia vestiu sete sáris, um por cima do outro, e foi para a praça central, onde começou a despi-los. Acabou num hospital psiquiátrico por vários meses. Pelo resto da vida, Baba chamou a si mesmo de filho maluco de uma mãe louca.

Na juventude, andava num Singer verde, modelo esportivo com bancos forrados de couro animal; tinha um filhote de pantera como bicho de estimação; usava ternos feitos sob medida pelo alfaiate que vestia o governador-geral britânico; jogava bridge; bebia. Não fazia nada com moderação: percorreu oitocentos quilômetros de carro até Calcutá para ver um show de Mumtaz, cantora famosa e popular que admirava. Por adorar a poesia de Rabindranath Tagore, resolveu aprender bengali para poder ler o *Gitanjali* no idioma original, e dirigiu outros mil quilômetros para visitar o poeta em seu *ashram*. Baba também escrevia poesia — versos românticos e transbordantes. Amava os filmes, de modo que chegava, algumas vezes, a assistir a três num mesmo dia; pedia para entregarem comida no cinema entre uma sessão e outra e, se gostasse muito de um filme em especial, ele o via vinte vezes, até sabê-lo de cor. Comprava sempre dois ingressos, para poder apoiar os pés no assento da frente. Escreveu resenhas para a revista *Picturegoer* e cartas de fã para as atrizes Norma Shearer e Greta Garbo, que responderam de volta; cogitou se tornar ator.

Porém, não era um simples hedonista. Perseguia mais as

aventuras, nem tanto o prazer. Estava sempre entrando em brigas — treinava boxe e luta greco-romana. Seus amigos eram todos barra-pesada. Ainda adolescente, Baba contrabandeou armas para a resistência clandestina antibritânica, formada por revolucionários que consideravam ingênuas as ideias de Gandhi sobre não violência. Quando havia algum desastre — terremotos, fome —, o rapaz não perdia tempo e logo se envolvia, tentando ajudar. Ia a pé caçar na floresta, pois não queria a segurança de uma plataforma no alto de uma árvore para matar os animais; preferia enfrentá-los cara a cara.

Numa dessas caçadas, embrenhou-se na floresta Gadchiroli e lá encontrou a comunidade isolada dos Madia Gond. Viu que estavam famintos e doentes, mas percebeu que a comunidade era mais coesa e leal do que aquela de onde vinha. Quando se hospedava em sua casa de campo, gostava de circular pela região e travar contato com fazendeiros e moradores de vilarejos. Eram apenas pessoas pobres, não isoladas e diferentes, como os Madia Gond, e Baba gostava mais delas do que das que conhecia na casa dos pais. À medida que ficava mais velho, essas impressões iam se consolidando, e passou a acreditar que gente rica era insensível e ignorava deliberadamente a tristeza à sua volta, ao passo que os pobres, por necessidade, tinham a capacidade de ver as coisas. Começou a ler autores que corroboravam tais ideias — Marx, o príncipe Kropótkin, Ruskin, Pandurang Sane. No colégio cristão onde estudara, ficou ressentido por ser obrigado a frequentar as aulas de estudo bíblico e protestou tapando os ouvidos com algodão; mas leu por conta própria sobre a vida de Cristo e decidiu que queria ter uma vida parecida.

Depois de algum tempo, renegou os revolucionários armados — viu que eles não tinham nenhuma outra ideia além de se livrar do colonizador britânico — e passou a visitar Gandhi em Sevagram, o *ashram* do mestre, que não ficava longe da casa de seu pai. Certo dia, numa viagem de trem, testemunhou soldados britânicos agirem de forma libidinosa para desonrar uma jovem noiva; o noivo, aterrorizado, tinha se trancado no banheiro. Baba confrontou os soldados e, na delegacia, exigiu uma investigação do alto-comando. Gandhi, ao ouvir sobre o incidente, chamou Baba de *abhay sadhak* — "destemido perseguidor da verdade".

Durante o movimento Deixem a Índia — liderado por Gandhi em 1942 com o intuito de constranger os britânicos a conceder independência à colônia —, além de ter sido preso, Baba recrutou advogados para defender os rebeldes. Sua dedicação atraiu a atenção de Vinoba Bhave, um intelectual asceta partidário de Gandhi que vivia num *ashram* próximo. Anos mais tarde, Bhave atravessaria a Índia a pé conclamando os proprietários de terras a doá-las aos pobres, obtendo um sucesso espantoso, em parte graças ao patriotismo pós-independência, mas principalmente pelo seu carisma de pregador com ares de santo. O asceticismo era, na Índia, fonte de considerável poder — e Bhave sabia disso, assim como Baba. Naquela travessia a pé, Bhave visitou a colônia de leprosos de Baba ainda em seus primórdios um tanto desoladores, no início da década de 1950, e comparou a história do rapaz ao *Ramayana*, o épico hindu em que um príncipe é exilado na floresta, onde passa a viver no meio de feras selvagens.

Quando terminou a escola, Baba queria estudar medicina, mas seu pai consultou um astrólogo que informou que o mapa astral do filho indicava o direito como uma escolha mais auspiciosa. Contra a vontade, Baba se formou advogado. Foi trabalhar como defensor criminal. Ele não gostava do que fazia, pois não se sentia bem em defender gente que ele sabia ser culpada pelos crimes e odiava receber cinquenta rupias por quinze minutos de trabalho, sendo que um trabalhador comum ganhava uma rupia por dia. Abandonou seu escritório na cidade grande e foi trabalhar em esquema de cooperativa com um advogado de casta inferior, numa cidadezinha chamada Warora. Passou a organizar os sindicatos de trabalhadores *dalit* e das castas mais baixas — garis, coletores de dejetos, tecelões. Os coletores de dejetos que tentavam formar um sindicato lhe disseram que ele não poderia entender como era a vida deles — limpavam latrinas, recolhiam os dejetos e os carregavam em cestos que equilibravam sobre a cabeça. Baba tomou aquilo como um desafio, e durante nove meses levantou às três da manhã para passar quatro horas na coleta de dejetos antes de continuar o dia trabalhando no escritório de advocacia.

Apesar do comportamento em desacordo com sua condição de brâmane, ainda assim ele era um jovem com um apelo razoável para atrair pretendentes, e recebia várias propostas de sogros e cunhados em potencial. Baba concluiu que o casamento o impediria de viver a vida como pretendia, de modo que, por razões mais práticas que espirituais, se tornou um *sadhu*: fez um juramento de castidade e tomou o rumo do Himalaia, no norte do país, a fim de visitar santos em seus *ashrams*. Trajava túnicas alaranjadas, usava o cabelo e a barba longos e emaranhados, esfregava cinzas no corpo, mendigava por comida, comia muito pouco e, às três da manhã, descalço, andava pisando em espinhos até o rio para se banhar. Não era muito bom em meditação — a serenidade era um estado difícil para ele —, mas suportava com naturalidade o desconforto.

Depois de retornar do Himalaia, porém, visitou a casa de um amigo da família e reparou que uma das filhas ajudava a criada com o trabalho doméstico. Como aquele era o tipo de coisa excêntrica que desafia o sistema de castas que ele mesmo faria, ficou intrigado: não apenas se sentiu fortemente atraído pela moça como também percebeu a capacidade dela de suportar privações — sentiu que com ela poderia viver a vida da forma como queria. Mas, antes de confiar cegamente em seu instinto, conduziu uma investigação secreta sobre os hábitos da moça, perguntando a membros da família se ela se preocupava com os pobres, se ajudava nas tarefas da casa (a cena que testemunhara poderia ter sido uma exceção) e se respeitava as vacas. Convencido de que ela seria uma esposa adequada, abandonou a ideia de viver como um *sadhu*.

A moça, chamada Indu, vinha de uma família aristocrática de estudiosos do sânscrito; a linhagem remontava a Gaga Bhatta, que esteve presente na coroação do rei Shivaji, em 1674. A família da moça era muito ortodoxa e puritana quanto às leis sobre castas, o que tornava notável a desobediência de Indu. Depois que foi embora, Baba enviou uma carta de amor para ela, cheia de floreios, sendo uma violação de vários tabus ao mesmo tempo (era não apenas uma carta de amor de um *sadhu* celibatário, mas uma carta de amor sem um pedido de casamento!), o que deixou a família tão escandalizada que proibiu Indu de responder. Outras cartas se seguiram, repletas de poesia, e logo um pedido de casamento. Indu havia sido superprotegida até para os padrões de uma moça brâmane, e não fazia ideia do que esperar de uma vida ao lado daquele estranho com o qual nunca nem mesmo conversara, mas sabia que não teria a rotina de uma esposa comum, como a de suas irmãs casadas. Estava decidida a ir com ele, ainda que não soubesse para onde. Crescera lendo a respeito das mulheres do *Ramayana* e do *Mahabharata* — as personagens dessas sagas cultuavam seus maridos e os seguiam aonde quer que fossem, não importando as privações pelas quais tivessem de passar; eram seus modelos femininos para uma vida ideal. A família, que tivera esperanças de encontrar para ela um bom partido, não ficou nem um pouco feliz, mas a moça insistiu no casamento, mesmo enfrentando o desprezo dos familiares, e, por fim, sua vontade prevaleceu. Pouco antes do casamento, Baba lutou com um ladrão que empunhava uma faca num assalto à loja de sedas da família de Indu, sofrendo vários ferimentos; porém, ele se recusou a adiar a cerimônia e se casou coberto de curativos, no inverno de 1946.

A essa altura, Baba tinha praticamente abandonado a advocacia e passado a atuar em tempo integral como assistente social na organização dos *dalits*. De início, Indu estranhou aquilo. Na casa de sua mãe, se ela encostasse num *dalit* sem querer, tinha de trocar de roupa. Mas, para a moça, o princípio mais importante a seguir era o da obediência ao marido; como tudo o mais era secundário, não demorou a vencer seus escrúpulos, mesmo sabendo que aquela mácula significava que tanto ela quanto ele se tornariam párias. Ninguém, de nenhuma das duas famílias, os visitava em casa — para os familiares, o comportamento dos dois era asqueroso. Baba brigou com o pai e abriu mão de todos os seus direitos como herdeiro da propriedade ancestral da família. Indu, de bom grado, o acompanhou ao nível mais baixo da escala social: quando estava grávida do primeiro filho, Vikas, ela pegou febre tifoide e foi aconselhada a procurar um hospital, mas se recusou, pois uma pessoa de uma casta inferior não teria podido pagar pelo mesmo privilégio.

Foi nesse momento que Baba encontrou o leproso debaixo da chuva e decidiu mudar de vida. Passou a ler sobre a doença, ao mesmo tempo que começou a trabalhar num leprosário ligado aos seguidores de Gandhi. Aplicava injeções, limpava úlceras, fazia curativos, removia ossos em decomposição. O efeito nele foi imediato: o ódio de si mesmo desapareceu e, de súbito, Baba se viu cheio de alegria e autoconfiança. Sabia que tinha encontrado a missão de sua vida e se lançou nela com paixão. Em meio a essa agitação, Indu contraiu tuberculose e precisou se afastar para o tratamento. Deixou Vikas com Baba e levou com ela o filho caçula do casal, Prakash, que tinha menos de um ano; o bebê também ficou muito doente, mas, como o estado de Indu era bem grave, não podia cuidar do filho. Estava difícil para ela se virar sozinha, mas Baba andava ocupado com os leprosos. Ele escreveu:

> Querida Indu,
>
> O prazer que tenho tido trabalhando com os leprosos é incomparável. Nunca antes experimentei uma alegria assim... A fé que depositam em mim é inabalável e, mesmo que eu esteja simplesmente parado debaixo de uma árvore com um borrifador na mão, tenho certeza de que virão se aglomerar ao meu redor. Queria que você tivesse vindo ver isso tudo nas consultas de domingo passado. Você nunca mais me pediria para voltar cedo para casa. Sessenta e cinco pacientes esperavam numa longa fila! Dá para imaginar? Quanta coisa não é possível prever a partir disso? Quanta alegria ver os olhos daquela gente brilhando de esperança!... Isso não basta para você, para mim e para os meninos? Definitivamente não nos faltará nada. Indu, eles oram a Deus pela nossa saúde e felicidade. Sei que devia estar aí com você em Uruli Kanchan nessa hora difícil, mas você não ia gostar que eu os deixasse aqui sem ter quem cuidasse deles. Eu teria o prazer da sua companhia, só que às custas das esperanças e aspirações desses pobres, desamparados e inválidos leprosos. Na verdade, o sentimento de culpa por abandoná-los estragaria nossa alegria também. Me diga: você pensa realmente que seria certo estar ao seu lado nessas circunstâncias?

Ela não pensava que fosse certo. O que pensava era: "O mal deste mundo é obra daqueles que fazem a distinção entre o eu e o outro".

Para um sujeito que via a vida de Cristo não como um relato sobre a perfeição mas como um modelo de prática, a lepra era uma escolha sábia como vocação. Conta-se que a cura dos leprosos foi um dos milagres de Cristo, e, 2 mil anos antes da descoberta de uma cura mais convencional, abraçar um leproso era um sinal de santidade. Por causarem um tipo de repulsa bem específico, os sintomas da doença — a carne visivelmente apodrecendo, o odor das feridas —, o fato de ser um mal contagioso e a crença de que aquelas deformidades do corpo eram sinais de imperfeições ainda mais horríveis da alma, tornavam os leprosos um grande desafio para o amor. São Francisco de Assis escreveu em seu *Testamento* que encontrar leprosos foi o que transformou sua vida de forma mais profunda. O padre Damião de Veuster, um monge belga nascido em 1840 que se submeteu aos mais severos flagelos, implorou para que sua ordem religiosa o enviasse a Molokai, uma colônia de leprosos no Havaí. Três décadas depois, Albert Schweitzer, por sentir que era seu dever compartilhar do sofrimento do mundo, foi trabalhar entre os leprosos do Gabão. Baba anotou: "É estranho que o homem busque inspiração sublime nas ruínas de uma igreja, mas não encontre nenhuma em meio às ruínas humanas".

Baba se deu conta de que, como advogado, aquilo que podia fazer pelos pacientes de lepra era limitado, e decidiu passar um ano estudando na Faculdade de Medicina Tropical de Calcutá. Lá, um professor lhe disse que não havia cura para a doença; uma das razões é que aparentemente era impossível infectar animais para serem usados em experimentos. Baba passou vários dias pensando na questão, então se ofereceu como cobaia humana para as pesquisas. Foi injetado com o bacilo da lepra e esperou para ver o que aconteceria; não pegou a doença. Dali em diante, soube que era imune (como a grande maioria dos seres humanos, conforme se descobriu mais tarde) e não tinha nada a temer.

Pouco tempo depois, em 1950, foi desenvolvida uma droga, a dapsona, que curava a lepra. Após ter concluído os estudos em

Calcutá, Baba retornou a Warora e passou a viajar pela região aplicando doses do remédio. Logo percebeu que, embora a maioria dos pacientes se curasse do ponto de vista médico, isso não era capaz de mudar a vida deles. Um leproso que recebesse a medicação em breve deixaria de ser um transmissor, mas teria de viver com as marcas dos estragos já feitos pela doença em seu corpo — dedos e unhas dos pés desfigurados, sobrancelhas e nariz destruídos e estranhos emplastros na pele. O medo da lepra era tão grande e os sinais da doença tão inconfundíveis que mesmo leprosos curados eram rejeitados pelas famílias. Familiares dos doentes sofriam de ostracismo, e o casamento era impossível para eles, de modo que manter um paciente em casa significava inviabilizar uma vida normal para todos os demais. Em muitos vilarejos, leprosos eram queimados vivos. Mesmo quem se curava tinha diante de si uma existência arruinada: não podia trabalhar nem viver com a família ou em seu próprio vilarejo, e a única alternativa era mendigar. Portanto, mesmo depois de descoberta a cura da lepra, as colônias continuaram sendo necessárias.

Nessa época, missionários cristãos mantinham vários leprosários na Índia. Mas depender de caridade era a morte, acreditava Baba. Ele tentava se afastar desse padrão — o de tratar os leprosos como questão de caridade, como se fosse gente sem nada a oferecer além da própria alma, que era colocada à venda em troca de assistência médica. Baba se opunha ao modelo dos santos cristãos da lepra, como Schweitzer e o padre Damião. Ele dizia que Schweitzer colocava os pacientes na cama; já Baba, ao contrário, faria com que trabalhassem. Uma pessoa podia ter perdido sete dedos, mas ainda lhe restavam três, e dava para fazer muita coisa com três dedos. Um homem podia viver sem dedos, mas não sem amor-próprio.

Baba pediu ao estado de Madhya Pradesh um pedaço de terra e, em 1951, obteve cinquenta acres numa área inóspita, com arbustos e rochedos e sem água. Ele e Indu foram viver lá com os dois filhos pequenos, seis leprosos, uma vaca, quatro cães (para protegê-los de animais selvagens) e catorze rupias no bolso — praticamente nada. Construíram dois abrigos sem paredes, formados por quatro toras de madeira e telhado de palha: uma dessas estruturas era para a família de Baba, a outra para os leprosos. Mais tarde, fizeram choupanas com estacas e barro.

Havia cobras venenosas, escorpiões e ratos por toda parte; quando chovia, ratos e cobras entravam nas choupanas. Os leprosos acordavam e se davam conta de que, enquanto dormiam, os ratos tinham se alimentado de sua carne sem sensibilidade. Na floresta vizinha, viviam leopardos, tigres e javalis selvagens. Os tigres passaram a aparecer à noite e levaram os cachorros, mas não os dois bebês humanos. No período das monções, as choupanas ficavam inundadas; às vezes, sob chuva forte, o telhado desabava dentro de casa. Quase não tinham comida, e a fonte de água mais próxima estava localizada a quase dois quilômetros. A primeira coisa que fizeram foi cavar um poço, que demorou seis semanas para ficar pronto, trabalhando todos os dias. Era o mês de maio, e fazia um calor de 46 graus — a temperatura era ainda mais alta ao sol. Precisaram cavar quatro metros e meio para achar água. Baba batizou o lugar de Anandwan, a Floresta da Alegria.

O fato de muitos leprosos terem se mudado para aquele lugar infernal — mais de cinquenta foram para lá nos dois anos seguintes — indicava como sua vida era terrível em sociedade. Por isso, cavaram mais poços, limparam o terreno e passaram a plantar e colher produtos naturais para vender na feira. A maioria chegava inconsolável depois do abandono da família e dos amigos, mas o trabalho os revigorava. Chamavam Indu de "Tai", irmã mais velha. Tai ainda estava frágil, recuperando-se da tuberculose, mas trabalhava o dia inteiro, cozinhando e servindo as refeições, ordenhando as vacas e fazendo faxina. Os médicos de Baba o haviam aconselhado a descansar na cama por um ano, mas ele trabalhava dia e noite feito um maníaco, limpando feridas, aplicando curativos, cortando madeira, arando o campo e erguendo casas. Fez com que os leprosos alcançassem proezas incríveis. Suas plantações eram soberbas — pimentas do tamanho de um punho fechado, berinjelas que se pareciam com abóboras (Baba era um entusiasta de métodos agrícolas experimentais) —, só que os moradores de vilarejos próximos, com medo de pegar lepra, não compravam nada.

Uma coisa era a opção de Baba e Tai de se submeter à pobreza, mas seus filhos não tinham escolhido essa vida. A família era tão pobre que Vikas e Prakash quase passavam fome com a escassa comida disponível. Como os moradores da região tinham medo da lepra, não deixavam que seus filhos brincassem com os meninos Amte, de modo que eles cresceram sem amigos. Eles não tinham brinquedos e, por isso, Prakash passou a brincar com escorpiões venenosos. Também não possuíam roupas para esquentá-los quando fazia frio. Na maior parte do tempo, nem mesmo tinham pais, pois Baba e Tai trabalhavam de antes do amanhecer até tarde da noite, e as duas crianças passavam os dias perambulando pela floresta. Baba não se incomodava com isso, pois achava que os filhos ficariam mais fortes. Mas Tai se sentia culpada, pensando na infância privilegiada dela e do marido.

Os meninos eram quase da mesma idade: Vikas nascera em outubro de 1947, Prakash, em dezembro de 1948. Vikas adorava falar; Prakash era mais calado. Vikas se saía melhor na escola. Na família, dizia-se que Vikas tinha herdado a facilidade de Baba com as palavras, enquanto Prakash herdara do pai a coragem; entre essas duas qualidades, não havia dúvida de qual era a mais valorizada por Baba e Tai. Certa vez, quando Prakash tinha seis anos, Baba escutou o rugido de um tigre perto do poço; para testar Prakash, pediu a ele que fosse buscar um balde d'água. O menino não hesitou. Quando voltou com o balde, o pai, arrebatado de amor, deu-lhe um tapinha nas costas.

Após alguns meses de existência de Anandwan, um grupo internacional de voluntários chegou ao local vindo de Sevagram, o *ashram* de Gandhi, que se situava ali perto, para ajudar a erguer uma clínica e outros prédios. Ao verem vários europeus vivendo em meio aos leprosos em condições surpreendentemente higiênicas, os moradores locais se convenceram de que era seguro comer os vegetais produzidos na colônia. Essa mudança transformou a economia de Anandwan, que passou a gerar renda. Baba organizou a produção de laticínios e montou uma tecelagem e outros ateliês. Estava determinado a tornar a colônia autossustentável, o que conseguiu fazer em dois anos, com exceção de alguns produtos, como açúcar, óleo e sal.

Ele controlava tudo o que acontecia em Anandwan. Tentou, sem sucesso, encontrar um médico disposto a trabalhar lá, e acabou ele mesmo assumindo todas as tarefas ligadas aos cuidados dos leprosos, como catar vermes das feridas, vestir os pacientes e trocar seus curativos diariamente, além de recolher e limpar os penicos. Tudo precisava estar limpo e muito bem organizado para funcionar de forma eficiente e do jeito como ele queria; caso contrário, se enfurecia. Seu gênio era terrível. Se achava que a comida preparada por Tai estava muito salgada, ele se recusava a comer. Era obcecado pela exatidão da contabilidade da colônia e passava horas se certificando de que cada rupia tivesse sido contabilizada. O álcool era proibido ali.

Embora as regras pelas quais Baba vivia tivessem sido criadas por ele mesmo, segui-as rigorosamente como se fossem mandamentos divinos. Não era uma questão de puritanismo — Baba nunca aderiu ao asceticismo de Gandhi ou Bhave —, mas de disciplina pessoal. Ainda quando era um *sadhu*, tinha decidido que não comeria açúcar ou pimenta nem beberia leite, e mantinha a dieta, mesmo se isso magoasse alguém que tivesse preparado uma refeição para ele. Nada era capaz de abalar sua fé na retidão das próprias ideias.

Tai se comportava da mesma forma obstinada e inflexível em relação a seus próprios rituais, que incluíam tanto os da devoção hindu quanto outros que havia inventado. Se era exigido um certo período de jejum, Tai jejuava sempre por um tempo maior; se a obrigação era a leitura dos textos sagrados, ela sempre lia mais que o exigido. Certa vez, sem nenhuma razão em particular, jurou que faria uma oferenda de 108 mil folhas de betel ao monge indiano Shankara, o que significava preparar mil feixes com 108 folhas cada um. Ela ignorou os apelos de seu marido incrédulo para que fosse mais racional em seu culto à divindade.

Assim que Anandwan deixou de ser um lugar tão pobre, Baba se tornou incansável. Suas ambições para a colônia foram além do seu funcionamento básico: não bastava que os leprosos obtivessem a cura física e a autossuficiência econômica, também precisavam ser estimulados culturalmente, ele pensou. Anandwan deveria ser a Floresta da Alegria, uma comunidade modelo, e não uma casa de correção. Começou com um festival cultural que acontecia todo ano, para o qual convidava músicos, artistas, filósofos, políticos e intelectuais. Ergueu um teatro e encenou peças que se estendiam até as quatro da manhã. Considerava importante que o lugar estivesse sempre bonito — acreditava que a beleza era fundamental para a felicidade humana. Fez um jardim de rosas e plantava flores por toda parte.

Não era suficiente que Anandwan sobrevivesse sem ajuda filantrópica, uma vez que a própria colônia *faria* caridade. A região precisava de uma escola para cegos; Baba abriu uma, em regime de internato, de modo que crianças de lugares distantes pudessem frequentá-la. Mais tarde, criou também uma instituição para surdos e, depois que ele e Tai encontraram uma menininha abandonada numa estrada, um orfanato. Construíram ainda um lar de idosos. Uma das necessidades mais urgentes no entorno de Anandwan era a oferta de educação para além do ensino básico: não havia colégios nem faculdades em nenhum lugar ali perto, e enviar os filhos para um internato numa cidade distante era extremamente caro. Ora, disse Baba, então eles inaugurariam uma instituição de ensino bem ali, dentro da colônia, e todo estudante que a frequentasse viveria entre os leprosos e saberia que devia sua educação a eles. O Anand Niketan College foi inaugurado em 1964.

Histórias sobre Anandwan começaram a se espalhar. No final da década de 1950, a colônia tinha virado um lugar que despertava a curiosidade de nomes bem-conceituados, como dramaturgos, poetas, atores e políticos. Baba se tornara famoso. Mais tarde, a primeira-ministra Indira Gandhi visitaria Anandwan, e o Dalai Lama plantaria uma árvore ali.

Vikas e Prakash concluíram o ensino médio em meados dos anos 1960 e cursaram a formação básica do ensino superior no Anand Niketan College. Em seguida, como formação específica, Vikas queria estudar engenharia, mas, uma vez que a colônia precisava de médicos e não de engenheiros, Baba mandou que ele fosse fazer medicina. Prakash sempre quisera ser médico. Os irmãos se mudaram para Nagpur para cursar a universidade. Viveram lá por quatro anos e meio, mas jamais gostaram do lugar. Sentiam-se constrangidos pelo fato de serem filhos de Baba Amte — sempre cuidadosos para evitar qualquer comportamento leviano que pudesse manchar a reputação do pai.

Àquela altura, mais de seiscentas pessoas viviam em Anandwan, mas ainda não era suficiente. Baba não conseguia tolerar que as coisas progredissem de forma segura e contínua — para ele, era uma sensação de paralisia, como estar morto. Tinha de começar projetos novos — sentia que sempre havia mais gente precisando de sua ajuda e que ele poderia fazer mais por elas. Criou novos postos de trabalho para os leprosos em outra fazenda, Ashokwan, numa área ao sul de Nagpur conhecida pelo banditismo local. Uma noite, ladrões apareceram para roubar comida, pratos e panelas; aí descobriram, horrorizados, que a comida e as panelas eram de pacientes de lepra. "Voltaram correndo!", Baba contava às pessoas, deleitando-se. "Devolveram tudo, até o último prato!" Esse tipo de perigo o fazia vibrar. Inaugurou uma segunda fazenda perto do covil de um temido tigre e, acampado na floresta, passou muitas noites à espreita para avistá-lo.

Queria que seus projetos perdurassem para além de seu tempo de vida, por centenas de anos. Tinha dois filhos; eles dariam continuidade a seu trabalho. Mas não bastava, precisava de mais do que dois filhos, queria iniciar um movimento que inspirasse jovens do país todo a trabalhar com ele e a começar projetos como os seus. Resolveu montar acampamentos de verão, com uma semana de duração, para estudantes: no calor do dia, eles trabalhariam no campo e em obras em construção (Baba achava essencial que aprendessem a respeitar o trabalho braçal e soubessem como era brutal); à noite, haveria palestras, debates e música. Ele conclamaria os jovens a trabalhar duro; faria discursos apaixonados sobre a lepra, a pobreza e o futuro da Índia. O propósito dos acampamentos era persuadir as pessoas a se engajarem em sua obra, mas Baba não aceitava qualquer um — testava antes o candidato, para ver que tipo de pessoa era. Não queria o tipo do bom samaritano, gente que pensava estar se sacrificando pelos leprosos indefesos: as pessoas tinham de estar dispostas a encarar aquele trabalho porque queriam fazê-lo, e era melhor que nem viessem se não entendessem isso. Um sujeito com um bom cargo no governo ouviu Baba falando num acampamento de jovens e se voluntariou a abandonar emprego e casa para trabalhar numa escola que ainda seria instalada num dos empreendimentos. Baba disse a ele: "Não espere uma carta de nomeação. Você mesmo se nomeia. Venha quando estiver pronto".

As pessoas chamavam Baba de santo. Às vezes, ele rejeitava essa designação; outras vezes, não. Tinha se dedicado a trabalhar com os leprosos, "não para ajudar ninguém, mas para superar aquele medo que sentia na vida. Que isso tenha beneficiado outras pessoas foi uma consequência", dizia. Sabia que a ideia de santidade era um álibi: chamá-lo de santo era sugerir que ele fosse uma criatura de outra ordem, de modo que pessoas normais não precisavam tentar imitar o que fazia. Baba não acreditava em Deus e não suportava as religiões organizadas — recusava-se a receber sacerdotes em casa. Mas sua ambição era grande demais para caber em categorias como "assistente social" ou "ativista". "Eu queria ter sido contemporâneo desses 'Senhores das Chagas Expostas' — Cristo, padre Damião, Gandhi", escreveu. "Toda vez que estou ali, na companhia de um paciente de lepra, vejo a marca do beijo de Cristo em sua testa."

Algumas pessoas acusavam Baba de ser um autocrata, o Imperador da Lepra, que usava o trabalho de pacientes deformados para aumentar a própria glória. Um rapaz que se dispôs a trabalhar numa das fazendas perguntou sobre os planos para o futuro do empreendimento. Irritado, Baba respondeu: "Os discípulos de Jesus por acaso perguntaram quais eram os planos quando resolveram segui-lo?".

Baba enfurecia as pessoas, mas aqueles que o amavam não se importavam. As pessoas queriam se tornar suas seguidoras. Largavam emprego e família para se juntar à colônia não porque se sentissem atraídas pela causa da lepra — quem as atraía era Baba.

Achavam que a vida com ele seria mais excitante, mais aventureira, vivida de forma mais profunda e significativa do que aquela que estavam vivendo. Mesmo pessoas que conviveram com ele apenas por um curto período tiveram a sensação de que Baba as conhecia, e sentiram-se intensamente amadas.

VIKAS

Quando Vikas voltou a Anandwan, depois de se formar em medicina, chegou com muitas ideias de melhorias nas instalações da colônia. Adorava limpeza, e também métodos e procedimentos. As pessoas passaram a procurá-lo com ideias e queixas. Muitas tinham um medo terrível de Baba — nunca sabiam quando ele se enfureceria e gritaria com elas —, mas ninguém temia Vikas, um sujeito entusiasmado, sempre pronto a incentivar novos projetos. Vikas se diferenciava do pai em muitos aspectos. Era grandalhão — mais alto que o pai e o irmão, ombros e barriga avantajados. Os traços eram mais generosos, o cabelo mais cerrado. Amava comida e boas roupas e passava as próprias camisas para que ficassem perfeitamente lisas; não era, como Baba e Prakash, uma figura à la Gandhi, hirsuta, vestindo uma túnica branca de *khadi* que mal cobria o corpo. Baba nunca tivera um escritório, mas Vikas quis ter um, com a mobília adequada, uma escrivaninha e um gaveteiro para arquivar a papelada.

Embora não o tivessem deixado estudar engenharia, Vikas se tornou um engenheiro amador de extraordinária inventividade. Queria que Anandwan fosse um vilarejo modelo — eficiente, harmonioso e bonito. Tinha paixão por máquinas, processos industriais, arquitetura. Era obcecado por reciclagem e preservação. Reformou os banheiros de Anandwan de modo que consumissem menos água e gerassem biogás. Iniciou uma criação de emus (uma ave da família do avestruz), cujos ovos comercializava. Queria construir um lago, mas não havia água. Convenceu um pessoal que escavava uma mina de carvão nas proximidades a lhe emprestar a escavadeira durante a noite para cavar em busca de uma fonte de água. Todos diziam que era tolice. Por fim, encontrou água a três quilômetros da propriedade, instalou poços e canalização, bombeou a água para Anandwan e construiu o lago. Ao longo dos anos, fez outros lagos menores para aproveitar cada gota de chuva, e às margens de cada laguinho plantou uma grama alta e rica em proteína como pastagem para o gado.

Trabalhava feito um maníaco. Mascava pimenta-verde e cebolas cruas o dia inteiro. Gostava de trabalhar noite adentro, depois que todo mundo já tivesse ido dormir — era quando se sentia mais livre, sem os pais para observá-lo, sem ninguém criticando suas ideias antes que ele tivesse a chance de pensar em como colocá-las em prática. Pensava em outras coisas que gostaria de construir e lia os jornais; sempre que via algo que lhe interessava, recortava a matéria e a arquivava. Um primo seu, o dr. Pol, vinha trabalhando em Anandwan com incansável devoção desde 1984 — ficou trinta anos sem tirar férias —, e Vikas começou a deixar o atendimento médico cada vez mais a cargo dele, a fim de prosseguir com seus projetos de construção.

Vikas se considerava um engenheiro preocupado com sentimentos. Dois leprosos vieram à colônia em tal estado de desespero que, logo que chegaram, cometeram suicídio afogando-se num dos poços; Vikas mandou subir o muro de proteção e cercá-lo com flores vistosas, na esperança de que as modificações impedissem outros suicídios. Certo dia, soube que uma das meninas cegas, voltando de Anandwan para casa depois da escola, estava se sentindo tão inútil que tentou se matar; ele então resolveu criar uma orquestra, na qual os estudantes cegos e outros moradores da colônia pudessem cantar, tocar instrumentos e dançar. Tempos depois, ao ouvir falar de um surto de suicídios entre fazendeiros falidos da região, criou uma campanha para ajudá-los: circulou num ônibus divulgando os progressos na colônia com o aproveitamento de água e a diversificação das culturas, o que mostrava que eles também podiam ser capazes de encontrar soluções que os tirassem do vermelho.

Vikas criou um centro de treinamento vocacional para pessoas com outros tipos de deficiência além da lepra — gente que, embora pudesse viver em sociedade, tinha dificuldades para encontrar trabalho. Os alunos eram treinados para se tornar alfaiates, impressores, tecelões, ou trabalhar na confecção de móveis de vime ou na manutenção de máquinas; quem não pudesse usar as mãos era formado como professor ou administrador. Vikas colocou à frente do centro um de seus melhores amigos, Sadashiv Tajne, um sujeito enorme e com um vozeirão, cujas pernas tinham ficado atrofiadas pela poliomielite; Tajne ouvira falar de Anandwan ainda menino, na escola, e partira para lá, rastejando vários quilômetros até a colônia. Na época, Anandwan era só para leprosos, mas ele convenceu Tai a abrir uma exceção. Sob sua supervisão, o centro de treinamento se tornou tão produtivo que começou a dar lucro.

A colônia contava com alguns teares manuais; Vikas instalou em várias salas máquinas elétricas, ruidosas e ensurdecedoras, e Anandwan passou a exportar lençóis e tapetes. Para atender às necessidades dos leprosos cujas pernas não eram mais funcionais, a colônia também passou a fabricar triciclos que podiam ser operados apenas com as mãos. No fim, a comercialização de produtos feitos ali foi tão grande que o governo passou a exigir o pagamento de impostos. "Meu pai se orgulhava do fato de que os pacientes tinham se tornado contribuintes!", exultava Vikas. Ele continuou a construir novos prédios e a reformar os antigos.

Tai observava esses aprimoramentos com um sentimento ambíguo. Para ela, Anandwan era um lugar onde as pessoas criavam laços pelo sofrimento e abraçavam uma austeridade necessária. Tinham vindo parar ali por serem marginalizadas, e os demais moradores eram sua única família. A chegada de tantos confortos ameaçava esse propósito, ela achava. A desconfiança de Tai não era só puritanismo; visitantes de Israel às vezes comentavam que a colônia se parecia com os kibutzim em seus primórdios; também lá o propósito original havia desaparecido à medida que prosperavam. Vikas era um homem moderno que queria aliviar o sofrimento das pessoas. Talvez não entendesse que sofrer era necessário, pensava Tai. Em seu livro de memórias, *Samidha*, ela escreveu:

> Entre os dois irmãos, Vikas é mais extravagante que Prakash. Quer o melhor em tudo, e para todos... Muitas vezes eu o tenho cobrado por esses luxos simples. Fico repetindo que nossa história começou do "nada"; mas ele quer "tudo", tudo para todos. Prakash é o oposto. Seu luxo são as privações, não em benefício próprio, claro. Se vê que alguém não pode ter alguma coisa, ele negará a coisa a si também. A vida que leva em Bhamragad tem sido uma longa sequência de privações. Vive com o mínimo do mínimo, e gostaria que outras pessoas fizessem o mesmo, em vez de aspirarem a confortos materiais. Os projetos realizados por Vikas são um deleite para os olhos, os de Prakash abrem os olhos dos visitantes. Vikas se queixa de ser sempre criticado por tudo o que faz. Não é verdade. O fato de que Prakash tem sido mais admirado não significa que Vikas não seja excelente. Sua força está em outro lugar. Vikas tem um cérebro versátil, uma memória afiada e um ótimo senso estético.

Vikas não tinha uma esposa. Seus pais lhe disseram que podia se casar com uma moça de qualquer casta, mas que deveria ser uma médica, pois era do que Anandwan precisava. Um dia, uma jovem pediatra chamada Bharati visitou a colônia na esperança de conhecer Baba, sobre quem tinha lido; Tai e Vikas a receberam e conversaram com ela por uma hora e, em seguida, Tai arranjou o casamento. Vikas e Bharati tiveram dois filhos — um menino, Kaustubh, nascido em 1979, e uma menina, Sheetal, nascida em 1981. Baba falou a Kaustubh e Sheetal que tinham de se formar médicos, mas Bharati disse aos filhos que podiam ser o que quisessem. Nenhum dos dois levava jeito para a medicina. Kaustubh amava matemática e se tornou contador — ele viria a cuidar das finanças da colônia. Sheetal queria ser arquiteta e decoradora de interiores, mas Baba lhe pediu, como último pedido de um moribundo, que ela estudasse para ser médica, e a moça atendeu, voltando depois da faculdade a Anandwan para começar a trabalhar na clínica. Mais tarde foi descobrir que, na verdade, o avô não estava morrendo e que, ao longo dos anos, tinha feito uma porção de últimos pedidos a um grande número de pessoas, mas àquela altura a vida dela já estava resolvida.

Certo dia, um grupo de estudantes de administração e negócios visitou a colônia e Sheetal lhes falou sobre sua vontade de transformar Anandwan de empreendimento familiar em uma ONG moderna. Um dos visitantes perguntou por que não havia ali outros profissionais que não fossem da família Amte. Sheetal respondeu que profissionais queriam coisas que a colônia não podia proporcionar: queriam um bom salário e uma boa casa, queriam poder ir a um restaurante ou a um cinema à noite, queriam viver numa comunidade de pessoas parecidas com eles mesmos. Ela disse ao rapaz que, depois que se achava o sentido da vida, não se precisava mais dessas coisas — era possível ser feliz dedicando seu tempo a pacientes de lepra e indo dormir às sete horas. Naquela noite, aquele estudante, chamado Gautham, ligou para os pais contando que tinha encontrado uma noiva.

Enquanto isso, Kaustubh se casou também, com uma moça de Nasik chamada Pallavi. Ela tinha lido a respeito de Baba na escola, e seu irmão mais velho sugerira que fosse a um dos acampamentos para jovens do avô do futuro marido. Chegou ao lugar durante uma tempestade aterrorizante e se viu no meio da selva; havia insetos por toda parte, e ela teria de dormir no chão. Decidiu que no dia seguinte voltaria correndo para casa. Mas, de manhã, Vikas deu uma palestra a todos os jovens recém-chegados. Disse a eles: "Se vocês desistirem de tudo aquilo em que estão envolvidos no mundo lá fora, quem vai notar? Quem vai se importar? Mas aqui tem muita gente que precisa de vocês e cuja vida vocês podem mudar". Ao final da fala, Pallavi tinha resolvido ficar e trabalhar para aquele homem pelo resto da vida.

Na época em que Pallavi e Gautham se mudaram para lá, Anandwan era um lugar agradável para viver, muito limpo e arrumado. Dos portões para fora, a vegetação ficava seca e morta no inverno, mas dentro da colônia sempre havia flores, plantadas em fileiras regulares atrás de trilhas de pedra ou em vasos alinhados. De uma ponta a outra da propriedade — que agora se estendia por quinhentos acres — andava-se por alamedas largas de terra batida, iluminadas pelas lâmpadas de postes, e havia muitas árvores oferecendo sombra. Os poucos prédios eram estruturas amplas de concreto com vários andares — o hospital, a sede administrativa, o alojamento de hóspedes, a faculdade —, mas as construções, em sua maioria, eram bangalôs rodeados de árvores. Havia um jardim em estilo francês, com cercas vivas cuidadosamente aparadas formando círculos concêntricos entremeados pelo chão de cascalho. O lago de Vikas tinha se tornado um santuário para os pássaros, e caminhar na trilha ao redor da água era bastante agradável no pôr do sol ou nas horas mais frescas da manhã.

Um pequeno quiosque no centro da propriedade vendia iogurte e outros itens da produção de laticínios, enquanto a lojinha de presentes vendia artesanato feito nos ateliês. A loja atendia os visitantes. A demanda por tours pelo império de Baba tinha chegado a tal ponto que diversas operadoras sem fins lucrativos se encarregavam de organizar viagens com duração de vários dias: saíam de Bombaim, Pune, Nasik ou Goa e andavam por Anandwan até a clínica de Prakash, a algumas horas dali — vinte pessoas num dia, cinquenta no seguinte, dezenas de milhares por ano. Quando chegavam os grupos, Vikas era quem conversava com os visitantes. Muita gente tinha ideias equivocadas sobre Baba ou sobre a lepra, e ele achava que tinha de corrigi-las. Às vezes, falava durante horas a fio.

Milhares de pessoas agora viviam em Anandwan, sendo que somente 1500 eram pacientes de lepra. Muitos eram moradores temporários — as crianças cegas e surdas, os alunos da faculdade e aqueles com deficiência que frequentavam o centro de treinamento. A colônia não era mais um lugar isolado. A cidade próxima, Warora, que ficava a alguns quilômetros de caminhada quando Baba e Tai chegaram para se instalar naquela região, havia se expandido a tal ponto que passou a fazer divisa com os portões da colônia. Os habitantes locais não tinham mais medo de entrar ali. Todo ano eram organizados mutirões para cirurgias, nos quais cirurgiões vinham de longe para passar uns dias em Anandwan realizando um número impressionante de operações, tanto nos moradores quanto em pessoas de fora. Dois médicos de Bombaim fizeram 1700 cirurgias de correção de catarata em poucos dias; cirurgiões plásticos ingleses vinham solucionar deformidades diversas causadas pela lepra — mãos em forma de garra, pálpebras caídas —; outros faziam remoção de fibromas, resolviam fissuras labiopalatais e tratavam doenças ginecológicas. Um protesista de Nagpur contribuía fabricando membros artificiais.

Para Pallavi e Gautham, o mais difícil era se acostumar com a total ausência de vida em família. Para Sheetal e Kaustubh, a família era formada por milhares de pessoas — todo mundo em Anandwan fazia parte dela. Havia sido assim desde sempre, Baba e Tai nunca tinham feito distinção entre os pacientes e os próprios familiares. Nunca nenhum dos Amte tivera na colônia um quarto privativo, um lugar que não fosse também ambiente de trabalho. Sempre aparecia alguém, já que tinha gente por toda parte. Pallavi tomou um susto quando descobriu que as pessoas entravam no quarto dela sem ser anunciadas, e, por fim, pediu a Kaustubh que colocasse um aviso solicitando que batessem na porta. Os Amte comiam no refeitório. Outras pessoas em Anandwan moravam em casas junto com suas famílias, onde viviam e faziam refeições juntas, mas os Amte eram diferentes.

PRAKASH

Em 1971, Baba propôs que a família fizesse um piquenique. O local era distante: para chegar lá precisariam viajar três dias e 240 quilômetros floresta adentro. Quando chegaram, na convergência de três rios em uma ampla clareira no meio da floresta, pararam e fizeram uma fogueira. Comeram o que haviam trazido para o piquenique e dormiram no chão. No dia seguinte, foram andar na selva. As árvores cresciam tão coladas umas às outras que a luz do sol mal penetrava por entre as folhas. O silêncio era praticamente total: não se ouvia nenhum passarinho, somente o ocasional ruído de passos de um javali ou de um veado, além do som distante do rio. Caminharam até encontrar um pequeno aglomerado de cabanas. Com a chegada deles, as pessoas que ali viviam correram para todo lado como se fossem animais assustados; os poucos que conseguiram ver eram esquálidos e andavam seminus. Eram os Madia Gond, o grupo que Baba encontrara na floresta quando era menino.

Os Madia Gond levavam uma vida miserável. Eram atacados por ursos e leopardos e picados por cobras. Alimentavam-se de folhas — poucos sabiam plantar — e formigas, além dos animais que caçavam, mas estes eram fontes incertas de alimento, e não raro eles passavam fome. Pareciam muito mais velhos do que eram. Usavam pouca roupa ou andavam nus, ainda que fizesse frio no inverno. Não contavam com médicos. Se houvesse entre eles um inválido ou alguém ferido que não fosse mais possível salvar, deixavam essas pessoas morrer — a pouca comida que tinham não podia ser desperdiçada com uma pessoa incapaz de trabalhar. Mesmo aqueles que sobreviviam ao parto e não acabavam estraçalhados por ursos ou picados por cobras e escorpiões não passavam dos quarenta anos. Guardas-florestais corruptos os intimidavam para que colhessem bambu e mel, mas não recebiam quase nada em troca.

Na volta do piquenique, Baba anunciou à família que queria começar um projeto ali. Da outra vez que encontrara com os Madia Gond na adolescência, ele havia reparado na miséria daquelas pessoas, mas pensara que, no geral, viviam numa sociedade melhor do que aquela em que ele próprio vivia. Sempre tivera a intenção de voltar lá para ajudá-los, e o momento havia chegado. Não sabia muito bem como faria isso: aos quase sessenta anos, suas costas o impediam de fazer muito esforço físico. Prakash tinha acabado de terminar a faculdade de medicina. Ele disse a Baba: "Se o senhor começar o projeto, participo dele com você".

Baba solicitou ao governo um pedaço de terra na região dos Madia Gond, mas pedidos desse tipo demoravam algum tempo para ser atendidos; enquanto aguardavam pela resposta, Prakash fez pós-graduação em cirurgia, e foi nesse período que conheceu uma moça chamada Manda — ela estava estudando para ser anestesista, razão pela qual os dois muitas vezes trabalhavam juntos. Era a primeira pessoa além de Vikas com quem Prakash conversava ao longo dos últimos anos, desde que chegara a Nagpur. Decidiram se casar, e ela concordou em ir trabalhar com ele na floresta, embora nunca tivesse visto o lugar e fizesse uma ideia muito vaga de como seria. O casamento foi em Anandwan e, no dia seguinte, partiram para Hemalkasa — nome que Baba dera ao novo projeto — para começar as atividades.

Iniciaram da mesma forma que Baba havia começado em Anandwan, erguendo uns abrigos rústicos. Até conseguirem cavar um poço, usaram um carro de boi para ir buscar água no rio, a mais de um quilômetro e meio dali. Em seguida, começaram o corte das árvores para limpar algum terreno e abriram estradas improvisadas quebrando pedras. Havia dez pessoas, mais ou menos, vivendo no novo empreendimento naqueles primeiros dias: além de Prakash e Manda, também vieram Renuka, a irmã adotiva de Prakash; dois rapazes inspirados por sua participação num dos acampamentos de jovens; e uns poucos pacientes de Anandwan. Era uma rotina dura. Prakash estava habituado a conviver com escorpiões e cobras na selva, mas não a viver sem pessoas por perto. Ali ficavam completamente isolados. A floresta ao redor era enorme e imóvel, além de muito silenciosa. Às vezes, deixavam o rádio ligado, mesmo que a única estação disponível fosse transmitida em telugo, língua que não entendiam, apenas para que uma voz humana quebrasse o silêncio.

Não havia estradas propriamente ditas que levassem a Hemalkasa. Ao longo do trajeto, era necessário enfrentar vários trechos rasos de rio e com frequência o jipe encalhava e precisava ser empurrado. Em algumas dessas situações, depois de um enorme esforço para liberar o veículo, ele encalhava de novo alguns metros adiante. Vikas fez a viagem inúmeras vezes, levando mantimentos de Anandwan para o novo empreendimento, mas em períodos de até seis meses por ano — de junho a dezembro, durante a estação chuvosa — o nível dos rios subia tanto que era totalmente impossível fazer o percurso de jipe, e Hemalkasa ficava inacessível. Ao longo desses meses, não havia ali vegetais nem frutas para comer, tampouco farinha, e tudo apodrecia muito rápido, antes que pudesse ser estocado. Viviam de batata e arroz. Fungos proliferavam por toda parte. No primeiro ano, todo mundo no projeto pegou malária.

Quando estavam prontos para iniciar o atendimento médico, não tinham pacientes, pois os moradores das aldeias não ousavam se aproximar. Prakash e seu pessoal tinham consciência de que precisavam aprender a língua dos locais, mas não sabiam como, já que ninguém vinha falar com eles. Prakash percorreu as aldeias, apelando para que fossem receber tratamento, mas, sem conseguir se comunicar, não teve sucesso. Os xamãs locais, pressentindo que tinham rivais, proibiam as pessoas de ir a Hemalkasa, proferindo ameaças de que, se fossem até lá, os deuses as amaldiçoariam. Galos sem cabeça foram exibidos num varal para reforçar a mensagem. Para passar o tempo, Prakash cortava lenha ou carregava tijolos. Costumava caminhar pela floresta. Um ano se passou, e só tinham conseguido tratar um punhado de pacientes. Prakash viera esperando privações, mas não imaginava que o empreendimento todo fosse um fracasso. Pensou consigo mesmo que fora para lá por razões específicas, ninguém havia lhe pedido ajuda; se todos recusassem seu auxílio, teria de aceitar essa decisão.

Por fim, a sorte de Prakash e seu pessoal mudou. Um menino foi trazido para eles com queimaduras em 40% do corpo — era epilético e, durante uma convulsão, caíra sobre uma fogueira. Como os xamãs tinham fracassado na tentativa de curá-lo, e o menino claramente morreria se não fosse tratado, a família decidiu arriscar a sorte na clínica. Vários dias já haviam se passado desde o acidente, e os ferimentos pululavam de vermes. Prakash tinha prática na coisa, tendo visto lesões parecidas em pacientes de lepra; a diferença era que estes não tinham sensibilidade nas feridas, ao contrário daquele menino em agonia. Prakash as desinfetou e ministrou antibióticos — cujo efeito foi anormalmente eficaz, pois era a primeira vez na vida que o paciente os tomava —, e um mês depois o menino estava curado. A história daquela miraculosa recuperação se espalhou e mais pacientes começaram a aparecer. Um homem chegou inconsciente, tarde da noite, tendo sido carregado numa maca de aldeia em aldeia; alguns dias mais tarde, curado, o homem fez o mesmo trajeto de volta pelas muitas aldeias, ele mesmo carregando a maca. Essa transformação dramática, visível a todos que cruzavam com o homem no seu caminho de volta, convenceu ainda mais gente a confiar em Prakash e seu pessoal. Uma terceira reviravolta ocorreu quando a filha de um dos xamãs adoeceu e o pai não conseguia curá-la. Temendo pela vida da menina, ele a levou aos médicos, que a restabeleceram. Dali em diante, até a resistência dos xamãs diminuiu.

Assim que passaram a confiar na clínica, as pessoas surgiram aos milhares — aproximadamente uma centena por dia. Saíam de lugares a até oitenta quilômetros de distância e andavam durante dias pela floresta. Cada paciente chegava, em geral, acompanhado de uns oito ou dez familiares, os quais ficavam acampados nos arredores da propriedade durante o período do tratamento. Acorriam à clínica pacientes com malária, diarreia, picadas de cobras e escorpiões e ferimentos sofridos em ataques de ursos. Vinham com queimaduras terríveis, pois durante o sono caíam nas fogueiras que mantinham acesas (isso era bastante comum). Chegavam no meio de partos de risco. Ou com inchaço em algum membro, que podia ou não ter um osso quebrado; como a clínica não contava com um aparelho de raio X, Prakash diagnosticava se havia ou não uma fratura torcendo em sentidos opostos as regiões acima e abaixo do inchaço; se desse para ouvir o osso estalar, era porque estava quebrado, então o torcia de volta para o lugar antes de colocar o gesso. Se um paciente aparecesse com dor de dente, Prakash não tinha como fazer uma obturação, mas podia ao menos extrair o dente para eliminar a dor.

A capacidade de resistir à dor dos locais o espantava. Certo dia, uma menina de uns dez anos chegou segurando o próprio intestino que vazava por um buraco aberto no abdômen por uma ponta de bambu; tinha caminhado muitos quilômetros até a clínica e não se queixou quando, para fechar o corte, o médico empurrou o intestino de volta para dentro. Era frequente ter de dar pontos sem anestesia, e os pacientes nunca gritavam. Prakash se perguntava se ele próprio suportaria uma coisa daquelas; e então, quando teve a mão rasgada pelos dentes de um leopardo, não tomou anestesia enquanto Manda costurava a parte exposta.

Prakash não tivera mais do que um rápido treinamento em cirurgia, de modo que, no início, precisava operar olhando as instruções num livro. Não havia eletricidade, o que significava que, se surgisse uma emergência noturna, alguém segurava uma lanterna enquanto ele operava; nos meses de calor, um assistente ficava ao lado para secar o suor de seu rosto antes que pingasse no corte cirúrgico aberto. A clínica não tinha condições de contratar enfermeiras, então Prakash e Manda ensinaram voluntários locais a aplicar injeções, ministrar soro, fazer suturas. Fabricavam os próprios curativos e os próprios aventais. No começo, quase todo dia se viam na situação estressante de adivinhar ou improvisar um procedimento. Se uma cirurgia era nova para Prakash, ele chegava a passar a noite inteira acordado, ansioso demais para conseguir dormir até ver se estava tudo bem com o paciente de manhã. Era perturbador pensar nos erros que podia cometer e que já cometera, mas ele vibrava, ao mesmo tempo, por sempre se obrigar a ir além do que pensava ser capaz de fazer.

Aos poucos, Prakash e seu pessoal aprenderam a língua dos locais. Não tinha nada a ver com o marata, língua oficial do estado onde viviam. Os pacientes primeiro explicavam o que tinham fazendo gestos, depois com palavras; Prakash anotava essas palavras, e lentamente foi compilando um dicionário. Quando não estava atendendo na clínica, ia às aldeias e tentava conversar. Assim que passou a falar a língua dos locais, os diagnósticos se tornaram mais fáceis, mas os mal-entendidos ainda eram frequentes. A diferença entre o remédio e sua embalagem precisava ser explicada, assim como o conceito de dosagem, caso contrário um paciente podia acabar botando para dentro uma prescrição toda de uma só vez. Os locais não usavam relógio, o que tornava difícil o controle do intervalo entre as doses. Surgiam também outros problemas impossíveis de prever. Um paciente ganhou uma barra de sabão e a engoliu inteira. De vez em quando, um cadáver era trazido à clínica, com a família pedindo a Prakash que o devolvesse à vida.

Confrontado com essa enorme distância que o separava dos locais, Prakash tentava reduzi-la. Percebeu que, no inverno, eles passavam frio por usarem pouca roupa, então ele mesmo deixou de usar casacos, calças e camisas de manga comprida, passando a se vestir apenas com uma túnica de algodão e um calção brancos, não importava a temperatura que estivesse fazendo. Manda e alguns outros decidiram seguir seu exemplo e também abandonaram os casacos. Prakash não era do tipo missionário — não gostava de falar, não se comportava como um pregador como Baba, nem mostrava ambição espiritual igual à do pai. Não tinha intenção de mudar o modo de vida dos locais; era um médico, só isso. Se, como algumas vezes acontecia, um paciente decidia abandonar o tratamento e ir embora, Prakash aceitava a decisão.

Certa noite, um sujeito apareceu na clínica sem a metade do rosto. Um urso o havia atacado, arrancando com uma patada a parte superior da cara, incluindo os olhos, e esmagando-lhe o crânio. Incrivelmente, o homem estava consciente. Prakash não tinha anestésicos, então procedeu à higienização do ferimento e tentou fazer uma sutura, testando a resistência dele, que lhe dizia para continuar. Prakash costurou 150 pontos para colocar no lugar o que restava do rosto, sem ouvir nem um só ai. Passada uma semana, o homem estava apto a ir para casa: cego, mas vivo e fora de perigo. Porém, como não enxergava mais, não podia caçar. A família agora lhe dava menos comida e, dois anos mais tarde, ele morreu de fome. Prakash ficou sabendo e tentou ver aquela morte do ponto de vista dos locais. Compreendeu que alimentar o homem teria significado, para eles, privar outras pessoas de comida; talvez tivessem sido obrigados a fazer uma escolha entre a própria vida e a do seu antigo paciente.

Noutra ocasião, uma mulher veio à clínica no meio de um parto interrompido; a cabeça do bebê tinha virado de lado e já estava em parte para fora. Não era possível realizar uma cesariana segura na clínica, e na época não havia um veículo para transportar a mãe a um hospital. A única coisa que Prakash podia fazer era cortar o bebê em pedaços para conseguir tirá-lo e salvar a vida da mãe. Ele tomou coragem e fez o procedimento; mas descobriu que a moça e a família não tinham ficado tão perturbados quanto ele por aquilo. Explicaram que muitos bebês morriam no primeiro ano de vida, de desnutrição, de alguma doença ou de picada de cobra; se uma mãe morresse no parto, em geral o pai não se preocupava mais com a criança, que era abandonada para morrer. Aquela morte tinha sido antecipada, nada mais.

No ano seguinte à chegada de Prakash e seu pessoal a Hemalkasa, Manda descobriu que estava grávida. Ela e Prakash ficaram diante de um dilema. Por um lado, sentiam que seria imoral que ela fosse a Nagpur para se beneficiar de cuidados médicos que não eram capazes de oferecer a seus pacientes; por outro, Prakash sabia que, se o trabalho de parto de Manda fosse interrompido, seria obrigado a cortar o próprio filho em pedaços para salvar a esposa. Conseguiria encarar uma situação dessas? Debateram a questão por um bom tempo. Por fim, resolveram que Manda deveria ficar na colônia. Mas então Tai soube da decisão dos dois. Ela continuava a se sentir culpada por ter dado à luz os filhos sem a assistência médica adequada, colocando suas vidas em risco, e não permitiria que Manda fizesse a mesma coisa. Viajou a Hemalkasa e obrigou a nora a voltar com ela para Nagpur; não muito tempo depois, nasceu o primeiro filho de Prakash e Manda, Digant.

Prakash acreditava que os Madia não tinham nenhuma intenção de melhorar de vida; sobreviver já era desafio suficiente. Mas suas terras vinham sendo cada vez mais cobiçadas por madeireiras em busca de árvores para a indústria de papel. Essas empresas e os funcionários do governo responsáveis pela área de florestas diziam aos locais que aquelas terras não lhes pertenciam, de modo que, quando extraíam mel, plantas e animais, estavam roubando; assim, acabavam obrigados a trabalhar sem receber nada em troca com o objetivo de pagar tal dívida. O governo lançou programas de ajuda, mas muitas vezes o dinheiro era embolsado por intermediários, e quase nada chegava ao grupo. Prakash percebeu que, se eles fossem alfabetizados, estariam em melhores condições para resistir a esses vários tipos de achaque. Já havia algumas escolas públicas espalhadas pelo distrito, mas os professores não falavam a língua local, tampouco apareciam para dar as aulas, fazendo com que aquelas escolas só existissem no papel.

Prakash resolveu criar uma escola primária. Como as aldeias ficavam muito afastadas umas das outras, teria de ser um internato, mas era difícil convencer os pais a mandar os filhos para tão longe: precisavam das crianças em casa, trabalhando. Na tentativa de persuadi-los, Prakash não falava tanto da questão da alfabetização — achava que isso pareceria, aos olhos dos locais, um objetivo distante. Falou que alimentaria as crianças e ensinaria a cuidar de uma fazenda e a administrar remédios básicos. Funcionou. Os pequenos alunos tinham dificuldade de se adaptar à escola;

molhavam a cama e fugiam para a floresta. Mas ali comiam melhor do que em casa, e os Amte agora tinham credibilidade pelo trabalho na clínica, de modo que os pais acabavam sempre mandando os filhos de volta. À medida que os anos se passavam, alguns aprenderam não apenas o marata, mas também o inglês, e outros chegaram a se formar médicos, embora nenhum deles tenha retornado para trabalhar em Hemalkasa. Os médicos da clínica recebiam 6 mil rupias por mês; um médico comum que trabalhasse para o governo em outro lugar chegava a ganhar vinte vezes isso.

O salário era um dos obstáculos para segurar ali outros médicos que não fossem da família Amte; o outro motivo eram os próprios Madia. Ao receberem atendimento, eles não demonstravam gratidão nem qualquer outro tipo de emoção — o rosto dos pacientes ou de seus familiares jamais demonstrava choque ou alívio, como acontecia em outros hospitais; quando alguém morria, não havia choro, e ninguém parecia particularmente feliz pelo nascimento de um bebê saudável. Os locais davam a impressão de não valorizar muito a própria vida, ou então era seu fatalismo que chegava ao ponto da indiferença.

Muitas vezes eles perdiam a chance de uma operação nos mutirões de cirurgia porque não apareciam. Um dia, um bebê nasceu prematuro, pesando pouco menos de um quilo; era verão, e o pessoal da clínica foi atrás de um gerador para manter os ambientes frescos para a criança, que ficou em observação dia e noite. Certa manhã o bebê desapareceu: seus pais precisavam reparar o teto de palha da cabana, na aldeia, e levaram a criança para casa, ignorando os apelos dos médicos para que o deixassem ali até estar em condições de fazer a viagem. O bebê morreu no dia seguinte. Pessoas que sentiam ter sacrificado vidas confortáveis fora de Hemalkasa achavam tudo isso difícil de aguentar; cedo ou tarde, todos acabavam indo embora. Prakash lembrava que ele mesmo havia escolhido estar ali e que tivera suas razões para assumir esse tipo de responsabilidade, que ninguém havia lhe pedido nada.

Entre os Madia, a desnutrição era um problema maior que as doenças, de modo que Prakash resolveu que os ensinaria a cuidar de uma fazenda. Plantar era algo que ia contra a crença de muitos locais, pois cavar a terra era como cortar o corpo da própria mãe, mas as demonstrações de Prakash usando sementes de alta produtividade nos cultivos da clínica os impressionaram tanto que eles adotaram as técnicas de plantio. Para Prakash, aquela intervenção salvaria vidas humanas apenas em parte. Achava que, se os Madia se tornassem capazes de plantar, não precisariam caçar tanto, o que para ele tinha grande significado. Quando Baba, ainda na adolescência, cinquenta anos antes, viera fazer suas caçadas na região, naquelas florestas havia pássaros, macacos e todo tipo de pequenas criaturas. Agora não se viam mais nem as aves, nem a maior parte dos bichos menores. Prakash foi criado brincando com escorpiões; sempre amara os animais, não importava que fossem feios ou perigosos. Se houvesse algum jeito de diminuir a quantidade de animais mortos pelos Madia, ele mesmo descobriria.

Um dia, não muito tempo depois da inauguração da clínica, um grupo de locais passou carregando uma fêmea de macaco morta, com uma filhotinha viva e ainda agarrada ao pelo da mãe. Os locais pretendiam comer as duas, mas Prakash os convenceu a deixar o filhote com ele em troca de um saco de arroz. Deu leite à bebê macaca com uma mamadeira e a levou para morar dentro de casa. Ela andava com Prakash por toda parte, acomodada no ombro do dono; também pegava carona nas costas do cachorro da família. A notícia do escambo se espalhou e outros filhotes foram oferecidos. Prakash e o cunhado, Vilas Manohar, tomavam conta dos bichinhos. Mais tarde, adotaram um urso órfão chamado Rani, que os acompanhava nas caminhadas até o rio e rugia se alguém se aproximava. Acolheram cervos, antílopes, raposas, hienas, pavões, cobras e esquilos. Quando implantaram a escola, passaram às crianças a responsabilidade de dar comida aos bichos, na esperança de que elas começassem a vê-los como animais de estimação, em vez de comida em potencial.

De início, serviam rações vegetarianas aos animais, mas, depois que dois filhotes de leopardo morreram por causa dessa dieta, deram carne ao próximo que apareceu. Eles mesmos não matavam animais, mas anunciaram nas aldeias que animais mortos podiam ser vendidos à clínica. O filhote de leopardo, assim como o de urso, circulava livremente na propriedade e brincava com as crianças. Outro animal desses acompanhava Aarti, filha adotiva de Prakash, à escola, até o dia em que, já bem grande, o bicho passou a assustar os demais alunos.

Prakash tinha confiança absoluta na própria habilidade para lidar com animais — mesmo com os recém-chegados que ainda não o conheciam. Herdou um leopardo adulto e bravo, que vinha sendo mantido acorrentado pelo departamento florestal. O antigo cuidador pediu insistentemente a Prakash que tomasse cuidado e esperasse um pouco para soltar o animal; em vez disso, o que Prakash fez foi tirá-lo da corrente imediatamente e se trancar ele próprio na jaula. Ele parecia ter algum tipo de habilidade para desarmar até o mais feroz dos bichos: um destemor, uma autoridade natural, mas também um carisma maternal, alguma coisa em sua personalidade que o tornava próximo, protetor, paciente e magnético. Fazia amizade com cobras — até mesmo com as *Bungarus fasciatus*, cujo veneno é capaz de matar um homem em questão de minutos. A autoconfiança de Prakash nem sempre se justificava. Certa vez quase morreu pela picada de uma víbora que estava em suas mãos; noutra ocasião, foi atacado por um urso. Seu segundo filho, Aniket, herdou esse amor destemido pelos animais; quando tinha dez anos, aproximou-se de um leopardo que, ainda filhote, era uma de suas companhias nas brincadeiras; acabou sendo atacado, pois o bicho não o reconhecera. Prakash precisou arrancar o filho das garras do animal.

Pouco a pouco, a vida em Hemalkasa melhorava. Baba trouxe para o lugar vários voluntários da SWISSAID, os quais ajudaram na construção de casas adequadas, de uma farmácia e de poços. Em determinado momento, foi comprado um refrigerador movido a querosene, uma velharia remanescente da época dos britânicos. Num aspecto, as coisas pioraram com o passar do tempo: grupos maoistas que viviam na selva vizinha se tornaram cada vez mais violentos; atacavam veículos e detonavam bombas, matavam e estupravam, invadiam as aldeias exigindo comida. Perto de 1990, a eletricidade finalmente chegou a Hemalkasa. Alguns anos mais tarde, um telefone foi instalado.

Ao longo dos anos, várias pessoas ficaram sabendo do projeto e ajudaram a financiá-lo, mas Prakash jamais se esforçou para arrecadar dinheiro. Não via necessidade. Fazia seu trabalho e se virava com o que tinha; e isso bastava.

Em 1990, Baba anunciou uma decisão dramática: estava se mudando definitivamente de Anandwan para um pequeno vilarejo às margens do rio Narmada, a 160 quilômetros dali, em protesto contra os planos para construção de uma barragem gigante que causaria a remoção de centenas de milhares de pessoas. Já existia um movimento de resistência, mas Baba não tomaria parte ativa nele — estava com 75 anos e mal conseguia andar. Simplesmente decidira morar no local afetado como forma de resistir.

Todos estavam chocados. Muitos ficaram furiosos. Como ele podia ter tomado aquela decisão sem consultar ninguém? Como era capaz de, sem mais nem menos, abandonar toda aquela gente que havia dedicado a vida a trabalhar com ele? Como podia fazer aquilo com Anandwan, e em nome de qual causa? Nehru, o primeiro-ministro do país, tinha chamado as barragens de "templos da Índia moderna": não eram apenas projetos de infraestrutura, mas símbolos de patriotismo. Muitos doadores pararam de dar dinheiro aos projetos de Baba. Quem já não gostava dele aproveitou a oportunidade para atribuir as piores intenções a seu gesto: fazia aquilo para chamar atenção, ou porque estava entediado. Baba ignorou os críticos.

Passou dez anos vivendo à margem do rio Narmada, mas então resolveu voltar. Estava contente lá, deitado em sua cama, contemplando o rio e sendo o centro de convergência emocional do movimento contra a barragem; só que Tai era infeliz. Ela tinha saudades da família, dos órfãos, das crianças cegas e dos velhinhos que se acostumara a visitar todos os dias. Em Anandwan, ficava constantemente ocupada, era sempre solicitada para alguma coisa; agora não tinha nada para fazer, sentia-se inútil. Isso começou a afetar sua saúde mental. Passou a dormir a maior parte do dia; chorava o tempo todo. No fim, Baba concordou em voltar. Odiou ter de quebrar a promessa que fizera de morrer às margens do Narmada, mas Tai tinha sacrificado tudo ao longo da vida inteira por ele, e Baba sabia que agora precisava atendê-la naquele que era seu único desejo.

O patriarca estava com quase noventa anos. Foi ficando cada vez mais doente, e passava cada vez mais tempo no hospital. Recebeu um diagnóstico de leucemia. Não conseguia se mexer. Entender o que dizia se tornou difícil, e ele falava cada vez menos. Morreu aos 93 anos. Para Vikas, a morte de Baba mudava tudo. "Fiquei amarrado ao meu pai por 35 anos", disse. "Nunca tive vida em família. Estava preso a ele, 24 horas por dia, em pensamentos, ações e espírito."

Mais ou menos na época da morte do patriarca, notícias sobre a clínica de Prakash começaram a se espalhar. Durante dezessete anos, foram poucas as vezes em que ele havia posto os pés fora de Hemalkasa. Nunca tinha tirado férias. O que lhe era conveniente — gostava de mergulhar no trabalho e não ter de sair nem de conversar com pessoas. Mas então ganhou um prêmio, depois outro, e mais um. Era requisitado para palestras em conferências no exterior. Não gostava de falar nem na intimidade. Não estava nem aí para o que pensavam dele — muito menos para as críticas que faziam sobre Baba. Que falem, quem se importa? Ele próprio jamais falava sobre o pai, como fazia Vikas. Acabou convencido, porém, de que dar palestras traria um dinheiro necessário a seu empreendimento, então passou a aceitá-las.

A essa altura, quando o mundo lá fora tomava conhecimento do trabalho liderado por ele e Manda, os dois tinham praticamente se aposentado. Digant e a esposa, Anagha, administravam a clínica. Aniket decidira que Hemalkasa precisava de publicidade para atrair financiadores, de modo que atuava na divulgação do projeto através das redes sociais e de exposições itinerantes. Sua esposa, Samiksha, trabalhava na escola. Quando apareciam visitantes, era Prakash quem fazia o tour do orfanato de animais: brincava com os leopardos, punha a mão dentro da boca dos bichos; alimentava os ursos; apanhava cobras e as enrolava no pescoço dos netos. Mas, na maior parte do tempo, ficava sentado numa cadeira de plástico no chão de terra batida, no jardim de casa, mantendo acesa a pequena fogueira que fazia nas manhãs frias e batendo papo com qualquer um que parasse por ali. À noite, a família às vezes pedalava até o rio.

Prakash continuava forte e poderia ter seguido trabalhando, mas era praxe na Índia se aposentar com sessenta e poucos anos, e ele queria que Digant administrasse a clínica sem sua interferência. Não tinha a paixão que movia Baba e Vikas de tentar consertar o mundo. Tinha iniciado aquele empreendimento na selva e trabalhado ali durante trinta anos. Isso bastava.

O legado dos bêbados

O ataque aos bons samaritanos, parte dois

E sempre que um homem tivesse um pouco de dinheiro podia embriagar-se. Aí acabavam as arestas, e tudo era quente, confortador. Aí não havia mais solidão, pois que o cérebro povoava-se de amigos e o homem podia achar seus inimigos e aniquilá-los. [...] *Só queria estar o tempo todo bêbado. Quem foi que disse que isso não prestava? Quem ousa dizer isto? Os pregadores, mas eles têm a sua maneira própria de se embebedar. Mulheres magras, estéreis, mas estas são por demais miseráveis para compreenderem coisa assim. Os reformadores, mas estes não conhecem a vida bastante de perto para poder julgá-la. Não senhor... As estrelas estão muito próximas, tão próximas, e eu pertenço à confraria do mundo. E tudo é sagrado... tudo, até eu mesmo.*

John Steinbeck, *As vinhas da ira*

A história recente dos bons samaritanos, pelo menos no Ocidente, é inseparável da história do álcool. Nos séculos passados, os santos renunciavam ao sexo, pois o prazer obtido na atividade sexual estava relacionado a uma perda de autocontrole a que os humanos se permitiam, e sua renúncia marcava as pessoas como diferentes, como um grupo à parte. A castidade era o caminho mais nobre, mais sagrado, o que preservava a força e a pureza dos santos em suas funções. Mas, ao longo do tempo, a castidade perdeu seu apelo — passando a ser vista mais como uma patologia do que como uma virtude — e foi substituída pela sobriedade. Abrir mão do álcool é um ascetismo para o bom samaritano moderno, sendo a bebida, como o sexo, uma fonte de prazer relacionada à perda de autocontrole a que os humanos se permitem, e cuja renúncia marca a pessoa como diferente, como um grupo à parte.

Beber, ficar bêbado, é se rebaixar de propósito para se integrar. É parar de se preocupar por um tempo com a vida e o destino. É se permitir ficar mais estúpido e menos respeitável. Os limites passam a ser menos claros: você se abre e se sente conectado com pessoas à sua volta. Larga mão dos escrúpulos morais e desconfia de que esses mesmos escrúpulos sejam responsáveis por impedi-lo de se sentir conectado. Sente mais compaixão por seus colegas, mas, ao mesmo tempo, por estar bêbado, sente-se incapaz de ajudá-los; então, beber é dizer: "Sou um pecador, escolhi não ajudar".

Nos Estados Unidos, a época da Lei Seca — aquela tentativa curta e fadada ao fracasso de banir a produção e a venda de álcool — tornou-se uma lição emblemática sobre os limites da moralidade. Não se pode esperar tanto das pessoas, como os Estados Unidos se deram conta depois do fracasso da Lei Seca. É possível restringir o prazer humano apenas até certo ponto. A tentativa de levar um país longe demais na busca pela santidade pode produzir efeitos negativos, transformando seus cidadãos em cínicos e hipócritas que não respeitam a lei. Tente forçar um excesso de virtude nas pessoas e você vai simplesmente dar mais impulso ao pecado no submundo, com consequências bem piores. A Lei Seca foi um marco; mas o álcool teve outro efeito, ainda mais duradouro, nos bons samaritanos; efeito que começou de forma súbita, mais ou menos na mesma época, e brotou, cresceu e se deformou durante décadas, até sua presença não ser nem um pouco sutil.

Por volta do período em que a Lei Seca entrou em vigor nos Estados Unidos, um missionário americano luterano fundou na Inglaterra uma comunidade cristã que ficou conhecida como o Grupo de Oxford. O grupo estabelecia altos padrões morais para seus membros, que lutavam para atingir o que era conhecido como os Quatro Absolutos: verdade absoluta, altruísmo absoluto, pureza absoluta e amor absoluto. A fraternidade acreditava num autoexame rigoroso; na busca da reparação por qualquer mal que tivessem promovido; e em ajudar uns aos outros a permanecer no caminho da moral. Acreditava ainda no ato de entregar sua vida a Deus, e considerava a bebedeira um pecado.

No final do outono de 1934, Bill Wilson, um consultor de investimentos que trabalhava meio período e era alcoólatra em tempo integral, foi apresentado à filial de Nova York do Grupo de Oxford por um amigo ex-alcoólatra, que estava convencido de que o grupo poderia mantê-lo sóbrio. Wilson era agnóstico e fumante inveterado, mas foi ao encontro (bêbado) de qualquer forma e, alguns dias depois, teve uma experiência religiosa incrível em um hospital, então nunca mais bebeu. No ano seguinte, Wilson fundou o grupo que se tornaria os Alcoólicos Anônimos junto com o dr. Bob, outro ex-alcoólatra. Ao esboçarem alguns dos métodos da nova sociedade, eles adotaram várias das ideias do Grupo de Oxford: autoexame; busca por reparação; entregar a vida a um poder maior; e ajudar outros alcoólatras a se manterem na linha.

Porém, na transição do Grupo de Oxford para os Alcoólicos Anônimos, algo peculiar aconteceu. O AA cresceu e se tornou bastante diferente do seu parente, tendo ainda gerado uma organização irmã, o Al-Anon, para familiares de alcoólatras, que era ainda mais diferente. Para começar, o AA pegou o que era considerado um pecado — a bebedeira — e a reposicionou como uma doença. Então, alguns anos mais tarde, o Al-Anon pegou o que era considerado uma virtude — tentar fazer o bêbado parar de beber — e interpretou como um sintoma da mesma doença. Essas duas posições eram inovações bastante radicais, mas a segunda delas teria efeitos morais de maior alcance. Afinal, fosse o alcoolismo uma doença ou um pecado, de qualquer forma, era algo indesejável, ruim e prejudicial, e o mundo estaria melhor sem ele. Mas se alguns tipos de ajuda — especialmente o de uma esposa que vinha sofrendo fazia tempo — eram também uma manifestação de doença, algo que precisava ser curado, então isso fazia todo o domínio do comportamento moral ser visto de forma surpreendentemente diversa.

O Al-Anon foi cofundado pela esposa de Bill Wilson, Lois. Quando Lois conheceu Bill, ele não bebia — seu pai fora alcoólatra e ele tinha muito medo de seguir pelo mesmo caminho. Pouco depois que se casaram, Bill começou a beber um pouco, depois a beber bastante, mas Lois não se preocupou; Bill a amava, ela era charmosa, tinha certeza de que podia fazê-lo parar. Quando jovem, Lois tivera o sonho de transformar as pessoas ruins em pessoas boas. Em sua fantasia, imaginava um ladrão colocando a prataria da família num saco; em vez de ficar com raiva, ela argumentava com ele de forma tão suave, com um carisma moral tão radiante, que o inspirava a querer ser bom, e ele devolvia a prataria.

Bill se formou em direito, mas ficou bêbado e nunca foi buscar o diploma. Lois teve três gravidezes ectópicas, mas Bill estava quase sempre bêbado demais para visitá-la no hospital e, por fim, em razão de suas bebedeiras, não foi permitido que adotassem uma criança. Bill decidiu que queria ser consultor de investimentos, viajar pelo país avaliando empresas; como não tinha quase nenhum dinheiro, isso implicou em viajar por um ano numa motocicleta, dormindo numa barraca. Durante todo esse período, Lois foi uma fiel escudeira. Trabalhava para ajudar a financiar a família, mas, quando Bill quis pegar a estrada, largou o emprego e a casa sem reclamar. Quando Bill não a visitou no hospital, sentiu-se culpada, imaginando que suas gravidezes fracassadas eram a razão que levava Bill a beber. Tentou ajudá-lo e, quando falhou, ficou pensando em qual era o seu erro e em como poderia melhorar.

"Será que sou a culpada pela bebedeira?", pensava. "Uma vez Bill me disse que, quando era criança, ganhou um pequeno machado de Natal e imediatamente o testou na Susie, sua boneca de borracha. Depois disso, toda vez que olhava para a caixa de brinquedos e via a cabeça da boneca pendendo por um fio, chorava e dizia: 'Pobre Susie! Quase arranquei sua cabeça!'. Como mais tarde ele começou a me chamar de Susie, eu ficava imaginando o que isso queria dizer. Será que ele tinha um ressentimento inconsciente por mim por alguma razão sutil? Ou será que a razão óbvia era que eu fazia mal a ele? Tudo era muito intrigante e confuso, então eu tentava não ficar desanimada para me focar no trabalho que estava realizando." O trabalho em questão era fazer Bill parar de beber, e a arma de Lois era o amor.

Quando Bill ficou sóbrio, Lois, em princípio, ficou muito animada. Mas Bill imediatamente se tornou tão absorvido pela sobriedade quanto havia sido pela bebedeira — estava sempre organizando encontros, indo a reuniões e conversando com outros alcoólatras. Ele quase nunca ficava a sós com Lois. Por um longo período, Lois não queria admitir que não estava feliz como achava que deveria. Então, um dia, quando Bill lhe disse que ela precisava se apressar ou eles se atrasariam para uma reunião, Lois jogou um sapato nele e gritou: "Danem-se suas reuniões!". Bill ficou chocado, mas Lois ficou ainda mais; e foi só a partir dali, enquanto tentava entender o que a deixara tão raivosa, que Lois começou a se dar conta do que realmente vinha acontecendo.

Todos os anos em que Bill bebera, quando pensava que estava infeliz, Lois, na verdade, estava feliz. Sabia que o marido precisava dela: estava no comando, era a pessoa correta que tinha controle sobre sua própria vida; ele era o mal, o fraco, que dependia dela para tudo. Agora que Bill estava sóbrio e independente, Lois perdera seu propósito, e se ressentia de que Deus e os alcoólatras tivessem sido capazes de ajudá-lo e ela não. Ao tentar fazê-lo mudar, ela era um obstáculo para sua mudança. Lois não tivera filhos, então se tornara uma mãe para Bill. No passado, o pecado do alcoólatra era perder o controle de si mesmo. Mas, agora, era o controle que parecia ser o problema — tanto do ponto de vista do alcoólatra, que achava que conseguia controlar a doença, quanto dos cônjuges dos alcoólatras, que tentavam controlar a situação no lugar deles.

Lois decidiu que precisava fazer exatamente o que Bill tinha feito quando ficou sóbrio: realizar um inventário de suas falhas, entregar sua vida a um poder maior e parar de pensar que podia controlar os outros ou a si mesma. Precisava de um AA; percebeu, enfim, que também queria ajuda. Lois fundou o Al-Anon em 1951, para apoiar os infelizes e corrigir as desilusões das famílias dos alcoólatras. Decidiu que a arrogância era um dos piores pecados, porque é inexpugnável e fecha a pessoa em uma armadura de presunção, distante dos outros e de Deus.

Em princípio, o propósito primordial do Al-Anon era ajudar as famílias dos alcoólatras a dar apoio aos doentes de uma forma construtiva. Mas, conforme o tempo foi passando, o foco mudou mais para os membros da família — suas necessidades, suas falhas e seus erros emocionais. Ao longo das décadas que se seguiram, o comportamento dos familiares foi cada vez mais monitorado. Os membros das famílias começaram a chamar a si próprios de coalcoólicos e, nos anos 1970, uma palavra se tornou cada vez mais popular — codependência — para dar nome à doença da qual eles acreditavam sofrer.

Nos anos 1980, a palavra codependência já se tornara maior do que o Al-Anon; passara a ser usada para descrever qualquer pessoa preocupada em controlar o comportamento de outra — em geral, embora não sempre, um parceiro romântico não confiável. A cultura moral mudou muito desde que Lois se casou com Bill e tentou salvá-lo. Lois nasceu em 1891; Bill lutou na Primeira Guerra Mundial; na geração deles, o altruísmo era uma virtude descomplicada. Mas, meio século depois da fundação do AA, as desconfianças de Freud se misturaram aos ensinamentos do Al-Anon, e o altruísmo se tornou uma coisa contaminada e suspeita.

Um dos primeiros livros de não ficção a mostrar a ajuda das esposas sob uma ótica nada lisonjeira (romances sempre foram mais céticos) foi *Mulheres que amam demais*, publicado em 1985 por Robin Norwood. Norwood era uma terapeuta que passara anos tratando viciados; ela descobriu, para sua surpresa, que, se os viciados às vezes vinham de famílias problemáticas e às vezes não, suas parceiras quase sempre vinham de uma. Quando se tornavam adultas, essas parceiras inconscientemente procuravam pares viciados ou pouquíssimo confiáveis, com quem pudessem reencenar e aprender a dominar os traumas de sua juventude. Por sentirem que não foram amadas e cuidadas quando crianças, tentavam preencher sua necessidade de amor tornando-se cuidadoras de homens carentes. "Queremos ser a pessoa que vai quebrar o encanto, para libertar esse homem do que vemos como sua prisão", escreveu Norwood. "Entendemos sua indisponibilidade emocional, sua raiva ou depressão, ou crueldade, ou indiferença, ou violência, ou desonestidade, ou vício como sinais de que ele não foi amado o suficiente. Fazemos nosso amor conflitar com falhas dele, com seus fracassos e até com sua patologia. Estamos determinadas a salvá-lo através da força do nosso amor."

Enquanto estavam ocupadas com seus maridos turbulentos, essas mulheres evitavam o confronto consigo mesmas. Precisavam se sentir salvadoras; eram viciadas nesse sentimento, assim como seus parceiros eram viciados em álcool ou em drogas, e precisavam sustentar seu desejo de sofrer. Esperavam que seu amor e sua servidão deixassem os companheiros gratos, mas até mesmo um viciado não conseguia suportar um nível de dependência tão alto e, cedo ou tarde, eles ficavam ressentidos e iam embora. Mas essas mulheres continuavam a encontrar novos parceiros tão horrorosos quanto os anteriores. Não compreendiam o amor sem dor: amor era dor, dor dava prazer, e, quanto maior a dor, mais profundo o amor. Se não havia dor, se o parceiro as tratava com respeito, ficavam entediadas e desconectadas e acabavam por procurar outra pessoa. Mas o que lhes parecia amor era simplesmente sofrimento; o que parecia altruísmo era apenas uma necessidade obsessiva de controle. O que essas mulheres precisavam aprender, concluiu Norwood, era aceitação: aceitar a si próprias e as outras pessoas como eram de verdade, sem ajuda, sem se sentirem responsáveis por elas, sem precisar mudá-las.

Muitas das mulheres que amavam demais eram filhas de alcoólatras: a personalidade delas tinha sido formada desde cedo em resposta ao pai viciado, e se tornavam, na vida adulta, uma versão altruísta da codependência. Como os filhos de alcoólatras cresciam em casas nas quais não podiam depender dos adultos, costumavam sentir que precisavam tomar conta das coisas. Era comum acreditarem que a infelicidade da família era culpa sua, e tentavam ser crianças perfeitas para fazer as coisas melhorarem — iam bem na escola, limpavam a casa, cozinhavam, davam um jeito em tudo. Quando essas crianças cresciam, sentiam-se culpadas por não ser perfeitas e, não tendo sido bem-amadas quando pequenas, viravam adultos famintos por elogios e afeição, sempre buscando a aprovação alheia. Sentiam-se responsáveis pelas outras pessoas. Por crescerem em uma casa caótica sem ter o controle sobre sua vida, viravam adultos ávidos por autocontrole e por controlar as pessoas à sua volta. Ao mesmo tempo, tinham crescido tão acostumados com drama e desordem que a vida comum parecia vazia e tediosa. Como tinham se acostumado a comportamentos atrozes e morriam de medo de ser abandonadas, essas pessoas suportavam abusos terríveis de seus parceiros, permanecendo leais e jurando salvá-los apesar de tudo.

Mulheres que amam demais chegou ao topo da lista de best-sellers do *New York Times*, mas foi substituído em 1986 por um livro que venderia mais de 5 milhões de exemplares e faria a codependência virar uma palavra de uso corrente — *Codependência nunca mais*, da alcoólatra em recuperação Melody Beattie. Durante seu período de recuperação, Beattie foi bem mais hostil com os codependentes que Norwood. Àquela altura, para ela, a codependência não era apenas lamentável — era também sinistra e repulsiva. Os codependentes eram hostis, controladores e manipuladores. Instruída pelo chefe de um centro de tratamento de Minneapolis a organizar um grupo de apoio para esposas de viciados, Beattie ficou bastante contente. "Em meu grupo eu via pessoas que se sentiam responsáveis pelo mundo inteiro, mas se recusavam a ser responsáveis, a guiar e a viver a própria vida", escreveu.

> Vi pessoas que constantemente davam aos outros, mas não sabiam como receber. Vi pessoas se doarem até ficarem revoltadas, exaustas

> e vazias. [...] Vi pessoas que, como zumbis, corriam de uma atividade para a outra, sem pensar. Vi bajuladores, mártires, estoicos, tiranos, bêbados decadentes, bêbados dependentes e, parafraseando H. Sackler em sua peça de teatro *The Great White Hope* [A grande esperança branca], "de rostos despencados, distribuindo desgraças".

A crítica de Beattie aos codependentes, além de mais contundente do que a de Norwood, era também mais ampla. A codependência não dizia respeito apenas a mulheres e seus maridos terríveis — dizia respeito a qualquer pessoa que oferecesse ajuda sem que fosse chamada, qualquer pessoa que se sentisse responsável pelos outros, qualquer pessoa que tivesse pena dos problemas dos outros, qualquer pessoa que se sentisse obrigada a ajudar mesmo contra sua vontade. "Controlamos em nome do amor", ela escreveu. "Fazemos isso porque estamos 'apenas tentando ajudar'. Porque sabemos melhor como as coisas devem ser e como as pessoas devem se comportar. Porque estamos certos e eles estão errados." Tentar ajudar era só uma desculpa para a vitimização, porque, como é impossível ajudar, a pessoa acaba se amargurando por ter se doado demais e não ter recebido gratidão em troca. "Alguns de nós nos cansamos tanto dessa enorme carga — responsabilidade total por todos os seres humanos — que passamos por cima dos sentimentos de piedade e preocupação, que acompanham o ato de salvar, e assumimos logo a raiva; ficamos com raiva e ressentimento da vítima em potencial", escreveu Beattie. "A pessoa com uma necessidade ou problema nos faz sentir que temos de fazer alguma coisa por ela ou nos sentiremos culpados. Depois de um salvamento, não fazemos mistério sobre nossa hostilidade quanto a essa desconfortável situação." A única pessoa que você pode mudar é você mesma, e você deve deixar as outras pessoas seguirem, ela concluiu. A dedicatória do livro de Beattie é para ela própria.

Nos anos 1990, a crítica à codependência se tornou tão difundida nos Estados Unidos que foi assimilada pelos cristãos evangélicos conectados ao ativista Pat Springle, da Campus Cruzade for Christian (Cruzada Estudantil e Profissional para Cristo, ou CRU, na sigla em inglês). A codependência era um risco bastante grande para os cristãos, argumentava Springle, porque se parecia muito com o comportamento esperado de um cristão — ajudar os outros e perdoar seu mau comportamento; lutar para ser moralmente perfeito; autonegação; medo do pecado. Springle estimulava seus seguidores a evitar o complexo de salvador e a perceber que não lhes era requisitado que ajudassem os outros ou que amassem alegremente o tempo todo. Não ser perfeito era normal. Sentir raiva era normal. Sentir culpa também era normal, se fizesse com que a pessoa reconhecesse o pecado e pedisse por perdão; o problema era a culpa ruim, aquela que fazia com que uma pessoa se sentisse tão inútil que deixava de acreditar na graça de Deus. Acreditavam que Deus não era severo ou exigente, mas sim amoroso e companheiro. Se um cristão tinha dificuldade de entender isso, Springle aconselhava-o que procurasse um grupo conhecido como Pecadores Anônimos.

Tanto Norwood quanto Beattie mencionavam de passagem que codependentes e mulheres que amam demais quase sempre buscavam seguir alguma profissão que tinha o objetivo de ajudar as pessoas, como serviço social, psicoterapia e enfermagem. A preocupação excessiva nessas atividades poderia violar a fronteira necessária entre o profissional e o paciente, conduzindo o paciente a outra relação de dependência em vez de libertá-lo. Terapeutas, como qualquer pessoa, machucaram e foram machucados, mas, ao contrário dos outros, poderiam usar os pacientes para se redimir. Ajuda não era sempre sinal de generosidade: podia ser também reparação ou vingança. Na melhor das hipóteses, nas palavras do terapeuta Michael Jacobs, citando Mary Sherrill Durham, era uma "vingança construtiva": que caminho poderia ser melhor e mais efetivo para constranger alguém que o magoou do que oferecer cuidados afetuosos? Muitas pessoas que foram abusadas quando crianças, ao se tornarem adultas, ou se transfomam em abusadoras ou tentam ajudar pessoas que sofreram abusos — e os dois caminhos não são tão diferentes quanto parecem. Não havia muito que fazer para resistir à força do destino, concluiu Jacobs, sombriamente.

O problema em relação aos relacionamentos profissionais era complicado, já que, nessa situação, oferecer ajuda ao cliente é o trabalho do profissional, e o cliente, pelo menos na maior parte das vezes, pede por essa ajuda. Envolver-se romanticamente com um viciado violento é uma coisa; oferecer aconselhamento profissional a um viciado é outra. Claro que, se a percepção de um assistente social sobre seu paciente alcoólatra é distorcida pelas memórias de seu pai alcoólatra, então o encontro não deve ser muito útil para nenhum dos envolvidos. Mas, supondo que esse profissional seja bom no que faz, e aí? Há pessoas que aceitam um trabalho difícil, que paga pouco, na esperança de poder mudar o curso da vida dos outros, e consideram que o que vão perder em tranquilidade e dinheiro será compensado com gratidão e satisfação moral.

Mas era difícil sustentar essa esperança, em especial numa época em que ajudar se tornou uma atitude suspeita. Essa é uma das narrativas que esses profissionais contam sobre si mesmos. No começo, um assistente social em geral acredita que vai mudar não apenas a vida das outras pessoas, mas também a sua, e que vai sentir uma sensação de reconhecimento e um potencial que nunca sentiu antes. Essas expectativas são tão embriagantes que, no princípio, ele vai trabalhar muito, de doze a dezesseis horas por dia, sacrificando o resto da sua vida. "Eu me deslocava por mais de vinte quilômetros só para consertar um cadarço estragado", escreveu um assistente social sobre seus inebriantes primeiros dias de trabalho. "Derrubava minha mulher da cama só para responder ao bipe." Tudo é urgente, ele sente que é alguém que está sempre sendo requisitado, a adrenalina está alta o tempo inteiro, ele não pode descansar nem parar para pensar. Parece que não está trabalhando tanto quanto deve, e o resultado será desastroso. Ele não tem vida fora do trabalho, ou, se tem, dá pouca atenção a ela. As necessidades de seus pacientes são esmagadoras e críticas, e as necessidades das pessoas normais — os membros de sua família, por exemplo — parecem triviais em comparação; e ele as ignora. Como pode pensar em uma lição de matemática ou assistir a um filme quando há pessoas levando tiros e sendo despejadas nas ruas? Como é que nenhuma outra pessoa compreende o que está acontecendo? Ele ainda acredita que pode mudar as pessoas, e essa crença basta.

Mas as pessoas não mudam com facilidade. Muita gente muda devagar, se é que muda, e apenas superficialmente. E os pacientes não ficam sempre agradecidos — alguns chegam até a ficar ressentidos. No começo, o assistente social pode se deixar envolver demais emocionalmente com seus pacientes, de modo que sofre quando eles fracassam, porque essas pessoas ainda estão infelizes e porque o fracasso delas se confunde com o seu próprio. É difícil passar os dias vendo problemas devastadores que ele não pode consertar — a tristeza e a impotência são desgastantes. Parece que ficar feliz ou gastar dinheiro consigo é trair as pessoas que estão sofrendo; ou parece que sua própria infelicidade é um sinal de sua devoção. Talvez ele fique revoltado, culpando o sistema e a sociedade por aquilo que não consegue consertar.

Aos poucos, aprende a criar uma distância. Percebe que precisa ser duro e ficar mais calejado. Mas, caso se afaste demais, deixa de se importar com seus clientes. Talvez ele se refugie no cinismo como autodefesa, à medida que sente seus ideais e sua sensação de poder diminuírem. Seus colegas de trabalho percebem que seu entusiasmo vai minguando e o acolhem em seu círculo social. Com o tempo, ele se deixa levar pela apatia e passa a jogar e beber depois do trabalho. Mas, mesmo tendo a companhia dos colegas apáticos, a situação é deprimente, e ele busca uma saída.

Uma coisa é tentar mudar a vida de um paciente problemático; outra, bem mais desafiadora, é mudar a vida de uma cidade ou de um país inteiro. Portanto, não chega a surpreender que as dúvidas compartilhadas entre as esposas dos alcoólatras e as pessoas que prestavam assistência aos alcoólatras tenham atingido funcionários de ajuda humanitária em países estrangeiros. Talvez fosse óbvio quanto é complicado e potencialmente desastroso tentar ajudar grandes populações de pessoas de quem se tem apenas um conhecimento superficial, em relação à complexidade e ao desastre em potencial que é tentar ajudar o marido alcoólatra. Mas um marido é uma pessoa a quem se conhece intimamente, e seu fracasso é perceptível de imediato; já detectar o fracasso através de grandes distorções culturais é bem mais difícil.

Um dos ataques mais conhecidos às desilusões morais dos trabalhadores humanitários foi um discurso feito pelo pastor e crítico social austríaco Ivan Illich, dirigido a jovens norte-americanos no México, em 1968, numa linguagem que poderia ter saído do Al-Anon:

> Se vocês insistem em trabalhar com os pobres, se é uma vocação, então pelo menos trabalhem com pobres que possam mandar vocês para o inferno. É muito injusto vocês chegarem a uma vila

> onde não conseguem se comunicar minimamente na língua local para explicar o que estão fazendo, ou saber o que as pessoas pensam de vocês. E é bastante prejudicial para vocês mesmos definirem qualquer coisa que queiram fazer como "bom", um "sacrifício" e uma "ajuda". [...] Estou aqui para desafiá-los a reconhecer sua impossibilidade, sua impotência e sua incapacidade de fazer o "bem" que desejam fazer.

Em 1968, quando Illich fez o tal discurso — intitulado "Ao inferno com as boas intenções" —, o trabalho humanitário internacional ainda não era a gigantesca indústria moral que é hoje. Demorou vinte anos para que os trabalhadores humanitários, que chegaram à maioridade nos anos 1960 e no início dos 1970, fossem desmoralizados e se entendesse o que tinha dado errado.

Tony Vaux, um desses trabalhadores humanitários que expôs suas dúvidas em uma obra chamada *The Selfish Altruist* [O altruísta egoísta], trabalhou para a Oxfam durante 27 anos. Seu primeiro momento de clareza veio quando pedia doações de caridade a todos os colegas na universidade. Em geral, as pessoas eram educadas, mas um garoto apático o desprezou e mandou que saísse do seu dormitório. Vaux ficou tão assustado que ainda tem uma lembrança vívida do momento trinta anos depois — a luz do sol atravessando a janela, o garoto relaxando enquanto tomava uma xícara de chá com um colega. Vaux não acha que o garoto tinha sido rude, mas sim que detectou nele um tipo de diletantismo altruísta — Vaux era apenas um estudante engajado em um exercício sem sentido de salvar consciências — e foi acertado em concluir que ele não merecia seu dinheiro. Vaux se deu conta de que não era suficiente fazer um gesto vago na direção dos pobres: tinha que se dedicar à caridade de forma séria ou desistir dela.

Depois da universidade, Vaux foi trabalhar para a Oxfam, mas, ao final de sua carreira, ainda sentia que ele e seus colegas não tinham cumprido o que se esperava deles em termos morais. Por estarem egoisticamente apaixonados por suas próprias ideias e sua missão, falharam em de fato enxergar as pessoas que tentavam ajudar: eles as percebiam como corpos famintos e feridos, vítimas inocentes, não seres humanos batalhadores com objetivos políticos e econômicos que podiam ser tanto palatáveis quanto perniciosos. "Para entender a pessoa que está em dificuldade em seu contexto social, econômico e político completo, é preciso apagar o próprio ego", escreveu.

Vaux estava consternado pelo amor-próprio que via em seus colegas: tinha procurado o trabalho humanitário acreditando que esse era o antídoto para o egoísmo e o ego, mas descobriu que podia ser o exato oposto. "Há muita 'masculinidade' no trabalho emergencial", escreveu.

> O negócio de "salvar vidas", em particular nas zonas de guerra, exerce uma grande atração no homem, e trabalhadores humanitários costumam conversar sobre a onda de adrenalina que sentem, especialmente quando sua vida está em perigo. Alguns são viciados nisso e ficam entediados quando não há agitação. Uma mulher africana me disse que ficou chocada quando, depois do genocídio de Ruanda, encontrou trabalhadores humanitários desejando ver mais acontecimentos terríveis para que pudessem provar sua valentia.

O impulso de se tornar um trabalhador humanitário para aliviar as dores da guerra não era, no fim das contas, tão diferente do impulso de se tornar um soldado para infligir dor. Para jovens com certo temperamento político, o trabalho humanitário era o que uma batalha costumava ser — um campo cheio de glórias.

Vários livros foram publicados mais ou menos na mesma época do de Vaux, só que a maioria não abordava com tanta ênfase as razões pouco nobres dos humanitários, e sim a ineficiência e os danos que esse trabalho pode causar. Os autores sabiam que o trabalho humanitário pode prolongar conflitos, além de matar a mesma quantidade de pessoas que são salvas — que o alimento que essa gente fornece pode liberar recursos para comprar armas ou ser trocado diretamente por elas no mercado negro. Michael Maren, em seu livro *The Road to Hell* [A estrada para o inferno], descreveu como o fornecimento de comida destruiu mercados locais e forçou agricultores a desistir de seus negócios. A doação de alimentos parecia beneficiar mais os fazendeiros do Primeiro Mundo, que se livravam do excesso da colheita e recebiam incentivos fiscais, do que as pessoas a quem a comida era destinada. A maior parte das ONGs fazia pouco para investigar se suas doações promoviam o bem, e, mesmo quando percebiam que na verdade estavam causando problemas, algumas pareciam não se importar e continuavam a fechar contratos com o governo e a arrecadar dinheiro de doadores. Alex de Waal argumentou em *Famine Crimes* [Crimes da fome] que as ONGs de ajuda internacional, ao assumirem o monopólio da fome, diminuíam a responsabilidade dos governos nacionais pela prevenção da subalimentação. Isso minava a tentativa política dos cidadãos de responsabilizar seus governos, perpetuando assim a falta de confiabilidade que levava à fome antes de mais nada. Além disso, as ONGs só prestavam contas ao mercado de publicidade e doações — que parecia pouco se importar se as ONGs que disputavam dinheiro e atenção faziam de fato algum bem. David Rieff, em seu livro *A Bed for the Night* [Uma cama para passar a noite], alegava que o humanitarismo quase sempre se comportava como outra forma de colonialismo — uma nova maneira de controle, voltada apenas nominalmente ao benefício das populações-alvo. As ONGs acreditavam, como os colonizadores, que, por causa de suas boas intenções, seus interesses institucionais deveriam ser promovidos, seus métodos não poderiam ser questionados e seus resultados não mereciam ser avaliados.

Para Rieff, no geral, a ajuda voltada para o desenvolvimento era um fracasso, e era preciso ser hipócrita ou iludido para defender o contrário. "A verdade é que qualquer um que não esteja desiludido não está bem informado", escreveu. "Será que o otimismo é realmente a única posição moral legítima?" Mas Rieff não foi capaz de ir adiante com a denúncia dos trabalhadores humanitários. "Eles são os últimos justos, esses humanitaristas", concluiu. "Não há nada pequeno ou insignificante no que fazem, exceto no trágico sentido humano de que todo esforço é insuficiente, toda a glória é transitória, todas as soluções são inadequadas para esse desafio, toda ajuda é insuficiente para a necessidade."

Rieff não estava só. Ao mesmo tempo que apontavam problemas na ajuda humanitária, os críticos, em sua maioria, se agarravam à possibilidade de que, com um melhor entendimento e motivações mais puras, com menos ideologia e mais economia, isso um dia poderia ser feito de forma melhor. Ficar parado também não parecia uma boa opção. Ainda que somada à necessidade do trabalhador humanitário de ajudar estrangeiros em sofrimento houvesse condescendência pós-colonial, racismo e machismo, isso parecia menos horrível do que o egoísmo relapso e isolado. Estava claro que ajudar era uma coisa complicada e passível de erro, o que não significava que não fosse viável tentar seguir esse caminho.

Trinta e seis anos antes, o pai de Rieff, Philip Rieff, publicara *O triunfo da terapêutica*, no qual lamentava o advento do "homem psicológico" — o novo homem do século XX. Todo homem que deixara de se preocupar com a moral para adotar sua própria ortodoxia viveria uma vida plena e feliz. Esse horror aconteceu, acreditava Rieff, como resultado de distorções do legado de Freud, que buscava estabelecer uma religião a partir da liberdade e do impulso. (O próprio Freud se conformara com a trégua permanente entre o desejo individual e as regras do coletivo: sem uma trégua, acreditava, nenhuma civilização era possível.) Porém, mesmo com todo o seu pessimismo, Philip Rieff falhou em antecipar quanto a crítica ao altruísmo ficaria mais complexa e intrincada do que parecia em 1966; quanto os preceitos da moralidade se virariam contra si próprios; quanto as pessoas altruístas passariam a ser vistas não apenas como antiquadas e reprimidas, mas vaidosas, anormais, vingativas e até mesmo perigosas. Philip Rieff lamentava que a elite cultural tivesse abdicado de seu antigo dever moral para representar e liderar as massas; David Rieff ainda via uma elite moral, mas achava que ela estava causando muito prejuízo.

O tom de David Rieff em *A Bed for the Night* é parecido com o de Philip — o mesmo jeito intimidante e resignado —, mas sua mensagem é ambivalente e contraditória. Sentir-se tão preocupado com as dores dos estrangeiros quanto dos seus compatriotas é "desumano" e "anormal"; mas, ao mesmo tempo, nenhuma "pessoa decente" pode achar que apenas doar dinheiro a causas humanitárias concretize um envolvimento com o pesar dos estrangeiros. Tentar ajudar é, na melhor das hipóteses, inútil, e, na pior, prejudicial; mas parar de tentar é desistir da humanidade. Os humanitários são hipócritas condescendentes, mas são melhores do que nós.

Afinal, ajudar é uma doença perigosa ou não? Mesmo se considerada no contexto simples do álcool, a questão já é complicada. Enquanto o Al-Anon e seus herdeiros espalhavam a ideia de que ajudar as pessoas da maneira errada podia ser prejudicial para ambas as partes, o AA compartilhava a noção de que tentar ajudar alguém é a melhor forma de ajudar a si mesmo. Bill Wilson rapidamente se deu conta de que a única forma de se manter sóbrio era encontrar outros alcoólatras para ajudar: Bill precisava deles tão desesperadamente quanto eles de Bill — daí o método de o AA se basear em reuniões e apadrinhamento. Então, qual era a diferença entre a ajuda de Lois, que não funcionava, e a de Bill, que funcionava? Por que uma delas era uma doença e a outra o caminho para a cura? A diferença é de onde a ajuda vem: de alguém que está melhor do que você ou de alguém que está na mesma situação que você — a diferença é entre dizer a alguém o que fazer e dizer a alguém o que você fez. Por isso, se a ajuda vier de um pecador, é uma bênção; se vier de um santo, é uma maldição.

A lógica da codependência sugere que ajudar quase sempre é uma doença, porque quem oferece ajuda não é livre. Essa pessoa pode acreditar que escolheu se tornar terapeuta, digamos, porque gosta do trabalho, mas o que acontece na verdade é que ela precisa desse trabalho, não tem outra escolha, tem de ser um trabalho desse tipo, já que ela não consegue ver outros seres humanos em dificuldades sem se sentir obrigada a ajudar. Então a próxima questão é: essa pessoa está errada em se sentir assim? Ao acreditar ser responsável por ajudar os outros, está cometendo um equívoco? Qualquer ser humano que reconheça a força da moralidade se sente obrigado a fazer alguma coisa. A pessoa que pensa em si mesma como livre para escolher uma vida moral entre outras opções, sem nenhuma obrigação envolvida — que pode, com a mesma noção de liberdade, escolher passar a vida atirando pedras a esmo —, não é mais livre, e sim mais confusa. Quem se sente completamente desimpedido, destituído de qualquer obrigação, não é livre, e sim um sociopata. E não são apenas os bons samaritanos e os codependentes que anseiam por obrigações: obrigações dão sentido à estrutura da vida. Sem elas, não é possível existir um lar — apenas a liberdade sem sentido de alguém que está de passagem.

Instituições morais, como todas as outras, vêm de algum lugar. Imagine que alguém cresça se sentindo responsável por ajudar os outros porque seus pais bondosos o ensinaram que deve ser assim. Qual a diferença entre criar uma noção de dever advinda dos ensinamentos de pais bondosos e uma noção de dever surgida de pais não tão bons? Será que uma das opções é mais verdadeira e livre do que a outra? Talvez o mal em doses não letais gere sua própria cura, da mesma forma que os anticorpos são produzidos quando entram em contato com o veneno.

Uma daquelas coisas divinas

Depois dos meses terríveis no Senegal, Kimberly Brown-Whale foi enviada pelo bispo para ser a pastora de uma igreja em Essex, Maryland. Tratava-se de uma área que se expandira de forma confusa e pouco aprazível ao longo do rio Back, a leste de Baltimore. Muitas das vitrines da Eastern Avenue, a principal rua da cidade, estavam cobertas com tábuas; e entre os estabelecimentos que ainda estavam abertos havia bares, escritórios de agiotas, casas de penhor e lojas de carros usados. Mas a igreja — uma enorme construção branca com acabamento em madeira, erguida havia cem anos — e sua longa história, ao lado da impressão que as pessoas tinham da paróquia — um grupo formado por gente trabalhadora e respeitável do subúrbio, e não um lugar onde mendigos morriam congelados na rua atrás do shopping center —, mostrou-se um problema.

A congregação estava dividida. O culto tradicional dos metodistas unidos acontecia bem cedo nas manhãs de domingo, com coral e órgão, mas outro culto mais contemporâneo era celebrado à tarde, com música popular, DVDs e PowerPoint. E havia animosidade nessa divisão. Os membros mais antigos não gostavam do culto moderno — achavam que aquilo não parecia coisa de igreja — e se sentiam alarmados ao ver, ano após ano, o número de seguidores da liturgia tradicional diminuir, enquanto o culto contemporâneo agregava cada vez mais gente.

Kimberly tinha uma energia vigorosa. Era difícil para ela ficar sentada sem fazer nada. Falava rápido e sem parar. Tinha uma risada alta e cordial, e ria muito. Na igreja, sempre abraçava as pessoas e tocava nelas, e, quando havia música, balançava o corpo e batia palmas com animação.

Kimberly era a primeira pastora mulher da história da igreja, e tinha gente que não conseguia engolir isso. Bilhetinhos maldosos eram deixados na cesta de coleta ou no púlpito. Cartas eram enviadas. Algumas pessoas chegaram a dizer na cara dela que não a queriam ali e que pediriam ao bispo que a transferisse. Mas ela tinha sido a primeira mulher pastora em todas as igrejas nas quais trabalhara, então estava habituada àquilo. Pensava: "Será que vou convencê-los a me dar uma chance?". Alguns abandonaram a igreja porque ela era mulher, outros ficaram irritados com a atitude dos desertores e culparam Kimberly. Mas ela não se sentia afetada por isso — não podia mudar de sexo, dizia, e não pedira para estar ali; o bispo a enviara. Além disso, o conflito nem sempre era uma coisa ruim. A igreja não era um clube, tinha como missão angariar seguidores de Cristo, e sua função era levar essa missão adiante. Isso podia ser um pouco desconfortável, mas, se Kimberly vivesse em função de agradar às pessoas, não estaria fazendo seu papel.

Ela adorava seu trabalho. Adorava celebrar casamentos e até mesmo funerais, embora estes se tornassem cada vez mais raros conforme ela ia se estabelecendo na paróquia, já que sofria com as mortes. Sentia-se privilegiada por ser convocada pelas famílias em momentos tão profundos e íntimos. Mesmo nos dias comuns, se sentia elevada toda vez que entrava na igreja.

Sempre enviava pequenos recados, cartões de aniversário, ou então telefonava para as pessoas; se ficava um tempo sem ver determinado paroquiano, entrava em contato para saber se ele estava bem; se alguém mencionasse um problema a ela uma única vez, Kimberly sempre retomava o assunto. E acontecia, volta e meia, de descobrir que tinha procurado a pessoa bem quando ela mais precisava, ou que dera um alô para alguém cujo casamento estava mal, ou que havia mandado um cartão quando ninguém mais lembrara do aniversariante. Havia muitas pessoas solitárias em sua igreja; talvez tivessem alguns colegas de trabalho, mas não tinham família nem nenhuma pessoa mais próxima, e Kimberly se sentia grata por esses momentos de sorte, crendo que Deus lhe dera um empurrãozinho para que soubesse o que e quando fazer. É claro que Kimberly nem sempre solucionava os problemas das pessoas, mas podia dizer: Sou sua irmã em Cristo e você não precisa carregar esse fardo sozinho.

Aprendera ao longo dos anos a ouvir com atenção, porque, em geral, o problema que as pessoas traziam até ela não era o real motivo de estarem ali. Alguém podia chegar falando sobre desemprego, sobre questões complicadas no trabalho, sobre dificuldades no casamento, mas o real motivo era abuso de álcool ou de drogas. Certa vez, uma jovem família foi até ela em desespero: haviam acabado de comprar uma casa, tiveram três filhos, um atrás do outro, e lutavam contra a falta de recursos. Kimberly e alguns membros da igreja arrecadaram dinheiro e pagaram várias das parcelas da hipoteca do casal sem que eles soubessem. Mais tarde, veio à tona que o marido era viciado em disque-sexo, e essa era a razão de nunca terem dinheiro — não era por causa da casa ou dos três filhos pequenos.

Alguns dos colegas de Kimberly achavam que emoção demais e empatia demais não eram boas qualidades em um pastor — podiam atrapalhar o discernimento ou levar à exaustão —, mas ela discordava deles. Na verdade, não conseguia: distanciamento não fazia parte de sua natureza. Se alguém contasse a Kimberly uma história de vida horrível o bastante para fazê-la chorar, não havia problema: chorar demonstrava quanto compreendia a gravidade da situação. E, quando alguém que ela conhecia passava por uma traição — não compreendia e sempre se horrorizava com a infidelidade, porque sabia o mal que isso podia causar —, ficava magoada e também com raiva. Com o tempo, passou a amar vários dos seus paroquianos e a dizer "eu te amo" para eles. Um membro de sua igreja, filho de pastor, comentou que nunca vira um pastor agir dessa forma. Quanto mais amava, mais Kimberly se sentia capaz de amar; estava rodeada de pessoas com quem se conectava por laços de afeto e, assim como ela compartilharia os fardos deles, eles também compartilhariam os dela e não a deixariam cair.

Mas Kimberly não oferecia apenas conforto. Solidão e infelicidade eram ruins, mas havia coisas piores. Pecar era pior, e viver uma vida estava além de se sentir feliz. Então, ao se dirigir aos paroquianos, procurava fazê-los entender que deviam dar o melhor de si. Esse papel era mais desconfortável do que o de ouvinte, mas Kimberly acreditava que eles sabiam que ela dizia tudo aquilo por amor; que não deixaria de amá-los independentemente do que fizessem; e que, por isso, escutariam o que tinha a dizer. Se um paroquiano traía a esposa ou bebia muito, ela sentia que precisava ajudá-lo a parar. Às vezes, o paroquiano dizia que aquilo não era problema dela; outros deixavam de gostar de Kimberly só por terem sido confrontados sobre o assunto. Isso a deixava triste, porque gostava de ser querida, mas ela também sabia que precisava forçar um pouco a barra e que, assim, as coisas nem sempre acabariam bem. Conhecia pastores que precisavam se sentir amados por todos, mas para ela esses pastores estavam apenas esquentando suas cadeiras — essa postura não levava a lugar nenhum.

Como pastora, ela não se considerava melhor do que os outros, espiritualmente falando. Era uma pecadora como todo mundo, e precisava de um salvador tanto quanto as outras pessoas. Porém, tudo o que fazia passava pelo crivo dos outros: se não agisse com retidão, todos veriam e pensariam: "Bom, não preciso me preocupar com nada além da minha própria família se ela também pensa assim"; ou: "Por que ser cristão se até a pastora erra mais que eu?". Talvez Kimberly tivesse razão ao ter perdido a paciência certo dia; talvez existisse um bom motivo para um sermão tão tedioso naquela outra ocasião; mas ninguém conhecia suas justificativas — as pessoas só tirariam suas próprias conclusões e achariam que ela estava fazendo um péssimo trabalho para Deus.

Certo dia, uma garota da igreja, que mal entrara no ensino médio, engravidou e decidiu ficar com o bebê. A mãe expulsou a menina de casa e, enquanto a família do pai da criança não se manifestava, Kimberly consolou a garota e ajudou-a com algumas despesas. A mãe da menina não gostou nada disso, pois sentia que Kimberly estava interferindo, então acabou mudando de igreja; esse episódio, por sua vez, causou ressentimento nos membros da paróquia, que gostavam da mãe da garota e achavam que Kimberly não devia tê-la ofendido.

A coisa toda parecia inacreditável para Kimberly. Como uma mãe podia ignorar sua filha, expulsando-a de casa como se fosse um saco de lixo, em especial uma menina tão jovem e tão vulnerável? Isso não se faz. Não que desgostasse da mãe por causa disso — nunca desgostava de ninguém —, mas lutava para compreender. Sabia que aquela senhora fora mãe solteira, então talvez a raiva e o desapontamento fossem maiores porque sabia quanto a vida da filha seria difícil; ainda assim, não justificava que enxotasse a filha de casa. Kimberly acreditava que aquela não era toda a história, faltava alguma informação para explicar por que a mãe havia rejeitado a filha dessa forma. E então aquilo se repetiu algum tempo depois com outras duas frequentadoras da igreja: mãe expulsando a filha grávida de casa. Kimberly ficou confusa outra vez. A filha, triste e perdida, ligou para a pastora e perguntou se podiam se encontrar, porque estava sozinha e precisava falar com uma mãe, qualquer mãe. Kimberly disse a si mesma: "Não consigo entender, de verdade, não consigo entender".

Ela queria fazer coisas grandes. Deus era grande e fazia coisas grandes. Ela não servia apenas à igreja ou às pessoas da igreja: servia a Deus, e isso significava que precisava se esforçar ao máximo — embora, ao mesmo tempo, não gostasse de pensar demais no tamanho e no peso dessa responsabilidade para não ficar paralisada. Como faria algo bom o bastante para os olhos de Deus? Por outro lado, Kimberly sabia que precisava se controlar um pouco para não ficar animada e energética demais, ou deixaria seus paroquianos exauridos. Se as pessoas espalhassem pela comunidade que a pastora os pressionava demais por pensar que cada um deve dar o melhor de si para Deus, ninguém ia querer trabalhar com ela, e não seria possível fazer coisa alguma.

Além dos cultos, havia muito mais coisas acontecendo na igreja. À tarde havia aulas para adultos: estudos bíblicos, grupos de leitura de livros religiosos de autores contemporâneos ou de obras populares que tratassem de temas espirituais. Algumas vezes, havia aulas mais práticas — sobre finanças pessoais ou sobre como criar crianças pequenas. Também aconteciam reuniões do AA e do NA, dos Escoteiros e das Bandeirantes, que dependiam da verificação de antecedentes criminais e das digitais de todos os adultos envolvidos. Uma creche funcionava durante o dia, e, à noite, uma autoescola; e havia grupos de mulheres e homens congregados que discutiam problemas na família ou no trabalho.

Essas coisas todas eram muito boas, mas ajudavam apenas

certo tipo de pessoa. Outras, mais necessitadas, não eram contempladas. Então Kimberly criou um banco de alimentos e convenceu vários estabelecimentos a doar comida para ajudá-la a mantê-lo sempre abastecido — em pouco tempo passou a receber de 4 mil a 7 mil quilos de comida por mês, e tinha de separar as doações, dividindo-as em cotas adequadas ao tamanho de cada família. Distribuía produtos de higiene, além de repassar casacos, cobertores, barracas e lonas usadas para pessoas sem-teto que dormiam na rua. Todos mês Kimberly se perguntava se teria dinheiro suficiente para manter o banco de alimentos funcionando — e se os paroquianos continuariam a doar, mesmo que a situação econômica estivesse terrível e provocasse ansiedade generalizada.

Havia um terreno baldio ao lado da igreja, cheio de brinquedos de parquinho velhos e abandonados. Ela retirou todo o lixo, montou um canteiro e plantou legumes e árvores frutíferas — peras, pêssegos e maçãs. Aquilo a deixava feliz — era bom colocar as mãos na terra e ver as plantas crescerem. Imaginava quanto seria maravilhoso ter frutas e verduras frescas, plantadas em casa, no banco de alimentos. Mas não demorou para os frutos das árvores serem roubados. No começo isso a deixou magoada — sentia uma afeição quase maternal por aquelas árvores —, mas então se deu conta de que se alguém havia tirado frutas do pé era porque precisava mesmo delas.

Kimberly iniciou um "ministério da comida quente" — achava a palavra "sopão" muito deprimente — às quartas-feiras na hora do almoço, imaginando que a iniciativa transformaria a igreja num local de encontro, preenchendo as necessidades sociais além das físicas. Como a igreja não tinha orçamento para essa ação, arrecadou o máximo que pôde e completou com dinheiro do próprio bolso. Assim, passou a conhecer os sem-teto, que apareciam toda semana. Eles tinham uma vida complicada, e ela tentava ajudar. Muitos apresentavam algum tipo de deficiência física ou mental, o que significava que precisavam tomar remédios pelos quais não podiam pagar. Tinham de pegar ônibus para chegar ao abrigo onde dormiam. Como sabia que alguns deles eram viciados, Kimberly dava o dinheiro contado, para que não se metessem em encrenca, mas não investigava as pessoas — acreditava nelas quando diziam que precisavam de algo. Algumas vezes elas mentiam, o que fazia Kimberly se sentir cúmplice.

Conforme conhecia os sem-teto do bairro, ela se deu conta de que eles não tinham para onde ir. Havia um abrigo para mulheres e crianças, mas não para homens, então, no inverno, alguns deles morriam de frio. A cada duas ou três semanas, nos meses mais frios, ela ficava sabendo sobre uma morte nessas condições, gente que ela conhecia, para quem cozinhara e que alimentara. Kimberly não conseguia tolerar isso, especialmente porque a igreja tinha bastante espaço aquecido que não era usado à noite, inclusive com cozinha e banheiros. Decidiu tentar transformar o andar de cima da igreja em um abrigo para o frio. Houve resistência considerável à ideia, pois envolvia alterações na estrutura da construção e haveria mendigos na igreja durante toda a noite. As pessoas não queriam mudanças — desejavam que a igreja permanecesse a mesma de quando eram crianças. Suspeitavam até de que ela traria mendigos de Baltimore, mesmo que Kimberly tivesse explicado que já havia mendigos demais em Essex.

As pessoas se preocupavam com todo tipo de coisa. E se os mendigos ateassem fogo na igreja e a destruíssem? E se um deles se machucasse e os processasse? E se um mendigo atacasse alguém, molestasse uma bandeirante ou um escoteiro? As coisas ficaram feias. Aqueles que não queriam o abrigo começaram um movimento para se livrar de Kimberly. Ela disse à congregação: "Esta é a igreja de vocês, pois fizeram parte dela a vida toda, criaram seus filhos e netos aqui. Se alguém deve sair, que seja eu".

Kimberly enfim sugeriu que, em vez de utilizar a igreja como abrigo, poderia usar a casa paroquial onde morava para tal empreitada — ela e sua família se mudariam para outro lugar. As pessoas também não gostaram dessa ideia — queriam que a pastora, e não um monte de sem-teto, morasse na casa paroquial —, só que isso parecia um pouco melhor do que ter os mendigos na igreja, então a congregação votou pelo sim. Alguns frequentadores ameaçaram deixar a paróquia, mas no final ninguém fez isso.

Kimberly e seu marido, Richard, se mudaram, e o abrigo foi aberto no dia seguinte. A mudança dos dois foi fácil, porque Kimberly e Richard não tinham quase nada: toda vez que saíam em uma missão, doavam tudo, e quando voltavam pegavam coisas emprestadas, ou ganhavam das pessoas objetos que elas não queriam mais. Vez ou outra, normalmente no aniversário de casamento dos dois, Kimberly lembrava a Richard que estavam casados havia dez, vinte, 25 anos e que nunca tinham tido um sofá. Um dia, dizia ela, vamos ter um sofá só nosso. Por outro lado, se Deus ainda não lhes tinha arranjado um sofá, era sinal de que ainda não precisavam de um.

Quando Kimberly era jovem, tinha muitos sofás, mas não tinha Deus. Seus pais contavam que haviam se conhecido num evento promovido pela igreja, mas, na verdade, se encontraram em um bar. Seu pai era de Oklahoma. Encerrara o serviço militar na guerra e fora para Chicago com o intuito de cursar engenharia na universidade. Sua mãe, filha mais jovem de imigrantes tchecos, trabalhava em um bar. Eles se casaram e tiveram cinco filhos; Kimberly era a mais nova, nascida em 1955.

O pai de Kimberly se tornou engenheiro aeroespacial, em parte pelo que a profissão oferecia, porém, mais do que tudo, porque era o que queria fazer; mudava-se constantemente por todo o país, levando sua família a tiracolo para poder trabalhar em lugares diferentes. Estava sempre à procura de anúncios de imóveis em outros estados — Michigan, Arkansas, Illinois, Califórnia —, pensando qual seria seu próximo destino. Naquele tempo, bebia. Suas piores bebedeiras foram quando Kimberly era pequena. Ela diz não lembrar de nada, mas houve episódios, quando era um pouco mais velha, em que ele tinha recaídas e desaparecia por dias; quando voltava, a briga era certa.

Seu pai finalmente passou a frequentar o AA e parou de beber, mas, àquela altura, os dois irmãos mais velhos de Kimberly tinham começado a trilhar o mesmo caminho. Quando estava no ensino médio, seu irmão mais velho, David, já viciado, vivia sendo preso, entrando e saindo da cadeia; havia sempre policiais esmurrando a porta no meio da noite. Ele trazia amigos estranhos para casa, e os amigos ameaçavam roubar, assim como David. Seus pais discutiam, mas não havia muito que fazer. Quando Kimberly estava na universidade, alguém deu uma surra quase mortal em David; pouco tempo depois ele cometeu suicídio. Mas David fora tão mau, tão incapaz de se importar com qualquer outra pessoa ou fazer qualquer coisa por alguém, e sua vida fora tão caótica, que sua morte pareceu apenas mais uma má notícia qualquer. Anos antes, Kimberly já sabia que isso aconteceria, que as coisas nunca terminariam bem para ele.

Kimberly amava seu segundo irmão, Tim. Ele também bebia, mas era generoso com a irmã mais nova. Hippie, vagava por aí conhecendo pessoas e as levava para casa para uma refeição ou para se abrigar. Mais tarde, passou a morar na rua. Disse a Kimberly que queria começar um "grupo de meias": as pessoas sempre doavam casacos para os mendigos, mas nunca pensavam em doar meias, e eles precisavam delas. Acabou em Las Vegas, onde havia um sistema de saúde gratuito e o álcool era abundante. Finalmente, casou-se e conseguiu começar a trabalhar novamente, porém a bebida já havia destruído seu fígado e seu coração, e ele morreu.

Apesar de — ou talvez por causa de — tudo o que acontecera com os irmãos, Kimberly desenvolveu o que seu pai chamava de complexo de Poliana. Sempre achava que as pessoas eram boas na essência e que tudo acabaria dando certo. Seu pai falava que ela não entendia o mundo, e, quando cresceu um pouco mais, Kimberly compreendeu o que ele queria dizer, porém não tinha vontade de mudar. Antes de ir para fora do país nas missões pela igreja, Kimberly considerou que, ao ver tanta pobreza e desespero — e ao ter de recusar as muitas pessoas que pediam sua ajuda —, seu coração talvez endurecesse, mas isso não ocorreu.

Ela tinha sido uma criança feliz, mas presenciara o sofrimento. Kimberly sempre recolhia animais da rua, para desgosto de sua mãe, que gostava de manter a casa limpa. Chorava quando assistia às maratonas televisivas de Jerry Lewis para arrecadar fundos para a Associação de Distrofia Muscular. Caminhava quilômetros em marchas para caridade. Doava seu salário de babá para pessoas que via na rua. Seus pais achavam Kimberly estranha. Ela lhes disse que adorava doar. Mas nunca conectara isso a Deus até completar treze anos, quando morava no Arkansas e foi à igreja da Convenção Batista do Sul a convite de uma amiga. Kimberly nunca tinha entrado numa igreja, mas assim que passou pela porta sentiu que encontrara seu lar. Pensou: "Preciso achar uma maneira de ficar aqui para sempre".

Não era uma paróquia pequena frequentada só por famílias, na qual uma garota sozinha chamaria atenção; era uma igreja enorme, bem organizada, com um coral juvenil, um grupo de jovens e outro para crianças pequenas. Não demorou até que Kimberly passasse a frequentar o local duas vezes ao dia. Seus pais não eram religiosos e temiam que ela estivesse ficando maluca ou que a igreja promovesse algum tipo de lavagem cerebral. A mãe questionou se aquilo já não beirava o fanatismo; Kimberly respondeu que sentia estar fazendo o que Deus queria. Nunca tentou convencer ninguém da família a ir à igreja, e nunca ninguém se ofereceu para ir. Na universidade, graduou-se em sociologia e estudos religiosos, e trabalhou em cursos para crianças em algumas igrejas nas proximidades. Um dia, o pastor de uma das igrejas perguntou se ela já tinha considerado a ideia de se tornar pastora. Kimberly ficou surpresa — não sabia que mulheres podiam vir a ser pastoras. E, no mesmo momento em que essa ideia lhe foi apresentada, percebeu que era exatamente o que estivera buscando: uma forma de viver na igreja para o resto da vida.

Em seu último ano de seminário, ela conheceu Richard. Richard vinha de uma família tão complicada quanto a de Kimberly, mas por diferentes razões. Ele crescera no sudeste de Baltimore, uma região barra-pesada da cidade. Seu pai trabalhava para o Exército em Fort Meade; era um disciplinador à moda antiga. Esperava obediência absoluta e, quando não a conseguia, ficava muito zangado. Quando chegava em casa do trabalho, o jantar tinha de estar pronto. Ao terminar de comer, subia e via televisão até a hora de dormir. As crianças não tinham permissão para falar à mesa e não podiam repetir o prato antes que ele se retirasse. A família foi à igreja algumas vezes quando Richard era criança, no Natal e na Páscoa, mas então, num determinado ano, alguém roubou a bateria do carro deles na véspera da Páscoa, e o pai de Richard tomou isso como um sinal de que jamais deveria voltar à igreja. A melhor lembrança que Richard tinha do pai era de quando os dois saíram na chuva durante o Furacão Agnes, em 1972, para ajudar os desabrigados na parte baixa do morro onde moravam — e isso era tudo.

Richard achava que seus pais não nutriam afeição pelos filhos. Quando entrou na universidade, ele se mudou para um local a oito quilômetros de distância, no campus; para a mãe, Richard tinha ido para sempre. Ela nunca mais entrou em contato com o filho. Mais tarde, refletindo a respeito, concluiu que sua mãe era incapaz de sentir empatia. Talvez pela forma como havia sido tratado pelos pais, talvez porque fosse mais parecido com eles do que gostaria, Richard era tão reservado que era praticamente mudo. Parecia distante e retraído e era sincero a ponto de ser rude. Encarava tudo como certo ou errado, sem nenhuma área cinzenta entre dois opostos. A mãe de Kimberly o detestou desde o momento em que se conheceram, tanto que se recusou a ir ao casamento. Kimberly trabalhou muito para fazer com que Richard se tornasse sociável o bastante para ser pastor.

Os filhos chegaram a eles por caminhos diferentes. A mais velha, uma garota afro-americana chamada Sarah, foi adotada num orfanato em Maryland aos seis meses. Depois de Sarah, tiveram um filho biológico, Peter. Mais tarde, baseados como missionários na ilha de Granada, acolheram temporariamente uma menina chamada Cassie, porém, ao perceberem que ela não tinha para onde voltar, adotaram-na. Cassie tinha ido para o orfanato depois que o tio estilhaçou uma garrafa de bebida na cabeça dela quando ainda era pequena. O golpe atingiu o cérebro. Cassie passou vários meses no hospital e, como sequela, teve seu desenvolvimento comprometido.

Kimberly não havia pensado sobre nada disso com antecedência — não planejara adotar, as coisas meio que foram acontecendo. Muitas pessoas não achavam certo eles adotarem uma criança negra, ainda mais uma estrangeira trazida de seu país de origem; mas Kimberly discordava. Ela não se importava com a cor de seus filhos, apenas com o fato de que precisavam de um lar. Quando ela e Richard estavam em missões no exterior, várias pessoas, ao verem que eles tinham adotado crianças negras, ofereciam também as suas, para proporcionar a elas uma vida melhor, porém Kimberly recusava. Não queria tirar os filhos de seus pais;

além disso, achava que três era um bom número. Eles eram uma família, não um orfanato.

Pouco depois de se casarem, Kimberly e Richard se inscreveram para uma missão e foram enviados à ilha de Anguilla. Não era o tipo de destacamento que tinham imaginado. Queriam ver outras partes da igreja de Deus, conhecer a vastidão do mundo. Mas Anguilla tinha 25 quilômetros de comprimento por cinco quilômetros de largura e abrigava 6 mil pessoas: para eles, o mundo, em vez de expandir, havia encolhido drasticamente. Com o tempo, no entanto, passaram a adorar a intimidade do local — como todo mundo se conhecia, era impossível dar um passo para fora de casa ou fazer qualquer coisa sem engatar uma longa conversa. Aos domingos, viajavam de carro pela ilha, fazendo sermões em várias igrejas. Era tudo tão diferente dos Estados Unidos, onde a igreja era marginalizada — em Anguilla, ela era o centro de tudo, e a região era tão pequena que, praticamente sem esforço, Kimberly pôde se envolver com a vida de todo mundo.

Eles se mudaram para a ilha com duas crianças pequenas, e isso representou alguma dificuldade. Peter sempre ficava doente e, quando não, estava machucado — o que era especialmente difícil num local sem muito aparato médico. Peter tivera problemas desde bebê — não se alimentava, só comia à força; quando criança, teve septicemia e, mais tarde, durante uma missão, pegou uma infecção por estafilococos, e surgiram várias lesões por todo o seu corpo. Kimberly fervia a água e as fraldas e deixava as verduras de molho em solução com cloro, mas ele ficou doente mesmo assim. Depois de Anguilla, foram enviados a outra ilha, Granada, e lá Peter caiu em uma vala de drenagem e perfurou o abdômen em uma valeta de esgoto. Também foi picado por uma abelha e teve um choque anafilático. Então foi a vez de Richard adoecer — ele sofreu um infarto e pegou dengue. Mas ambos se recuperaram.

Depois de Granada, voltaram aos Estados Unidos para que Richard pudesse fazer o doutorado que o qualificaria para dar aulas em um seminário no exterior. Originalmente deveriam ir para o Zimbábue, mas, como o relacionamento entre o governo do país e a Igreja estava decadente, eles não conseguiram vistos; de uma hora para a outra, souberam que seriam enviados para Moçambique. A viagem fora combinada às pressas, então pegaram o avião sem falar uma palavra de português.

Em 1993, um ano após o fim da guerra civil que durara quinze anos, a situação do país era péssima. Era difícil descobrir como ajudar diante de uma carência tão extrema. Se Kimberly tentava dar comida ou uma garrafa de água a uma criança, uma multidão se formava com velocidade e violência assustadoras. Richard ensinava liturgia em um seminário ecumênico fora da capital. Kimberly organizava textos teológicos para as igrejas rurais, trabalhava em um centro para mulheres, dava aulas de estudo bíblico, ensinava inglês.

Durante a guerra, os missionários tinham sido evacuados ou expulsos, e havia locais que não recebiam visitas desde antes do conflito. Quando chegou a Moçambique, Kimberly não sabia como seriam recebidos nesses lugares: será que as pessoas achavam que tinham sido abandonadas pela igreja? Porém, descobriu que, na verdade, aquela gente esperara durante todo esse tempo, como se soubesse que um dia a igreja voltaria. Do ponto de vista de um missionário, Moçambique era estimulante. As pessoas se reuniam na igreja aos milhares: jovens, velhos, todo mundo. Kimberly sentia algo que nunca sentira nos Estados Unidos: que estava oferecendo a palavra de Deus a pessoas que pareciam sedentas dela. Na capital, todos vinham às igrejas; já nos vilarejos, os cultos eram celebrados debaixo das árvores. Era como se, depois de décadas de guerra, miséria e repressão, uma espécie de espiritualidade estivesse explodindo, e todos buscavam Deus. Kimberly pensou: "Provavelmente nunca mais vou ver uma coisa assim".

Nem todos que se tornavam cristãos desistiam de suas crenças tradicionais. Mas Richard e Kimberly, como muitos outros missionários dessa época, sentiam que, no passado, seus colegas tinham sido muito severos: era melhor acolher as pessoas na igreja e trabalhar com uma mistura de crenças do que aceitar como convertidos apenas aqueles preparados para rejeitar tudo o que conheciam. Havia formas de fazer as crenças se encaixarem. A ideia de que os ancestrais cuidam de você, por exemplo, encaixava bem com a existência de santos. Porém, havia problemas mais sérios, claro. A prática da poligamia, por exemplo, era constrangedora. Mas o que se podia fazer se os casamentos já haviam sido celebrados? Aceitar e esperar pelo melhor.

Apesar de todo o entusiasmo que nutriam pela igreja, as pessoas tinham dificuldade em entender por que Kimberly estava ali. Queriam saber quais eram de fato seus motivos. O que queria deles afinal? Estaria tirando alguma vantagem e, nesse caso, qual? Sabiam que Sarah e Cassie não eram filhas biológicas, e supunham que fossem empregadas de Kimberly. Quando explicava que não se tratavam de empregadas, mas de membros da família, as pessoas ficavam desconcertadas.

Certo dia, Richard foi atacado na rua e abandonado para morrer. O agressor roubou seu dinheiro, suas roupas e o sufocou até ele cair no chão. A agressão aconteceu em uma rua movimentada, durante o dia, mas ninguém veio ajudar. E, mais tarde, foi isso que deixou Richard furioso — o fato de ninguém ter oferecido ajuda parecia a ele pior do que ser atacado.

Em outra ocasião, a família viajou de caminhonete para o norte, para fora de Maputo. Kimberly tinha reunido alguns materiais teológicos, e a família partiu para conhecer pastores amadores em áreas rurais, entregar-lhes a literatura e organizar um treinamento profissional. A primeira parada foi um hospital metodista; eles saíram da caminhonete no estacionamento privativo e foram jantar com um missionário local; só que, quando retornaram, o veículo tinha sido arrombado e tudo fora roubado — não apenas as roupas, mas também o material religioso que Kimberly havia preparado. A polícia lhes disse que sua melhor chance era ir a uma feira na cidade vizinha, porque provavelmente suas coisas estariam sendo vendidas por lá e poderiam recuperá-las por uma bagatela. A família dirigiu até a cidade e Richard se deslocou até a feira. Porém, a chegada deles atraiu muita atenção — era uma cidade pequena, e as pessoas estavam desconfiadas. Uma multidão se reuniu ao redor da caminhonete e, quando viram Cassie, que tinha por volta de quatro anos, sentada no banco de trás, começaram a apontar para ela e gritar. Kimberly precisou de algum tempo para entender o que estavam berrando, e a multidão crescia e estava cada vez mais ameaçadora — eram centenas de pessoas.

Gritavam que Kimberly era chinesa e tinha sequestrado uma criança moçambicana, Cassie, para vender seus órgãos. Gritavam que precisavam pegar a criança de volta. As pessoas começaram a bater na caminhonete e a romper a frágil camada de alumínio que cobria a carroceria, embaixo da qual as três crianças estavam encolhidas, Sarah e Peter protegendo Cassie com seus corpos. A proteção da carroceria já tinha sido danificada durante o roubo e começava a ceder. Quando Richard retornou, começou a balançar o passaporte de Cassie para a multidão, tentando mostrar que se tratava de uma americana, mas a multidão gritava que o passaporte era falso e continuava a bater na caminhonete, tentando agarrar a menina. Finalmente a polícia chegou e atirou para cima, abrindo espaço suficiente para que a família pudesse ir embora.

Mais ou menos na mesma época, descobriram que Peter tinha uma anormalidade no coração que requeria tratamento, então a igreja ofereceu a Kimberly uma licença médica para que levasse Peter e Cassie de volta aos Estados Unidos para avaliar o problema. Os pais de Kimberly imploraram para que ela não voltasse mais para Moçambique, e até mesmo algumas pessoas da igreja insistiram para que ela ficasse, porém, no final das contas, ela e Richard decidiram voltar. Não queriam abandonar o trabalho que tinham começado, nem alimentar a notícia de que missionários tinham sido atacados em Moçambique e retirados do país, pois isso complicaria qualquer substituição pastoral, justo quando a igreja estava se expandindo com tanto vigor e precisava ajudar o maior número de necessitados.

Kimberly disse: "Viver é correr riscos. Você pode ser atacado em casa. Ou pode ficar doente em casa também". Ela queria manter o compromisso que sentiam que tinham honrado. Acreditava que vinham fazendo um bom trabalho e queria finalizá-lo. As pessoas costumavam dizer que jamais seriam capazes de fazer um trabalho como o dela, ser missionária em lugares perigosos como Moçambique, mas ela achava aquilo uma bobagem — não era nada de especial. Kimberly respondia: "Por que não? Arrume as malas e vá ver com os próprios olhos! Quer saber como pode ajudar? Você é capaz de muito mais do que imagina. É só tentar!".

Em 2006, Kimberly e Richard foram enviados ao Senegal. O Senegal era literalmente uma missão. O país era quase 100% muçulmano, a igreja metodista nem sequer existia por lá; havia apenas um pequeno reduto da Conferência Metodista na Costa do Marfim. Porém, Dakar, a capital, recebia muitas pessoas em rotas de migração e era uma espécie de porta de entrada para a Europa. Algumas dessas pessoas eram metodistas e precisavam de um pastor, de modo que Kimberly e Richard tinham chegado para criar uma igreja para eles. A Igreja havia construído algumas clínicas de saúde, distribuindo suplementos nutricionais para bebês e fazendo testes de diabetes em todas as pessoas; além disso, oferecia microempréstimos. Mas não havia muitas conversões; e mesmo nas ocasiões em que elas davam certo as coisas eram complicadas. Quando um senegalês virava cristão, isolava-se de todo o resto: os muçulmanos muitas vezes se recusavam a fazer negócio com convertidos e, assim, o convertido e o resto de sua família possivelmente passariam fome. Para ajudar os recém-convertidos e prevenir esse tipo de catástrofe, a igreja costumava contratá-los para fazer certos trabalhos. Kimberly compreendia a razão disso, mas ao mesmo tempo se sentia desconfortável a respeito — era como se a igreja estivesse pagando pelas conversões.

A igreja os enviou para uma casa num vilarejo no litoral do país. Comida era um problema. O pão era subsidiado pelo governo, então podiam comprá-lo sempre, mas outras opções eram mais difíceis. Se um ambulante passava com seis batatas e Kimberly quisesse comprá-las, logo se controlava, pensando que, se ficasse com todas, as outras pessoas passariam fome, então comprava apenas duas ou três.

Como o local em que estavam vivendo era bastante conservador em relação às mulheres, não havia muito que Kimberly pudesse fazer. Richard podia viajar para todo lado, pregar e batizar, mas ninguém aceitaria uma mulher como pastora. Era ainda mais difícil para Cassie. Sarah e Peter já eram crescidos e se cuidavam sozinhos, mas Cassie teve de viajar ao Senegal com os pais, e, lá onde viviam, as meninas e jovens mulheres tinham de ficar dentro de casa. Por ser uma jovem mulher, ainda por cima americana — e também com deficiências intelectuais —, toda vez que saía de casa era encarada pelas pessoas na rua; depois de um tempo, ela parou de sair. Nunca falava com ninguém, exceto com os pais. Kimberly achava terrível e anormal deixar que uma garota de dezoito anos ficasse em casa o dia inteiro, mas sair era pior.

Cassie tentava terminar o último ano do ensino médio pela internet. Era uma garota naturalmente sorridente e alegre, mas, conforme os meses se passavam, tornava-se cada vez mais triste. Kimberly odiava ver Cassie tão desanimada e esperava que eles conseguissem se adaptar aos costumes locais. "As coisas iam melhorar, sempre acabavam melhorando", pensava. Só que não melhoraram, e ela foi ficando mais preocupada e confusa, sem saber o que fazer. Kimberly começou a temer que a experiência marcasse Cassie por toda a vida. Sentia uma devoção absoluta pela igreja — tão absoluta quanto sua devoção por Cassie —, mas a igreja podia mandar outras pessoas para uma missão no Senegal, ao passo que Cassie só tinha uma mãe.

Bastante tempo depois, ela ligou para o bispo e perguntou se podia voltar para casa. Num golpe de sorte — "uma dessas coisas divinas", pensou Kimberly, como era de seu costume —, pouco antes de decidir que não queria mais que Cassie ficasse no Senegal, o pastor de uma igreja em Essex faleceu, e o bispo ofereceu o posto a ela. Em seguida, outra vaga foi aberta na mesma área, conveniente para Richard. Foi tudo tão fácil que parecia obra do destino. Kimberly sabia que tinha de haver uma razão para ter passado uma temporada tão terrível no Senegal, e tinha de haver uma razão também para que aquele período terrível tivesse terminado, porém jamais conheceria essas razões.

Ninguém sabe quais são as razões de Deus para fazer as coisas acontecerem, como nunca se sabe se uma criança vai ser saudável, ou se ela vai ouvir as coisas que você disser. Cassie arrumou emprego como auxiliar de lanchonete em uma escola fundamental numa rua próxima à igreja, em Essex, e então conheceu um homem pela internet. Ele era branco, mais velho do que ela, morava na área leste de St. Louis e tinha deficiências de desenvolvimento — um acidente também comprometera seu cérebro quando criança; fora empurrado do alto de uma escada —, e Cassie sentiu que tinha encontrado sua alma gêmea. Eles se corresponderam por um tempo, até que ela decidiu viajar para encontrá-lo. Kimberly ficou bastante relutante em deixá-la ir — temia que o homem tivesse más intenções ou que se aproveitasse dela, e não conhecia ninguém em St. Louis para cuidar de Cassie —, porém sabia que não podia manter a filha como prisioneira, independentemente de suas vulnerabilidades.

Cassie acabou se mudando para a casa desse homem. Ele morava num bairro muito pobre, onde se via com estranheza e maus olhos um branco vivendo sob o mesmo teto que uma negra. Ele recebia auxílio-doença, e toda a sua família dependia de algum tipo de assistência do governo, mas Cassie decidiu trabalhar e conseguiu um emprego em tempo integral e com benefícios na padaria de um supermercado. Eles não eram casados, e isso entristecia Kimberly, mas no geral a situação era tão melhor do que imaginara que achava que devia ser grata.

Peter começara a praticar equitação em Moçambique e, quando ficou mais velho, tornou-se um praticante de hipismo de certo renome, apresentando-se em nível nacional. Era muito alto para ser jóquei de velocidade, então se tornou um jóquei de *steeplechase* — corrida de cavalos com obstáculos —, além de trabalhar na fazenda de uma família que organizava caça a raposas; por fim, tornou-se cuidador e treinador de cavalos de corrida no hipódromo Laurel Park, a sudeste de Baltimore. Quando não montava cavalos, praticava motocross, na categoria Dirt Bike. Kimberly temia que Peter fosse viciado em adrenalina e que todas essas coisas perigosas que praticava o machucassem; de fato, ele teve alguns acidentes sérios, mas bastava os ossos sararem para que ele voltasse imediatamente às atividades. Peter nunca ia à igreja, o que a magoava, mas estava sempre disposto a ajudar no banco de alimentos e, em meio a bebida, drogas, jogo, corrupção e tudo o que rondava as corridas, sempre se mantivera limpo e íntegro. Mesmo não sendo um paroquiano, Kimberly sentia que seus ensinamentos estavam cravados nele, e isso o tornara uma pessoa boa.

Sarah terminou a universidade e conseguiu um emprego no Bread for the World, organização cristã que combatia a fome, e lá se tornou captadora de recursos. Kimberly sempre estranhara a natureza lobista do grupo, que arrecadava dinheiro para o combate à fome organizando grandes jantares, mas Sarah disse à sua mãe que era assim que as coisas funcionavam, e Kimberly aceitou o fato. Mais tarde, Sarah entrou em uma escola de culinária e se casou com um advogado. Os dois foram morar em Denver, e Sarah se tornou promotora de eventos. O casal se mudou para um prédio alto na cidade, com manobristas e porteiros. Sarah e o marido eram apaixonados por culinária e gastavam bastante dinheiro em restaurantes. Para Kimberly, isso também era bem estranho. Não se imaginava gastando mais de quinze ou vinte dólares, no máximo, em uma refeição — era apenas uma refeição, e em quatro ou cinco horas teria de se alimentar novamente. Mas Sarah era a única dos filhos que ainda frequentava regularmente a igreja, e Kimberly era grata por isso.

Um dia, quando já estava em Essex havia um ou dois anos, Kimberly viu uma reportagem sobre uma jovem moradora local que precisava de um transplante de rim. Uma antiga assistente sua passara por um transplante do tipo, portanto Kimberly sabia quanto uma doença do rim podia ser terrível e a bênção que um transplante bem-sucedido representava. Então, quando leu a notícia, pensou: “Por Deus, é uma jovem, um transplante faria tanta diferença”. Havia um número de telefone para marcar um teste de compatibilidade, e Kimberly pensou: “Por que não?”. E ligou imediatamente.

Kimberly não era compatível com a jovem, mas a enfermeira perguntou se ela estaria disposta a doar o rim para outra pessoa. Já que não conhecia a garota mesmo, pensou, doar o rim para outro estranho daria no mesmo. Respondeu que faria o transplante. Perguntaram se ela gostaria de saber quem receberia o rim, e ela disse que não. Acharia agradável conhecer a pessoa, mas só se a vontade fosse mútua. Então refletiu sobre seus filhos: como dois deles eram adotados, as chances de compatibilidade eram as mesmas em relação a qualquer outra pessoa. Comentou com Richard que se alguma das crianças precisasse de um rim, ele é que teria de doar. Pensou: por dois ou três dias de desconforto, quem não faria isso? Quer dizer: se você tem um rim bom que não está em uso, por que não doá-lo para outra pessoa?

Em parte, o que atraía Kimberly no transplante de rim era o que havia de concreto na ação: sabia que ajudaria alguém e conheceria todo o processo. Ajudar era a sua missão, mas, como a maior parte do seu trabalho era falar, falar, falar — fazer sermões aos domingos, em funerais, casamentos e em visitas ao hospital —, muitas vezes se perguntava se seus esforços faziam alguma diferença. Quando chegava em casa, sempre havia pessoas sentadas nos degraus, pedindo comida ou dinheiro para o transporte, ou um lugar para passar a noite. Kimberly gostava de saber que as pessoas ainda recorriam à igreja quando precisavam de ajuda; porém, se não conhecia quem estava pedindo, temia que a pessoa gastasse o dinheiro com bebida ou drogas, ou que se tornasse dependente de sua ajuda.

E às vezes as coisas davam errado. Como na vez em que ela e um grupo de paroquianos prepararam uma grande refeição para um abrigo, mas, ao chegarem ao local, não havia ninguém para comer, porque a instituição esquecera de colocar o evento no cronograma. Ou quando perguntou a setenta garotos de um abrigo o que queriam de Natal, arrecadou bastante dinheiro com os paroquianos para comprar tudo, e, logo depois, os presentes foram roubados. Ajudar era difícil e complicado. Isso não significava que ela não continuasse comprometida em tentar, mas era difícil. Doar um rim era diferente. Kimberly sabia que certamente ajudaria alguém, e isso lhe parecia uma oportunidade muito rara e preciosa. Além disso, era sempre tão agitada e ocupada que a ideia de realizar alguma coisa dormindo, seguida de vários dias de passividade forçada, parecia de fato atraente.

Sua recuperação após a cirurgia correu bem. No hospital, Kimberly não tomou morfina, alegando que não encontrara o botão para administrá-la, embora ele estivesse preso ao leito. Por isso, as enfermeiras a mandaram para casa com Tylenol, que ela também não tomou. A título de agradecimento, o hospital presenteou Kimberly com uma planta, que ela batizou de "transplanta". Voltou ao trabalho em uma semana. "Nossa", comentou, "já tive gripes piores do que isso."

Rins

Antes que Kimberly Brown-Whale recebesse permissão para doar um de seus rins, teve de passar por um exame psicológico, de forma que o hospital pudesse se assegurar de que ela não estava sendo coagida a doar e de que não era louca. Esse não foi um obstáculo difícil de superar; o psicólogo que a examinou pareceu achar compreensível que uma pastora fosse tão generosa assim. Mas seu caso foi incomum. Os médicos muitas vezes se sentem incomodados com a ideia de fazer uma cirurgia em uma pessoa saudável, que não vai se beneficiar do procedimento e ainda pode sofrer prejuízos, porque parece violar o juramento de Hipócrates. Alguns programas de transplantes de órgãos se recusam a trabalhar com doadores altruístas. Quando a doação de rins entre pessoas que não têm relação de parentesco se tornou possível, muita gente, particularmente os médicos, achava bizarra e até mesmo repugnante essa nova modalidade do bom samaritano — a "doação altruísta", em que se doa um órgão para um estranho.

Hoje, o rim muitas vezes é extraído por laparoscopia, que deixa cicatrizes bem pequenas. O doador em geral se sente bem em duas a quatro semanas, e o rim que sobrou cresce para compensar a falta do outro. O risco de complicações é pequeno. Se uma pessoa tem uma doença renal, os dois rins são comprometidos, portanto, nesse caso, o doador não vai abrir mão do rim que está sobrando (esse rim pode ser útil se o outro for danificado num acidente, ou se a pessoa desenvolver um câncer renal). Ainda assim, o aspecto carnal e a violação do corpo impedem as pessoas de doar. A lógica moral da doação parece ser, para alguns, desumanamente racional — até suicida: afinal, se vamos pensar em corpos como repositórios de órgãos para outras pessoas, por que parar no rim? Por que não doar todos os órgãos e salvar várias vidas? Não é assim que funcionaria se começássemos a pensar nos corpos e em seus donos como ferramentas para o bem comum?

Depois que Kimberly deixou o hospital, sua vida voltou a ser como era antes. Ela não teve contato com o homem que recebeu seu rim — nunca sequer soube seu nome, embora o hospital tenha lhe assegurado que o transplante fora um sucesso e que ele estava bem. Por sua simplicidade e rapidez, a experiência foi pouco comum. Quando Paul Wagner resolveu doar um de seus rins a um estranho, mais ou menos na mesma época, não muito longe dali, sua experiência foi completamente diferente.

Paul era gerente de compras da Peirce-Phelps, na Filadélfia, uma distribuidora atacadista de aquecedores e ar-condicionados. Tinha quarenta anos e vivia com seu parceiro, Aaron, em um pequeno apartamento. Sua mãe morrera seis meses antes, com quase sessenta anos, de sarcoidose. Mãe e filho não tinham um bom relacionamento — ela tivera problemas com heroína quando ele era pequeno, e Paul atribuía sua sanidade e seus valores à escola rigorosa que frequentou quando adolescente —, mas a morte da mãe ainda assim o afetara profundamente.

Paul se considerava uma pessoa "seca" — brusco, temperamental, por vezes rude. Quem não o conhecia talvez o visse como um tipo pouco sentimental, até meio mesquinho, embora na verdade não fosse nada disso. Tinha dois gatos e dois cachorros em idade avançada que havia resgatado de um abrigo. Gerenciara, em seu trabalho, durante três anos, a campanha de arrecadação United Way, que organizava entregas de alimentos para sopões locais. Paul pensava nessas ações não como atos virtuosos, mas como uma obrigação. Acreditava que, uma vez que suas necessidades estivessem satisfeitas e ele tivesse algo sobrando — dinheiro, tempo ou outros recursos —, devia compartilhar. O que é diferente de doar tudo: gostava de coisas boas, não queria se tornar um *amish*. Mas era muito importante para ele que, ao conhecer seu Criador (não se considerava religioso, mas acreditava em Deus), pudesse dizer que deu mais do que recebeu.

Antes de ser contratado pela Peirce-Phelps, Paul trabalhara em um banco. Passou de um emprego num call center para a gerência de uma filial em apenas dois anos, mas desistiu porque acreditava que a estrutura de incentivos do banco era antiética, recompensando-o por direcionar os clientes a produtos financeiros que não eram de interesse deles. Quando jovem, trabalhara em uma creche; um dia, porém, ouviu um funcionário com um cargo mais alto fazer comentários maldosos sobre outro empregado e achou que era seu dever contar ao colega o que ocorrera. A intervenção deixou todos tão desconfortáveis que Paul foi demitido. A partir daí, concluiu que algumas vezes era melhor não interferir na vida dos outros e não tentar fazer o trabalho de Deus.

Era véspera do Dia de Ação de Graças, e Paul estava no intervalo do almoço, lendo jornal. Notou um artigo que descrevia um site chamado MatchingDonors.com, no qual pessoas que precisavam de um transplante de rim podiam postar uma mensagem explicando o que estava acontecendo com elas. A ideia era que um estranho visse a mensagem e se sentisse estimulado a doar. Paul entrou na página, clicou em "procurar por pacientes" e escreveu "Filadélfia". A primeira paciente que viu foi Gail Tomas. Paul aumentou a foto dela na tela para poder examinar cada detalhe. Gail estava sentada em uma escada, no que parecia ser uma sala de estar. Era uma mulher negra, de quase setenta anos. Olhou fixamente para ela, procurando pistas de sua personalidade em seu penteado e na maquiagem que usava. Inspecionou a escada atrás dela, tentando ver se era bem limpa. Quase que imediatamente, sentiu que era ela. Sabia que seriam compatíveis e que ele doaria um rim para Gail. Não tinha mais como voltar atrás: a partir do momento em que viu a foto, tinha se envolvido. Era como presenciar um acidente de carro — se não ajudasse, pensou, estaria se diminuindo como ser humano.

Foi para casa e contou a seu parceiro: "Aaron, li sobre uma senhora que vai morrer se não conseguir um novo rim, e decidi que vou doar um para ela". Aaron foi contra essa decisão. Paul disse que sentia muito, mas que seguiria em frente. Contou para a irmã, que respondeu, meio em tom de brincadeira: "E se eu precisar de um rim um dia?". Para Paul, a observação pareceu egoísta. Ele argumentou que ela tinha um marido e dois filhos com quem contar, e que essa senhora iria morrer. Falar com o pai foi mais difícil. Alguns anos antes, a segunda esposa dele tivera uma doença renal. Paul se oferecera para fazer a doação, mas ela e seu pai disseram que pedir isso a qualquer pessoa, mesmo a um filho, era contra seus princípios. Então recusaram a oferta de Paul e, enquanto esperava pelo rim de um cadáver, ela morreu. Dessa vez, seu pai ficou em silêncio por um tempo, depois disse que gostaria que Paul não fizesse isso.

Porém, uma vez que Paul decidira doar, sentiu que aquilo estava destinado a acontecer. Em geral, não era corajoso para procedimentos médicos, mas fez todos os exames com tranquilidade. Quase sempre se atrasava para o trabalho, mas chegou no horário a cada um dos compromissos do hospital. Não estava ansioso com relação à dor ou às complicações. Uma vez na vida, sentia que as instruções de Deus estavam absolutamente claras. Além de todos os exames, houve outros obstáculos. O cirurgião que faria o transplante ficou incomodado com a atitude de Paul e não estava convencido de que queria fazer a cirurgia. Eles se encontraram e falaram por mais de uma hora e, perto do final da conversa, Paul ficou surpreso ao perceber que o cirurgião estava chorando.

Paul supôs que ele e Gail se tornariam amigos depois da cirurgia. Tinha pensado um pouco sobre o assunto e se questionava se poderiam ter um relacionamento saudável. Seria ruim se ela se sentisse em dívida com ele, e não seria bom para ele que ela o considerasse uma espécie de santo. A coisa toda seria assustadora e estranha demais, era melhor evitá-la. Gail, no entanto, pensava diferente.

Gail Tomas era uma cantora de ópera aposentada que se apresentara em toda a Europa depois de ter sido descoberta pela famosa soprano Licia Albanese numa *master class*. Se Paul era seco, ela era o oposto — vivaz, falante, de uma emotividade sincera. Estava à procura de um doador havia um ano. Nenhum dos membros de sua família tinha compatibilidade sanguínea, e ela se recusava a pedir aos amigos, então sua filha a colocou no MatchingDonors. Em princípio, houve algumas propostas obviamente inaceitáveis: um homem escreveu da Índia dizendo que faria todos os exames em seu país se ela lhe enviasse 5 mil dólares. Depois, foi a vez de uma mulher do Texas, com quem se correspondeu por meses, mas o filho da texana, que tinha dois metros de altura, teve um problema no fígado e ele próprio precisou de um transplante; diante de tudo isso, a mulher desapareceu. "Foi como se alguém levasse você para o altar e, de repente, diante de uma nova conjuntura, você pensasse: 'Mas eu achei que a gente fosse se casar!'", conta Gail. "Achei que nunca encontraríamos outro doador. Quantas pessoas estão dispostas a fazer isso?"

Pouco antes da cirurgia, Paul e Gail se encontraram pela primeira vez. Os dois estavam no hospital fazendo exames. Paul descrevera a si próprio como magrelo, então Gail olhou para todos na sala de espera, procurou o rapaz mais magro, aproximou-se e se apresentou. Para ela, o encontro foi maravilhoso: era como se eles se conhecessem desde sempre. Paul conseguiu se mostrar amigável, embora estivesse nervoso. Não sabia o que pensar daquela senhora exuberante para quem estava doando um rim; não sabia bem quais emoções podia sentir. Sua mãe morrera havia menos de um ano e agora lá estava ele, potencialmente se envolvendo com outra senhora muito doente, e o que isso queria dizer? Será que estava doando um rim para encontrar uma nova mãe — o que poderia ser mais perturbador do que isso? Paul temeu ter feito algo errado ao permitir aquele encontro com Gail. Sentia-se culpado. Estaria diminuindo o valor de seu feito ao aceitar a gratidão dela? Não seria uma pessoa melhor se não a tivesse conhecido e recebido seu agradecimento? Sua doação não passava de uma massagem no seu ego? Quando chegou em casa, estava completamente exausto.

A cirurgia em si o deixou abatido e cansado. Logo depois, quando estava sentado no leito do hospital, o telefone tocou. A mulher do outro lado da linha, que ouvira falar sobre ele no noticiário local, disse que esperava que o rim que tinha sobrado falhasse e o matasse, porque seu marido era o próximo na lista para receber um transplante e ele, Paul, tinha doado um rim para outra pessoa. Depois disso, Paul pediu ao hospital para desligar seu telefone. Ele também foi tema de um artigo no *Daily News* da Filadélfia, que questionava se era justo escolher a pessoa que vai receber um órgão, quem vai viver ou morrer. Paul não conseguia entender: tinha decidido ajudar uma mulher doente que vivia perto dele — como isso podia deixar as pessoas tão zangadas?

Ao deixar o hospital e voltar para casa, Paul começou a se sentir muito triste o tempo todo. Admitiu para si mesmo que era difícil cair do pedestal de herói. Antes da cirurgia, todo mundo que conhecia estava falando sobre ele; houve muita animação no hospital e atenção da mídia local. Tinha adorado falar para as pessoas que estava doando um rim para uma estranha só para ver como reagiam. E agora tudo acabara. Pior ainda, Gail tinha, de uma hora para outra, parado de responder a suas ligações. Será que estava zangada com ele?, Paul se perguntava.

Procurando aconselhamento, Paul passou a escrever para um site, Living Donors Online, e descobriu que muitos doadores lidavam com emoções bem peculiares depois da cirurgia. Leu sobre o caso de uma mulher que havia doado um órgão para sua irmã, porém o rim foi rejeitado e a irmã morreu; depois disso, o resto da família parou de falar com ela. E havia também a história de uma doação entre cônjuges: depois da cirurgia, a pessoa que recebeu o órgão abandonou a relação, talvez porque o peso da gratidão tivesse alterado o casamento de forma irremediável. Aparentemente isso não era tão raro.

Enfim, preocupado, Paul começou a telefonar para hospitais até encontrá-la. Gail estivera muito doente e não quisera assustá-lo, mas agora já estava melhor e gostaria que Paul fizesse parte de sua vida. Ainda chateado, ele não se sentia seguro para isso. Gail o convidou para o casamento de seu filho. Paul recusou várias vezes, até que ela finalmente ficou brava e gritou com ele; aí, por alguma razão, Paul sentiu que estava tudo bem. Se ela conseguia gritar com ele, significava que não era perfeito aos olhos dela e que poderiam ter uma amizade normal. Ela não era sua mãe, Paul sabia disso; tudo ficaria bem. Só que, na verdade, Gail de certa maneira se considerava mãe de Paul. Queria que ele viesse à sua casa nos feriados; e o aconselhava a parar de fumar e a tomar a medicação para pressão alta. Mesmo assim, estava tudo bem.

* * *

Pode parecer que a doação de Paul Wagner foi bastante complicada, porém, na verdade, quando comparada ao que era uma doação vinte anos atrás, foi bem fácil. A experiência de Paul foi o resultado de quatro décadas em que a medicina e a moralidade passaram por transformações extremas e, como consequência, um ato de bondade de um bom samaritano, antes visto como claramente patológico, passou e ser provisoriamente considerado uma ação razoável e até bondosa. Mas essa mudança é previsível apenas em retrospecto.

Nos primeiros anos dos transplantes de rim, no final dos anos 1960 e começo dos 1970, os médicos viam doações altruístas pelas lentes da psicanálise, portanto a coisa parecia bastante perturbadora. Doadores altruístas, para os médicos, não eram "confiáveis", e sim "excêntricos". "Essas pessoas devem ser anormais para fazer uma coisa assim", afirmou um cirurgião. Para os médicos, doar um órgão para um desconhecido era não apenas uma atitude reprovável, como perversa e ofensiva a qualquer consciência. Era contra a natureza humana. (O público em geral era bem menos desconfiado — muitas pessoas já se mostravam abertas à ideia de doar órgãos quando essa possibilidade era apresentada a elas.)

Em 1967, foi feito um estudo de longa duração sobre doadores de rim que estavam vivos e que não tinham relação de parentesco com a pessoa que recebera o órgão, com o objetivo de ajudar os centros de transplante a desenvolver parâmetros para facilitar sua relação com esses indivíduos. O estudo submeteu os doadores a entrevistas de livre associação, análise de sonhos e testes de Rorschach e de Apercepção Temática. Publicado em 1971, o estudo encontrou entre os doadores evidências de masoquismo primitivo, formação reativa de sadismo inicial, conflito homossexual, simbolismos ligados a gravidez e inveja do pênis. Mas também observou que, nisso tudo, os doadores não eram diferentes do resto da humanidade e que, depois da operação, cada um deles registrara uma sensação de aumento de autoestima, um sentimento "de ter feito algo saudável e natural, sem nenhum tipo de arrependimento". "A única coisa boa que fiz na vida. Me sinto melhor por isso", disse um doador que, de acordo com o estudo, sofria de transtorno de personalidade.

Outro artigo relatou o seguinte:

> O ato de dar esse tipo de presente se torna uma experiência transcendente, semelhante a uma experiência religiosa. Muitas pessoas afirmam que doar um órgão foi o ato mais importante, significativo e satisfatório da vida delas: algo que aumentou seu autoconhecimento, melhorou seu sentimento de autoestima, deu a elas uma noção de "totalidade", crença e comprometimento, e fez crescer sua percepção de unidade com o receptor do órgão, com as pessoas em geral e com a humanidade.

Um psicólogo que investigou o assunto escreveu: "O aspecto mais intrigante de nossa observação foi o notável contraste entre a naturalidade ou relativa calma do doador voluntário e o desconforto da equipe de transplante". Não houve relato de depressão pós-operatória ou de doenças físicas. Os estudos, no entanto, não mudaram o cenário.

Há quarenta anos, até os doadores que faziam parte da mesma família eram avaliados com cautela. No final dos anos 1960, dois acadêmicos, Renée Fox e Judith Swazey, começaram uma observação nos centros de transplante que se estenderia por anos, e descobriram que cirurgiões e psiquiatras faziam esforços heroicos para trazer à tona conflitos e ambivalências que acreditavam estar por trás da suposta boa vontade dos doadores de passar pela cirurgia. Uma motivação potencial do doador que parecesse pouco saudável não era aceita pelos médicos. Billy Watson, pseudônimo de um garoto de dez anos, precisava de um transplante de rim para continuar vivo, e sua mãe se apresentou para doar. Mas seria a motivação da sra. Watson aceitável ou patológica?, perguntavam-se os médicos. A sra. Watson tinha outros nove filhos — estaria ela demonstrando um favoritismo pouco saudável em relação a Billy ao tentar mantê-lo vivo, já que a cirurgia a deixaria temporariamente indisponível para cuidar das outras crianças? E seria essa uma família normal, do ponto de vista psicológico? O casamento dos Watson era realmente estável? Depois de dois meses de debate, os médicos, relutantes, decidiram permitir que a sra. Watson doasse o órgão.

Um homem desejava doar um rim para seu irmão, porém sua esposa se opunha à ideia; o nefrologista suspeitou que o homem tivesse como motivação, em parte, o desejo de terminar o relacionamento com a esposa dominadora, e o rejeitou como doador. Outro caso foi o de Susan Thompson (também um pseudônimo), uma mulher solteira de 26 anos. A mãe dela disse que queria salvar a filha, mas a equipe percebeu, durante os exames, que a sra. Thompson desenvolvera problemas gastrointestinais e palpitações cardíacas. Então, a equipe decidiu que, em nível inconsciente, ela não estava pronta para doar o rim, e declarou que ela não era "compatível com a filha em nível de tecidos", sendo, portanto, rejeitada.

Os médicos perceberam que o transplante fomentava várias emoções indesejáveis, com consequências imprevisíveis. Doações, em geral, faziam com que o doador se conectasse de alguma forma ao receptor, o que podia envolver laços de amor, culpa, gratidão ou um sentimento de união física, já que o órgão de um estava no corpo do outro. A força desses novos laços podia enfraquecer relações mais antigas, deixando as famílias tensas e desestruturadas. Se uma pessoa doava para um irmão, por exemplo, poderia colocar em risco o relacionamento com sua esposa, uma vez que poderia se tornar mais próximo dele? Um médico de transplantes acreditava que, depois que uma irmã doava um órgão para o irmão, ela "sentia ter controle absoluto sobre ele, como se o tivesse castrado". Depois da cirurgia, em vez de ir para casa com a esposa e os filhos, ele se mudou para a casa da irmã para se recuperar. Um outro homem ficou tão tomado pelo sentimento de obrigação em relação à irmã doadora que não suportava olhar para ela. Um filho recusou o rim de sua mãe dizendo ao médico: "Ela já tirou o suficiente de mim".

O peso da gratidão pode ser terrível diante da bênção de receber um órgão, quando parece que nenhum agradecimento é adequado, e a reciprocidade, impossível. Há algo de tirânico em uma dádiva, observaram Fox e Swazey, citando o antropólogo francês Marcel Mauss. "Por que o benfeitor ama mais o receptor do que o receptor ama o benfeitor?", refletiu o estudioso de bioética Leon Kass, aludindo a uma passagem de *Ética a Nicômaco*, de Aristóteles. "Porque o benfeitor vive no receptor, da mesma forma que o poeta vive no poema."

Mesmo no caso de doadores mortos, as emoções obscureciam os transplantes. Na verdade, o fardo da gratidão pode ser ainda mais pesado quando o doador está morto e particularmente se, como costuma acontecer, o doador era jovem e sua morte tiver sido súbita e terrível. Famílias de doadores, diante da magnitude do ato, algumas vezes sentem que o receptor se tornou parte da família, alguém que podem amar e de quem esperam correspondência. O pai de um garoto morto disse ao pai da garota que recebeu o coração do seu menino: "Sempre quisemos ter uma garotinha, então agora vamos poder tê-la e dividi-la com vocês". Muitas pessoas acham que, de uma forma quase animista, o morto amado sobrevive no corpo do receptor. As pessoas dão muita importância para o que vão fazer com os restos mortais, mesmo quando se trata apenas de cinzas; imagine então como é importante quando os restos mortais consistem em um rim pulsante ou um coração que bate.

Todas essas emoções fortes e atávicas deixam as equipes de transplantes desconfortáveis e, com o tempo, protocolos foram desenvolvidos para manter os transplantes anônimos e as famílias separadas. Um regime de higiene emocional foi colocado em prática. Talvez, no futuro, pensava-se, quando os transplantes se tornarem uma coisa mais comum, essas precauções não sejam mais necessárias. É possível que esse apego aos órgãos de um morto venha a ser visto como uma coisa tão estranha quanto a crença de que mechas de cabelo ou pedaços de unha podem ser usados para amaldiçoar uma pessoa. Talvez a ideia de um órgão que tem vida própria, separado de seu dono, não pareça mais bizarra, gótica, sinistra ou saída de um conto de Edgar Allan Poe. É provável que essa mudança também faça diminuir a relutância que tantas famílias sentem em relação a doar órgãos de um parente.

Para alguns — como o estudioso de ética Gilbert Meilaender, por exemplo —, essa perspectiva era temida por representar uma espécie de insensibilidade espiritual. Para Meilaender, a relutância que muitos sentiam em relação à doação de órgãos, mesmo depois da morte, não era egoísmo ou superstição, mas o sinal de que nossa noção do corpo como um todo, como algo humano e sagrado, ainda não tinha desaparecido. Uma sociedade na qual todos aceitam a doação de órgãos com alegre racionalidade, sem pensar nas consequências, seria, para ele, um horror. A doação de órgãos, por vivos ou por mortos, não deveria ser ausente de angústia.

Hoje em dia, a doação de um rim, pelo menos para um parente, é mais comum, e não causa mais tanta desconfiança. Vinte e cinco anos atrás, o filósofo Peter Singer se viu diante de um artigo sobre uma mulher que doara um de seus rins para salvar a vida do filho. Para ele, parecia um sacrifício extraordinário, e Singer citava a história em um de seus livros como um exemplo de altruísmo extremo. Atualmente, uma mãe doar um rim para salvar a vida de seu filho é um ato comum; chamaria mais atenção se uma mãe se recusasse a fazer isso.

Ao longo do tempo, a doação de órgãos a estranhos também se tornou mais normal. Alguns doadores desejam escolher seus receptores, enquanto outros sentem que é mais justo e moralmente mais elevado doar de forma anônima, deixando ao centro de transplantes a tarefa de entregar o órgão ao próximo da lista. Para alguns, escolher um receptor parece egoísta — seria como brincar de Deus, escolher quem vive, além de esperar gratidão ao se relacionar com o receptor. Mas, num certo sentido literal, uma doação não direcionada poderia não ser tão altruísta quanto uma em que o receptor foi escolhido, por não haver ninguém do outro lado. Não é uma história humana, apenas um princípio; a única coisa visível ao doador é o seu próprio feito magnânimo.

Grande parte dessa mudança pode ser, sem dúvida, atribuída ao desenvolvimento da tecnologia de transplantes: é muito mais seguro e menos doloroso doar um rim hoje do que costumava ser, e é muito mais provável que o rim dê muitos anos de vida mais ao receptor. Mas pode ser que pelo menos uma dessas mudanças esteja nas expectativas morais. Agora não parece mais tão estranho que uma pessoa queira doar um de seus rins de forma voluntária para salvar a vida de um desconhecido. Deixou de parecer incompreensível e perturbador que uma pessoa possa esperar essa ação com alegria, como se fosse uma espécie de consumação moral.

Por favor, responda quanto antes

De tempos em tempos, Ittetsu Nemoto leva um grupo de pessoas com tendências ao suicídio para visitar alguns dos locais mais procurados por suicidas, muitos dos quais ficam no Japão. Um dos mais conhecidos é a floresta Aokigahara, também chamada de Mar de Árvores, aos pés do monte Fuji. A floresta passou a ser associada ao suicídio depois da publicação, nos anos 1960, de dois romances de Seichō Matsumoto e também quando o *Complete Manual of Suicide* [Guia completo do suicídio], em 1993, a apontou como o lugar perfeito para morrer. Como suas árvores crescem tão coladas umas às outras a ponto de bloquear o vento e pela parca presença de pássaros e outros animais, é estranhamente silenciosa. O Mar de Árvores ocupa uma área grande, de mais ou menos 62 mil quilômetros quadrados, de modo que pode levar meses para que corpos sejam encontrados ali; turistas fotografam os cadáveres e vasculham o local atrás de pertences abandonados. Outro destino popular entre os suicidas são os rochedos de Tojinbo, à beira do mar do Japão. Visitar esse lugar se revela uma experiência bem diferente do esperado, uma vez que a visão do mar do topo de um penhasco pode ser algo terrível.

Outra iniciativa de Nemoto, que é monge budista, é oferecer em seu templo workshops sobre a morte para potenciais suicidas. Ele pede aos participantes que imaginem ter recebido um diagnóstico de câncer com a notícia de que lhes restam três meses de vida. Que imaginem que agora falta um mês; depois, uma semana; e dez minutos. A maior parte das pessoas começa a chorar, Nemoto inclusive.

Um homem que fez o workshop vinha dizendo ao monge havia anos que queria morrer. Tinha 38 anos e fazia uma década que vivia entre internações num hospital psiquiátrico. Durante um exercício de escrita, ele sentou e chorou. Quando Nemoto foi ver o que acontecia, percebeu que a folha do participante estava em branco. O homem explicou que não tinha como responder, pois nunca havia pensado nas questões que estavam sendo feitas ali. A única coisa em que pensava era que queria morrer; jamais se perguntara o que talvez quisesse fazer da vida. Mas, se nunca tinha vivido de verdade, como é que podia querer morrer? Aquele foi um momento estranhamente libertador. O homem voltou a seu emprego como operador de máquinas numa fábrica. Antes, sua aversão à companhia humana era tamanha que ele só conseguia ser funcional em situações bem determinadas, mas, depois, passou a conversar com as pessoas, e acabou promovido.

Às vezes, Nemoto pede aos participantes que cubram o rosto com um pano branco, como se faz com os cadáveres na tradição japonesa, e realiza uma cerimônia fúnebre. Em seguida, diz a cada um que carregue uma vela acesa enquanto sobe a colina atrás do templo e imagine que ali adentra o mundo dos mortos. Esse exercício, por razões que Nemoto não compreende, tende a produzir não lágrimas, mas uma espécie estranha de alegria, como se os participantes experimentassem um renascimento.

No passado, Nemoto costumava organizar excursões cujo principal objetivo era conseguir que *hikikomori* — palavra que designa pessoas com um comportamento de isolamento doméstico extremo — saíssem de casa. Existem centenas de milhares de *hikikomori* no Japão, a maioria homens jovens, que ficam jogando videogames e navegando na internet, comendo apenas as refeições que os pais levam até eles. Nemoto comandava acampamentos e noites no karaokê; recebia as pessoas para cozinhar e sentava para conversar com elas a noite toda. No geral, porém, essas iniciativas eram insatisfatórias. Os *hikikomori* eram fóbicos, e os suicidas em potencial, desorganizados; não se podia esperar que fossem aparecer.

Nemoto acredita no enfrentamento da morte, que é preciso cultivar uma consciência em relação ao funcionamento e à fragilidade do corpo, e crê no sofrimento, pois este revela quem a pessoa realmente é. Quando lhe perguntam se acha que pessoas felizes são mais superficiais do que aquelas que sofrem, ele primeiro responde que as do primeiro tipo não existem, depois fica pensativo por um momento e diz que sua esposa é uma dessas pessoas. Seria ela menos profunda em consequência de sua serenidade? Sim, Nemoto responde, talvez ela seja.

No Japão, nunca houve uma proibição religiosa em relação ao suicídio, como acontece no Ocidente — não há a percepção de que tirar a própria vida seja rejeitar a graça divina, ou tomar para si um poder que pertence só a Deus. Segundo a tradição, suicidar-se pode absolver a pessoa de alguma culpa ou quitar uma dívida, pode ser capaz de restaurar a honra de alguém ou provar sua lealdade. No Japão, o suicídio pode ser um gesto de integridade moral e de liberdade, ou um ato de beleza. Quando o escritor Eto Jun se matou, em 1999, foi saudado por intelectuais, e comentou-se que seu gesto demonstrara um "senso estético de primeira grandeza". Na ocasião em que um ministro sob investigação por improbidade financeira tirou a própria vida, em 2007, o governador de Tóquio o qualificou como um verdadeiro samurai por preservar sua honra. Muitos psiquiatras japoneses afirmam que uma pessoa sem nenhuma desordem mental tem o direito de decidir sobre a própria morte; não é da alçada deles, médicos, interferir na decisão mais grave e íntima do ser humano.

E-mail para Nemoto:

> DATA: 8/10/2009
>
> Como deixei de pagar minha conta de celular há algum tempo, o serviço será cortado amanhã, então, por favor, responda quanto antes. Somos um casal [...] atualmente morando no nosso carro. Vivíamos no bairro H. [...] mas, como não conseguíamos encontrar emprego ali, mudamos para N. [...] Tentamos achar trabalho [...] enquanto coletávamos latas, mas não conseguimos emprego porque não éramos locais [...] Aos poucos, começamos a sentir que queríamos morrer. Quando tentamos nos sufocar com um cinto, acabamos por afrouxar o laço no momento em que a dor se tornou insuportável. Também tentamos tomar um monte de remédios para gripe de uma vez só, mas acordamos depois de um tempo, então nem morrer a gente conseguia. Dito isso, não é que desejemos de verdade a morte. Desejamos mesmo é achar trabalho, de algum jeito. Ou seja, estamos realmente indecisos, e não conseguimos encontrar sozinhos uma saída.

Com frequência, o intervalo entre as duas e as quatro horas da tarde corresponde à diferença entre morrer e continuar vivo — é algo que depende de minúsculos ajustes estruturais e de mudanças quase imperceptíveis. Um suicida em potencial que por acaso encontre algum obstáculo em seu caminho até uma ponte não irá, em geral, procurar outra; voltará para casa. Algumas estações de metrô de Tóquio instalaram luzes azuis cintilantes em suas plataformas como forma de desencorajar quem pensasse em se jogar nos trilhos, o que estranhamente se mostrou bastante eficaz. Alguns anos atrás, um grupo de prevenção a suicídios realizou uma análise minuciosa do fenômeno no Japão: era necessário tornar as estratégias preventivas mais precisas, acreditava o grupo — saber de fato quem estava cometendo o ato, em quais ruas da cidade, em que prédios, por quais métodos e em que horários do dia —, como se, com informação suficiente, fosse possível talvez flagrar uma pessoa no próprio ato. O local mais comum para se suicidar era a própria casa, seguida de prédios altos e reservatórios de água. A maior parte dos suicídios ocorria às segundas-feiras, aos domingos e às terças-feiras, e entre as quatro e as seis da manhã. Mulheres suicidas tinham mais probabilidade de se matar entre o meio-dia e as duas da tarde, mas era improvável que o fizessem entre as duas e as quatro.

DATA: 5/7/2008

> Perdoe, por favor, a falta de tato em mandar um e-mail assim, do nada. Meu nome é T. [...] Vi seu blog e escrevo esta mensagem na esperança de que o senhor possa me dar alguns conselhos sobre minha situação atual. Depois de me formar na faculdade, estava estudando para tirar a licença de advogado e sendo sustentado pelos meus pais. Porém, não consegui passar, mesmo tentando seis vezes [...] fui diagnosticado com "depressão" por estar sob muito estresse e trabalhar demais, então tirei uma licença [...] Como resultado, tudo o que me restou foi a dívida dos empréstimos estudantis.

Percebi a limitação das minhas habilidades, de modo que resolvi desistir de me tornar advogado e comecei a procurar emprego. No entanto, como estou com mais de trinta anos e nunca trabalhei em tempo integral, é extremamente difícil achar alguma coisa. Estou perdido, e nem tenho mais ideia do que quero fazer, ou de que rumo tomar. Passei a ser um *hikikomori* [...] e agora não consigo mais sair de casa, a não ser para ir ao terapeuta uma vez por semana. Compreendo que é minha culpa por estar em uma situação irrecuperável e que eu mesmo preciso resolver o problema. Mas me sinto uma pessoa fraca e dependente, que foi financeiramente mantida pelos pais até depois dos trinta anos, então não tenho forças para sair disso sozinho [...] Comecei a pensar em suicídio. No momento, meu medo da morte é tão grande que não tenho coragem para de fato cometer o ato. Se essa situação persistir, porém, temo perder o controle por alguma razão e me matar.

Essa é minha situação. Desculpe se estou fazendo digressões incoerentes. Sinto que estou num beco sem saída e não há nada que eu possa fazer [...] Espero que o senhor possa me aconselhar, se tiver tempo. Perdoe por lhe pedir isso, sendo o senhor uma pessoa tão ocupada, mas me ajude, por favor.

Quando Nemoto era criança, um tio de quem era próximo cometeu suicídio. Na época do colégio, no final dos anos 1980, uma amiga se matou. Ele foi ao funeral, viu o corpo dela no caixão e reparou que a boca havia sido costurada para manter para dentro a língua protrusa, consequência de a menina ter se matado por enforcamento. Alguns anos mais tarde, Nemoto recebeu a notícia de que outra amiga se suicidara, uma garota com quem ele tocara numa banda durante o ensino médio. No funeral, ficou ainda mais perturbado que da outra vez: a amiga também havia se enforcado, mas, como havia parado de comer deliberadamente, foi chocante ver aquele corpo tão esquálido.

Na juventude, Nemoto bebia com frequência e se metia em brigas com rapazes de outros colégios. No ensino médio, lia Nietzsche todo dia; gostava do vigor e do poder daqueles textos. Depois de se formar, cursou à distância algumas disciplinas de filosofia de nível superior e trabalhou em barcos, medindo o nível de poluição da baía de Tóquio. Não lhe interessava a poluição — simplesmente gostava de barcos. Passou um tempo como guia de passeios marítimos em Okinawa. Não tinha nenhum plano a longo prazo; queria apenas se divertir com o que estava fazendo. Até que se envolveu num acidente de moto que o deixou inconsciente por seis horas e hospitalizado por três meses, e então se deu conta de que a vida era preciosa e que a estava desperdiçando. Não descobriria o sentido da vida apenas lendo livros. Teria de viver as próprias experiências.

Certo dia, a mãe do rapaz viu um anúncio no jornal: procuram-se monges budistas. Mostrou o classificado para o filho, achando hilário anunciarem vagas para monges, mas aquilo despertou a curiosidade de Nemoto. Ele já sabia alguma coisa sobre o zen: tinha praticado caratê depois de concluído o colégio, e essa atividade incluía algumas sessões básicas de sacrifício, como ficar parado debaixo de uma queda-d'água fria por uma hora enquanto cantava. Seus amigos achavam ridícula a ideia de alguém se tornar monge, e mesmo Nemoto não tinha uma opinião muito favorável sobre esses religiosos, mas respondeu ao anúncio. O emprego era para iniciantes, gente sem nenhum treinamento — para fazer cerimônias fúnebres de animais de estimação, esse tipo de coisa. Depois de um tempo, havia ficado fácil demais, e Nemoto queria aprender outras funções. Estava prestes a chegar aos trinta anos, vivendo com Yukiko, uma enfermeira em formação que conhecera durante a internação no hospital, e que mais tarde se tornaria sua esposa, mas, naquela época, resolveu que queria entrar para um mosteiro.

Fez seu treinamento num mosteiro de tradição rinzai zen, numa montanha coberta por uma floresta na província de Gifu, a 320 quilômetros a oeste de Tóquio. Para chegar ao topo, é preciso subir longos lances de escada que terminam num portal de madeira com um telhado. Ao cruzá-lo, entra-se num pátio de cascalho aplainado, com algumas rochas maiores e pinheiros anões, e, mais à frente, ficam construções tradicionais de telhado curvo. Quando um candidato chega para o treinamento, deve se prostrar e declarar que está disposto a fazer o que precisar ser feito para decifrar a grande questão da vida e da morte. De acordo com a tradição, o abade do mosteiro, de cenho franzido, manda que o novato vá embora dali. Este persiste, mantendo a postura de prostração, e depois de dois ou três dias é admitido.

Monges aprendizes são tratados como escravos: devem obedecer às ordens e jamais dizer não. Dormem muito pouco. Levantam-se às quatro horas da manhã. Na maior parte do tempo, comem apenas uma pequena quantidade de arroz e, de vez em quando, picles (vegetais frescos e carne são proibidos). O mosteiro não tem aquecimento, ainda que possa fazer muito frio na montanha, e os monges usam sandálias e robes de algodão. Ler não é permitido aos novatos.

São diversas as tarefas braçais que um monge precisa realizar num dia (cozinhar, limpar, derrubar árvores, cortar lenha, fabricar vassouras), e tem pouquíssimo tempo para terminá-las. Se não é rápido o suficiente, os monges mais graduados o cobram aos berros. Há pouquíssima conversa — ouvem-se apenas gritos e o badalar de sinos (para marcar uma mudança de atividade). Existe uma maneira correta para fazer cada coisa, e ela é fiscalizada com rigor. Quando o monge acorda pela manhã, ele não deve se mexer até que um sino toque. Quando o sino toca, é obrigado a se mexer com velocidade. Em quatro minutos (tempo que o sino seguinte levará para tocar) deve recolher seu colchonete, abrir a janela, ir rapidamente ao banheiro, fazer um gargarejo com água salgada, lavar o rosto, vestir sua roupa e correr para o salão de meditação. No início, é muito difícil fazer todas essas coisas em quatro minutos, mas aos poucos o novato desenvolve técnicas para ganhar velocidade. Como ele é obrigado a desenvolver essas técnicas, e mesmo assim é difícil fazer os movimentos com rapidez suficiente, o novo monge fica em estado de alerta o tempo todo.

Nemoto é sempre lento demais, sempre medroso demais, e está sempre sendo avaliado. Sente frio no inverno, mas, se demonstra isso, gritam com ele. Ali não há solidão. Os gritos constantes e a correria, somados à exaustão crônica, produzem nele um leve estado de pânico, que é ao mesmo tempo um estado de extrema atenção. É como se sua mente pensante, a que duvida, que vê criticamente e que interpreta, tivesse sido desligada e substituída por um mecanismo mais simples que está a serviço do corpo. A ideia é que ele jogue fora o próprio eu e, ao fazer isso, descubra quem é. Diz-se que um monge bem treinado vive como se já estivesse morto: livre de apego, de indecisão, de confusão, movimenta-se sem obstáculos entre o desejo e a ação.

Várias vezes ao ano, os monges passam oito dias andando longas distâncias e mendigando comida; no inverno, caminham de sandálias na neve. Para mendigar, usam chapéus largos e cônicos de palha que lhes cobrem o rosto. Não falam com ninguém e, se perguntados, não podem dizer seus nomes. Quando alguém lhes oferece comida, são obrigados a comer tudo o que ganham. Essa alimentação forçada e em exagero talvez seja a parte mais sofrida do treinamento. Diariamente, cada monge tem uma reunião com seu mestre a respeito do *koan** no qual vem meditando.

* Na definição do *Grande Dicionário Houaiss*: "sentença ou pergunta de caráter enigmático e paradoxal, usado em práticas monacais de meditação com o obje-

São encontros que duram no máximo alguns minutos, por vezes alguns segundos. Ocasionalmente, o mestre fará um comentário; em geral, não diz nada. O *koan* é uma versão mental das brutalidades corporais do treinamento: resistente, frustrante, impossível de assimilar, é destinado a provocar no monge um insight repentino pelo choque.

Em janeiro, os monges fazem um retiro de uma semana, durante a qual não podem se deitar nem dormir. Num desses retiros, Nemoto foi o cozinheiro; tinha de preparar picles especiais para a ocasião e não dormiu nada na semana que antecedeu ao início da maratona, tamanha a pressão que sofria da parte do abade. Na altura do terceiro dia, estava tão exausto que mal parava de pé, mas foi obrigado a carregar uma pesada panela cheia de arroz. Parado, segurando a panela, pensou: "Não consigo mais carregar isto, vou morrer aqui mesmo". No momento exato em que ia desabar, sentiu uma grande onda de energia, como se tudo ao seu redor estivesse cantando, como se fosse capaz de fazer qualquer coisa. Sentiu também que a pessoa que estava quase desabando no momento anterior e que tinha vivido sua vida até então, na verdade, não era de fato ele. Naquela noite, reuniu-se com o mestre para falar de seu *koan* e, pela primeira vez, sua resposta ao enigma foi aceita. Essa experiência o levou a acreditar que sofrer produz intuições, e que é somente quando o sofrimento chega a ponto de ser quase insuportável que ocorre a transformação.

Hoje em dia, há muito poucos monges no Japão. No mosteiro de Nemoto, onde o treinamento é particularmente árduo, eles são apenas sete. Todo ano, novatos se apresentam e, todo ano, muitos deles fogem dali. Naquele ano, dos cinco que se apresentaram, restou apenas um. O foco da seita rinzai zen, de Nemoto,

---

tivo de dissolver o raciocínio lógico e conceitual, conduzindo o praticante a uma súbita iluminação intuitiva". (N. T.)

é a iluminação individual; quando um monge vai embora com a intenção de realizar sua obra no mundo, o *roshi* [mestre] fica decepcionado.

Alguns anos atrás, uma mulher, R., contatou Nemoto pelo site do monge, e os dois também se encontraram pessoalmente várias vezes.

> DATA: 17/1/2008
>
> Na verdade, R. quase morreu ontem, kkkkk. Pela primeira vez em muito tempo, pensei em tomar os comprimidos. Mas não consigo morrer, não importa quantas vezes tome os comprimidos, e a lavagem estomacal dói muuuuito, sabe, se a gente ainda está consciente. Funcionaria se eu conseguisse tomar as pílulas até perder a consciência, mas é tão difícil engolir centenas de comprimidos kkkkk [...] Se eu conseguisse morrer com facilidade, já estaria morto! Agora, R. tem um amigo confiável, sabe, então chorei por umas duas horas e me acalmei, mas ser a pessoa que ouve o desabafo é duro, né? Sou solidário. Pensei: um dia você vai se cansar da R., e senti ainda mais vontade de morrer, ou não, kkkkk. É difícil. Mas viver é difícil. Essa é minha conclusão. O.k., vou tomar um banho!

A certa altura, R. se divorciou do marido e foi morar com um namorado que havia se tornado um *hikikomori* depois do suicídio do pai dele. A moça enviou a Nemoto um ensaio que o namorado escrevera, argumentando que os *hikikomori* e os monges em treinamento são essencialmente iguais:

> Há muito tempo, fazer treinamento para se tornar monge era assumir um modo de vida prestigiado, e penso que um número

> considerável desses religiosos era de pessoas com problemas que as impediam de viver em sociedade — gente que hoje seria chamada de neurótica ou depressiva [...]. A regra básica era deixar para trás a família e os amigos, descartar todas as relações sociais e renunciar ao mundo [...]. A velha sociedade os aceitava, embora os achasse completamente inúteis. Ou melhor, aquela sociedade os tratava com respeito e os sustentava com oferendas [...] Em casos muito raros, alguns alcançavam a chamada "iluminação", e essas pessoas podiam disseminar ensinamentos capazes, talvez, de salvar outras que passavam por problemas na sociedade. Em outras palavras, havia certos casos em que os monges podiam ser úteis à sociedade, e penso que por isso eram sustentados. Acho que monges e *hikikomori* são semelhantes. Primeiro, porque nem um dos dois se adapta a essa sociedade — enquanto um monge vive recluso na montanha, um *hikikomori* se recolhe em seu próprio quarto. Ambos se voltam para a atividade de encarar sozinhos a fonte de seus problemas [...]. Ninguém mais, porém, aceita esse modo de vida, e é por essa razão que os *hikikomori* se escondem em seus quartos [...]. Mas eles são seres muito importantes. Não podem ser curados pela sociedade; ao contrário, é a sociedade que tem problemas, e talvez os *hikikomori* sejam capazes de resolvê-los.

Depois de quatro anos no mosteiro, Nemoto quis sair e voltar para o mundo, mas não estava seguro do que fazer, então se mudou para Tóquio e foi trabalhar numa lanchonete de fast-food. Tendo passado os quatro anos anteriores a arroz e picles, achou atraente a ideia de fritar hambúrgueres. Como era de esperar, o trabalho era tão fácil se comparado a seu treinamento que ele passava o tempo todo feliz. As pessoas lhe cumprimentavam, elogiavam seu desempenho, perguntavam se estava bem lá no fundo da cozinha, se não estava com muito calor, se não queria um pouco de água. Era incrível! Logo seu comportamento eufórico começou a chamar atenção. Ninguém conseguia entender por que ele era tão feliz fritando hambúrgueres; todos os outros funcionários da lanchonete eram infelizes.

As pessoas perguntavam qual era o seu segredo, e Nemoto falava do mosteiro. As pessoas então começavam a contar os seus problemas — algumas falavam sobre suicídio —, e ele descobriu que levava jeito para ajudar gente infeliz a mudar a maneira de pensar. Passado um tempo, o filho de um de seus mestres entrou em contato e perguntou o que ele estava fazendo naquele emprego — a seita precisava de monges para assumir a função de abades nos templos. Um desses templos ficava numa cidadezinha chamada Seki, na província de Gifu, pouco mais de 250 quilômetros a oeste de Tóquio, e fecharia as portas se não conseguissem encontrar um abade; Nemoto concordou em se mudar para lá.

Em meio às montanhas cobertas de bambu ralo, Seki consistia numa fileira de blocos de apartamento em concreto de altura baixa e sobrados em estilo tradicional, com telhado inclinado de telhas corrugadas. O templo, também em estilo tradicional, ficava fora da cidadezinha, cercado por arrozais e com um cemitério em um dos lados. Dentro havia uma sala de meditação onde eram guardadas as tabuletas votivas da comunidade, cada uma contendo um rolo no qual estavam anotados os nomes dos ancestrais da família em questão, alguns remontando ao século XVII. Portas de correr guarnecidas de venezianas de varetas e papel abriam os quartos para a área exterior, enquanto os assoalhos eram forrados por tatames.

Nemoto imaginara que a vida de um abade no interior seria tranquila, mas se revelou tão atribulada que ele raramente tinha tempo para cuidar de si mesmo. Realizava funerais para todas as famílias, e havia as festas que duravam duas, três, quatro semanas, e todas as cerimônias que vinham depois disso. Nemoto também plantava e colhia arroz nos campos do templo e distribuía parte da colheita à população local.

Pelo menos ali não havia privações: depois da saída do mosteiro e da iniciação como sacerdote, as restrições da vida monástica deixam de existir. Monges podem beber, fumar e se casar. Budistas de países onde os costumes são mais rígidos muitas vezes ficam chocados com os hábitos dos monges japoneses, mas Nemoto não via motivo para criar uma separação entre seu tipo de vida e o das outras pessoas. (Uma vertente da seita Terra Pura leva isso ainda mais longe — seus monges não raspam a cabeça. É um gesto de humildade, já que os monges da Terra Pura se consideram sujeitos comuns como todo mundo.) Para realizar funerais, Nemoto usa um robe; as pessoas mais velhas se sentem reconfortadas pela visão de um monge em sua vestimenta tradicional. Mas, quando está fora do templo, ele veste o que gosta: jeans folgados, botas velhas, uma bandana na cabeça raspada. Não se trata só de diminuir a formalidade: no Japão, o budismo se tornou algo tão exclusivamente associado a funerais que um monge de robe parece, para muita gente, um mensageiro da morte.

DATA: 22/4/2010

Caro Monge Superior do Templo de Daizenji,

Recentemente [desde o suicídio do marido], minha vida não mudou tanto, na verdade, mas ainda consigo continuar vivendo. Vou divagar sobre meus pensamentos. Por favor, me perdoe porque devo me estender demais. Minha mãe era bastante devota. Nunca deixava de unir as palmas das mãos em oração e cantar o sutra diante de um altar budista pela manhã e pela noite. Meu pai gostava de um saquê e, já nas minhas primeiras lembranças, era um homem violento. Cresci vendo minha mãe sofrer por décadas. Ela, porém, jamais se queixava. Trabalhava duro e, obstinada, rezava pela felicidade da nossa família, uma vez que havia se dedicado a cuidar do meu pai até a morte dele. Eu não conseguia entendê-la. Só conseguia pensar em como ela era uma mulher impressionante. Durante todo aquele tempo odiei meu pai [...]

Depois da morte dele, a saúde da minha mãe declinou. Ela havia finalmente se libertado do marido problemático, mas aí fui eu quem comecei a lhe causar problemas. Meu casamento fracassou, nada ia bem na minha vida e, quanto mais velha eu ficava, mais perdia o sentido da vida, só queria morrer. Meu coração estava duro, e passei a falar coisas violentas para minha mãe [...]. Então ela pegou uma pneumonia e morreu. Fiquei desesperada. Me senti esmagada por um remorso terrível. Não conseguia me perdoar, a dor era tanta que não pude mais suportar. Tentei me suicidar.

Minha mãe sofreu durante décadas por causa do meu pai alcoólatra, e eu a fiz sofrer quando ela finalmente tinha se livrado dele. Ao longo da sua vida inteira, nunca foi recompensada. Por que ela, tão devota, e depois de tanto sacrifício, acabou tendo uma existência tão cheia de sofrimento? Sei que só dei a ela sofrimento. Foi minha culpa. E, no entanto, não pude evitar. Então, quando penso na minha mãe, sinto raiva, e fico me perguntando se não há deuses ou budas neste mundo, e como pode uma vida tão cheia de bondade passar assim, sem recompensa nenhuma. Sinto que já não me importo com mais nada, se não é possível se tornar feliz ao ter uma vida virtuosa. As últimas palavras proferidas pela minha mãe depois de recobrar a consciência foram: "Me sinto grata" [...]

Estou sozinha. Sei que isso é patético, considerando que não falta muito para eu chegar aos cinquenta anos. Meu emprego é temporário. Estou conseguindo me sustentar no momento, mas não sei como será no futuro. Não tenho nenhuma ideia de como viver. Sinto uma ansiedade extrema. Converso todos os dias com a foto da minha mãe. Todas as manhãs, ao acordar, fico decepcionada comigo mesma por ainda estar viva. Quando morrer, não poderei ir para onde minha mãe está. É o que eu acho. Mas, mesmo querendo morrer, também queria achar um jeito de viver. Venho procurando um emprego desde o início deste ano. Como, na minha idade, não tem outra coisa que eu possa fazer além de trabalho de escritório, sempre sou recusada. É normal. Aí, no fim, sinto como se quisesse fugir. Não sei o que estou fazendo. Nem mesmo sei se quero viver ou morrer. Talvez esteja procurando um emprego para mentir sobre o fato de querer morrer [...]. À noite, penso no meu futuro, penso na minha mãe, e não consigo parar de chorar.

É difícil conversar sobre querer morrer. A maioria das pessoas não sabe lidar com uma conversa dessas; é perturbador demais. Quando se liga para um atendimento de emergência, a pessoa do outro lado da linha sabe lidar com o problema, mas é um estranho que não sabe nada sobre quem está ligando. Não se pratica muito a terapia falada no Japão — uma consulta com um psiquiatra geralmente dura alguns minutos, e a pessoa sai com uma receita para comprar remédios. Nemoto queria ajudar suicidas em potencial a conversar entre si sem constrangimento, por isso criou um site sobre suicídio. Originalmente se chamava Para Quem Quer Morrer, mas alguém o alertou de que poderia se transformar num ponto de encontro para pessoas que queriam cometer suicídio em dupla ou em grupo — o que havia se tornado bastante comum no país —, e o site passou a se chamar Para Quem Não Quer Morrer. As pessoas se comunicavam umas com as outras por ali, e escreviam para o monge.

Ele respondia a todas as mensagens. Não deixava nenhum e-mail sem resposta, e, muitas vezes, ao responder, recebia um e-mail de volta em poucos minutos, o qual respondia também. Atendia todos os telefonemas, fosse dia ou noite; muitos eram noturnos. As pessoas ligavam querendo conversar, mas não sabiam o que dizer; não sabiam como descrever o que se passava com elas. O que ouvia naqueles telefonemas ao longo de horas de conversa era uma ansiedade inarticulada, urgente e sem fim que se infiltrava nele e não o abandonava depois de concluída a chamada. Tentava praticar o que definia como escuta zen — deixava as palavras e emoções fluírem através dele, preenchendo por completo sua mente, de modo que não sobrasse espaço para nenhuma reação própria. Achava que, se quisesse ajudar as pessoas, tinha de sentir o que elas sentiam — precisava se colocar não no papel de conselheiro, mas no de companheiro no sofrimento, tentando, como faziam aquelas pessoas, extrair algum sentido da vida —, mas isso passou a afetá-lo cada vez mais, já que a ansiedade delas passava a ser a dele. Procurava meditar para se purgar daquelas emoções, mas jamais conseguia fazer isso por completo.

Pensava sobre os suicidas em potencial o tempo inteiro. Como poderia ajudá-los? O que poderia fazer? Não estava dormindo direito. Era exaustivo, mas seu trabalho no templo também o era, e ele encarava o que fazia como continuidade de sua prática. Depois de três anos, sentiu que estava perto de um colapso e começou a pensar em maneiras de se cuidar. Voltou ao caratê. Passou a meditar e a cantar mais. Mas novas pessoas lhe pediam ajuda, além das que já atendia e com quem mantinha contato. Eram poucos os casos resolvidos, de maneira que se sentia responsável por um número crescente de pessoas, que exigiam muito dele.

No outono de 2009, começou a sentir um peso no peito. Era como se seu pescoço estivesse sendo apertado, e ele tinha dificuldade para respirar. Quando a situação ficou bem ruim, alguns meses mais tarde, foi parar no hospital e recebeu um diagnóstico de angina instável. Cinco artérias estavam bloqueadas; o médico lhe disse que ele podia morrer de um ataque cardíaco a qualquer momento. Nos dois anos seguintes, fez quatro angioplastias. Durante esse período, o pai de Nemoto passou a ter ideias suicidas: dez anos antes, sobrevivera a um AVC com a sequela de uma paralisia parcial. No momento em que o filho foi hospitalizado, o pai perdera a vontade de viver. Depois de alguns meses, morreu do coração.

Durante esse tempo, os e-mails e telefonemas continuaram, mas Nemoto esteve muito doente para conseguir responder-lhes. De início, não explicou o porquê daquele silêncio. Então, à medida que passavam as semanas, achou que devia uma explicação. Do hospital, escreveu para seus interlocutores contando de sua doença. Quando foi ver como tinham reagido à notícia, ficou chocado. Não lhes interessava que ele estivesse doente: também estavam mal, sofriam, e ele tinha de cuidar deles. Na cama do hospital, Nemoto passou uma semana chorando. Tinha se sacrificado durante sete anos, chegando à beira de um colapso e perto da morte, na tentativa de ajudar aquelas pessoas, e elas não se importavam com ele. Qual era o sentido daquilo? Sabia que, para alguém pensando em suicídio, era difícil entender os problemas dos outros, mas ainda assim — fazia anos que vinha conversando com alguns daqueles suicidas em potencial, e agora ali estava ele, morrendo, e ninguém se importava.

Por um longo tempo, seus pensamentos foram agitados por ideias sombrias, e não conseguia colocar a cabeça no lugar, mas aos poucos a névoa se dissipou, e o que ficou foi a sensação forte de que queria dar continuidade ao trabalho. Nemoto se deu conta de que, mesmo que essas pessoas não sentissem nada por ele, ainda assim havia algo que queria delas. Sentia a excitação intelectual quando acertava na análise de algum problema de seus interlocutores. Queria saber verdades que gente comum não sabia, e, ao sofrer, parecia que estava descobrindo essas verdades. E havia ainda outra coisa, difícil de definir, uma espécie de excitação espiritual que, para ele, causava a sensação de um choque entre almas. Se era isso o que buscava, teria de parar de pensar naquele trabalho como algo moralmente obrigatório e carregado de significado. Ajudar as pessoas não deveria ser nada de especial, ele pensava. Deveria ser como comer — simplesmente alguma coisa que ele fazia no decorrer da vida.

Ao chegar a essa conclusão, entrou no seu site e viu que recebera, sim, algumas mensagens de apoio que tinham passado despercebidas para ele da primeira vez que as checou, por estar tão chocado com as outras reações. Foi um alívio. Mas ainda precisava fazer mudanças na vida. Era evidente que vinha errando em alguma coisa. Pensou em todos os e-mails e telefonemas e no fato de que aquelas conversas eram capazes de girar em círculos sem nunca avançar; e pensou também quanto era estranho e perturbador tomar para si as dores de pessoas que nem conhecia.

Decidiu que, dali em diante, não se comunicaria com quem não tivesse conhecido pessoalmente. Se quisessem receber aconselhamento, as pessoas teriam primeiro de vir ao templo. O que seria difícil para muita gente — o lugar era remoto, a certa distância da cidade mais próxima, Nagoya, longe até mesmo da estação ferroviária local, e ele costumava ter suas conversas com pessoas do Japão todo. Gastariam um bocado de dinheiro para chegar até ele. Mas essa era a questão: se não estavam dispostos a ir ao templo, era improvável que fosse capaz de ajudá-las.

A nova estratégia diminuiu o número de pessoas que o procuravam, e também significou uma mudança para aquelas a quem continuou ajudando. Seria pelo fato de que agora se encontravam pessoalmente, ou pelo tempo maior e mais concentrado que conseguia dedicar a elas? Nemoto não tinha certeza. Mas, depois daqueles encontros, muitas vezes sentia que ele e seus interlocutores tinham chegado a alguma espécie de conclusão. Isso queria dizer também que não teria de passar a vida angustiado, com medo de que alguma das muitas pessoas com quem tinha se comunicado viesse a se matar a qualquer momento. Com o tempo, desenvolveu outras técnicas. Começou tomando notas durante as conversas, o que o ajudava a manter certo distanciamento do desespero das pessoas enquanto as escutava. Isso também permitia que as lembrasse de coisas que haviam dito antes, sobre sua felicidade passada, e que as ajudasse a construir uma história que fosse de um ponto a outro, em vez de andar eternamente em círculos, proporcionando-lhes uma certa distância para enxergar o próprio sofrimento.

Certa vez, um homem caminhou por cinco horas para chegar ao templo de Nemoto. Uma caminhada heroica para ele, que vivia como um *hikikomori*, e, então, de repente, estava ali no mundo, sob o sol, suando e sentindo seu corpo se mover. Enquanto andava, foi pensando no que ia dizer. Fazia um bom tempo que não falava com ninguém, e nesse tipo de situação era esperado que ele explicasse os seus sentimentos mais íntimos para um estranho. Suava e pensava enquanto continuava a caminhada e, quando finalmente chegou ao templo, cinco horas depois, anunciou que havia compreendido o que buscava e não precisava mais da ajuda de Nemoto. Deu meia-volta e tomou o rumo de casa.

Os filhos dos outros

"O lar é aquele lugar onde, se você precisar,
Será acolhido."
"Eu deveria ter falado que é
Uma coisa que você não teve de fazer nada para merecer."
Robert Frost, "The Death of the Hired Man"

Quando tinha doze anos, Sue Hoag leu um livro, *The Family Nobody Wanted* [A família que ninguém queria], a respeito de um casal, nos anos 1930, que adotou um pelotão multirracial de doze crianças, mesmo não tendo muito espaço ou recursos. Imaginou que seria maravilhoso fazer parte de uma família assim e implorou aos pais que adotassem uma criança. Como seria emocionante, pensou ela, pegar pequenos que haviam sido abandonados em instituições solitárias e trazê-los para casa, brincar com eles, amá-los e fazê-los felizes. A família tinha só quatro crianças, alegou Sue, com certeza havia espaço para mais algumas. Os pais negaram o pedido. Mas Sue continuou pensando sobre o livro e, quando tinha quinze anos, conheceu seu futuro marido, Hector Badeau; aos dezoito, ela e Hector já tinham planejado sua família: teriam dois filhos e adotariam mais dois. Quatro anos depois de terminarem a faculdade, e quatro anos depois de se casarem, Sue e Hector tiveram dois filhos e adotaram outros dois — e pensaram que sua família estava completa.

Só que havia bem mais de duas crianças no mundo precisando de pais. Havia tantas com poucas chances de ser adotadas — ou porque eram muito velhas, ou muito violentas, ou muito traumatizadas, ou porque não conseguiam falar, ou estavam à beira da morte, ou eram da cor errada, ou tinham muitos irmãos e irmãs — que, quando Hector e Sue imaginavam como seria a vida dessas crianças sem pais, vidas que já eram inimaginavelmente difíceis, não podiam suportar. Então, quando Sue completou 28 anos e Hector fez trinta, eles adotaram sete filhos, além dos dois que já tinham; e ao final do ano seguinte, além dos dois filhos, eram catorze os adotados; e muito antes de adotarem a última criança, a 22ª, onze anos mais tarde, a família de quatro filhos que haviam imaginado no ensino médio já era uma memória distante — e algo maior, mais explosivo, emocionante, devastador e complexo tinha tomado o lugar daquele sonho.

Coisas terríveis e dolorosas, que eles não puderam evitar, aconteceram ao longo dos anos — três de seus filhos morreram, dois foram parar na cadeia, houve gravidezes precoces e divórcios. Mas também festas de aniversário, casamentos e formaturas; e eles tinham netos e bisnetos, muitos ainda vivendo no mesmo bairro, a poucas quadras de distância uns dos outros e de seus pais, entrando e saindo das casas o tempo todo, uns cuidando dos filhos dos outros. E a cada Páscoa, Quatro de Julho, Ação de Graças, Natal e Ano-Novo, os filhos, netos e bisnetos se juntavam a Sue e Hector na grande casa onde ainda viviam, embora não tivessem condições financeiras de mantê-la, e compartilhavam uma refeição. E, embora alguns estivessem ausentes — três mortos, dois na cadeia —, mesmo assim muitos continuavam por lá, ano após ano, e, apesar de tudo que tinha acontecido, ainda eram uma família.

Vinte e dois filhos não parecia um número tão extraordinário para Hector quanto para a maioria das pessoas, porque ele viera de uma casa de dezesseis irmãos. Sua mãe, Delvina, nascera em uma fazenda em Sainte-Cécile, em Québec, e só frequentara a escola até a oitava série; seu pai, Philorum, abandonara os estudos em Montreal aos nove anos para trabalhar cortando madeira. Philorum se casou com Delvina e eles se mudaram para Vermont em busca de trabalho, embora nenhum dos dois falasse inglês. Philorum encontrou emprego numa pedreira, como cortador de pedras. Dos dezesseis filhos, quinze vingaram — o quinto morreu com três anos, ao cair de uma escada. Hector era o 12º, nascido em 1956. Seus pais eram pobres: o maior salário que Philorum conseguiu ganhar, já perto do fim da vida, foi de cem dólares por semana. Os filhos mais jovens dormiam em seis numa só cama.

Delvina lia a Bíblia todos os dias e as crianças frequentavam a igreja todos os domingos, rezavam o rosário, se confessavam. Anos mais tarde, depois que seu marido morreu e as crianças já eram crescidas, Delvina começou a alojar pessoas sem-teto em sua casa e alimentá-las com o dinheiro da pensão do marido. Delvina era esse tipo de pessoa; porém, enquanto Philorum viveu, ele é quem esteve no comando. Era um pai duro, rígido e pouco amoroso. Praticara boxe quando jovem por dinheiro, e fazia seus meninos lutarem uns contra os outros. Hector detestava isso. As crianças não tinham permissão de trazer amigos para dentro de casa, nem permissão para sair para namorar ou frequentar os bailes na escola.

Philorum bebia muito e era comum passar o fim de semana de pileque. Quando chegava em casa e estava feliz, tocava violino; quando estava zangado, batia nas crianças com um chicote ou um fio elétrico, assim como em Delvina. Ao completar doze anos, Hector decidiu que não gostava do pai e que, quando crescesse, se tornaria um pai que passaria muito tempo com os filhos e diria a eles que os amava.

Os meninos de Badeau eram conhecidos por jogarem hóquei, e Hector era o melhor deles, o recordista de gols, a estrela da escola Spaulding. Viviam escrevendo sobre ele nos jornais. Hector tinha cabelo crespo e, quando estava no colegial, deixou a cabeleira crescer à moda afro dos anos 1970, com um bigode para combinar. O técnico queria que ele fizesse um teste para se tornar profissional, mas àquela altura ele conhecera Sue.

A primeira vez que Hector viu Sue foi no outono de 1973, quando jogava hóquei sobre grama. Ela era pequena — tinha cerca de um metro e meio —, embora já estivesse no segundo ano do ensino médio. Para o padrão da cidade, Sue era rica. Mais tarde, quando foi para a universidade, Sue percebeu que mal podia se considerar de classe média — mas em Barre, Vermont, sua família parecia próspera. Seus pais tinham feito universidade; seu pai era engenheiro no Departamento Estatal de Estradas e sua mãe era higienista dental. Os dois davam aulas na escola dominical e eram considerados pilares da igreja local, embora não falassem muito sobre Deus. Atuavam como líderes das Bandeirantes e treinadores dos times juvenis de esportes. Tinham quatro filhos, dos quais Sue era a mais velha, e sua casa era decorada com bom gosto e excepcionalmente limpa.

Quando adolescente, Sue era gorduchinha e estudiosa, e não chegava a ser muito popular entre os meninos; porém, quando cresceu, ficou muito bonita. Foi coroada Miss Barre na categoria júnior, tornando-se a primeira beldade local a ser vice-campeã no concurso estadual de beleza. Então o atleta que era a estrela da escola a convidou para sair e começaram a namorar. Sue escreveu um poema — "O jogador de hóquei" — sobre esse evento incrível. Apesar de ser uma estrela do esporte, Hector não tinha muitos amigos próximos e nunca tivera uma namorada propriamente dita, mas sentia que podia se abrir com Sue. Ela vinha do tipo de família à qual ele gostaria de pertencer: percebia que o pai de Sue tratava a mãe dela com respeito e demonstrava seu amor pelos filhos. Seis meses depois, Hector decidira que Sue era a garota para ele.

Sue sempre frequentara a igreja com seus pais, porém começou a se tornar mais religiosa mais ou menos na época em que conheceu Hector, quando sua professora de balé passou a convidá-la para aulas de estudo da Bíblia. Para Hector, Deus tinha sido sempre alguém com quem era preciso negociar: a pessoa obedecia às regras Dele em troca de alguma coisa; Deus era assunto para domingos e feriados, não para o resto da semana. Porém, Hector e Sue passaram a acreditar que os ensinamentos de Jesus exigiam que eles dessem apoio aos oprimidos, cuidassem dos menos favorecidos e buscassem a justiça.

Dos irmãos de Hector, apenas Irene terminou os quatro anos de universidade; ela se tornou enfermeira. Um dos irmãos vendia carros; dois outros trabalhavam nas pedreiras; um fazia entregas e vendas para a Cabot Creamery; outro era carteiro. Alguns bebiam e acabaram dependendo de auxílio do governo. Mas Sue estava a caminho do Smith College, para estudar desenvolvimento infantil, e persuadiu Hector a fazer quatro anos de faculdade também. Ele foi para o New England College (NEC) — Não Exatamente um Campus, ele brincava — e passou boa parte do tempo bebendo vestido com sua toga; porém, quando visitava Sue na Smith, sempre se comportava bem, e eles noivaram naquele ano. Hector achava que os pais de Sue deviam estar chateados por ela querer se casar com um pobretão da classe operária como ele, em vez de procurar um cara de Amherst ou Harvard, mas os sogros se acostumaram com Hector, e os dois se casaram logo após se formarem, no verão de 1979.

A primeira coisa que fizeram foi pedir um generoso empréstimo para comprar uma loja de livros cristãos em Northampton, onde Sue trabalhara enquanto estava na universidade. Achavam que ter o próprio negócio era uma forma de garantir mais tempo para ficar com os filhos. Massachusetts tinha recentemente desinstitucionalizado seus pacientes com problemas mentais, portanto havia um monte de sem-teto vagando pelas ruas. Várias lojas tentavam mantê-los à distância, então Sue e Hector decidiram separar uma sala na parte de trás da loja para que os mendigos pudessem descansar. Havia sempre um cinzeiro e uma garrafa térmica cheia de café durante todo o dia. Algumas vezes, levavam alguém para dormir no sofá de sua casa. Conversando com os mendigos, descobriram que a maior parte deles não tinha família — e isso os fez questionar o que aconteceria com eles caso perdessem a casa onde moravam e não tivessem a quem recorrer.

Planejavam esperar alguns anos para ter filhos, para que pudessem devolver os empréstimos feitos para pagar a faculdade e comprar a loja, mas Sue ficou grávida poucos meses depois do casamento. A filha, Chelsea, nasceu no verão de 1980. Algumas semanas depois, dois estudantes universitários visitaram a igreja deles e contaram que tinham passado o verão trabalhando com Madre Teresa. Isso pareceu a Sue e Hector um sinal de Deus. Eles planejavam adotar uma criança que fosse, nas palavras de Hector, "a que mais precisasse de uma casa e tivesse menos chance de conseguir uma". E quem poderia ser mais necessitado do que um órfão pobre de Calcutá?

HECTOR: Sue e eu, para o bem ou para o mal, nós...

SUE: Agimos.

HECTOR: Mal tivemos a ideia, já a colocamos em prática. Parecia a coisa certa a fazer, então ligamos para a agência no dia seguinte.

SUE: A gente nem ligou, a gente foi entrando. Nem marcamos um horário, só entramos na agência de adoção!

Os dois disseram à assistente social da agência que queriam adotar um bebê da Índia. A assistente olhou para a criança pequena no colo de Sue e perguntou por que queriam fazer isso, mas não deu risada nem os mandou embora.

O processo se provou mais complicado do que Hector e Sue esperavam. A assistente social explicou a eles que a Índia colocara em vigor uma proibição temporária de adoções para estrangeiros, mas ela tinha duas crianças, de dois e três anos, de El Salvador (país que estava em guerra civil), que precisavam de uma família. Gostariam de adotar uma delas? Sue e Hector não tinham pensado em adotar crianças mais velhas, mas conversaram sobre o assunto, rezaram e responderam que sim. E adotaram um menino, Jose. Ele chegou em péssimo estado: gritava de terror quando passava por uma ponte ou via um cachorro; soluçava à noite e acordava berrando. Insistia em ter Sue ou Hector à vista o tempo inteiro. Pouco a pouco, foi se acalmando.

Seis meses depois que Jose chegou, Sue descobriu que estava grávida novamente. E ficou horrorizada — saindo do médico, começou a chorar. A vida com duas crianças era boa, mas não daria conta de três, tinha certeza disso, ela ficaria louca. E agora não tinha escolha. Para deixar as coisas ainda piores, o dinheiro estava cada vez mais curto: as vendas na livraria iam mal. Hector já arranjara um emprego de cozinheiro de lanchonete no turno da noite, e começou a trabalhar também no primeiro turno da linha de produção de uma fábrica. Porém, depois do choque inicial da gravidez, Sue esqueceu que estivera apavorada com a ideia de ter três crianças; e Hector nunca chegara a se preocupar com isso. Então, quando a agência de adoção ligou para eles, pouco antes de Sue dar à luz novamente, perguntando se ainda queriam um bebê indiano, disseram que sim. E também se inscreveram num programa de acolhimento familiar e passaram a receber adolescentes em regime de acolhimento familiar. O bebê indiano, Raj, enfim chegou: prematuro, tinha nascido com uma pequena paralisia cerebral e, ao chegar, com quatro meses, pesava pouco mais de três quilos.

No começo, Sue e Hector trabalhavam em casa e na livraria. Mais tarde, depois do nascimento de Isaac, Sue decidiu que gostaria de tentar ser mãe em tempo integral — passou a ficar em casa com os quatro bebês. E detestou. Durante uma crise de verdade, costumava ser calma, mas seu autocontrole se desintegrava rapidamente quando se via diante de pequenos desafios domésticos, como fraldas e piolhos.

> HECTOR: Eu tinha dois empregos. Precisava ir para o trabalho e, quando chegava, tinha que fazer o trabalho dela. Sue nunca foi muito boa em...
> SUE: Eu gostava de fazer pão ou alguma outra coisinha.
> HECTOR: ... lavar roupa ou limpar o banheiro.
> SUE: Apenas nos demos conta de que não estávamos nos dedicando às áreas em que éramos fortes.

Depois de alguns meses, ficou claro que ela nunca mais tentaria fazer isso. Ela e Hector fizeram um trato que, dali para a frente, Sue trataria de toda a parte burocrática e ele trocaria as fraldas. E, ao longo dos anos, tornou-se evidente que Sue, com seu diploma da Smith e aptidão para administração e falar em público, estava mais bem preparada para ganhar dinheiro fora de casa;

Hector, que não se importava de trocar fraldas e não gostava de ter chefes, estava melhor em casa. Sue pensava na vida de sua mãe, e Hector na de seu pai, e ambos foram para a direção oposta.

> SUE: Ele queria ficar mais em casa, e eu queria ficar menos.

Mais ou menos nessa época, a situação financeira se tornou tão ruim que eles decidiram que não tinham opção exceto se mudar. Parecia impossível querer atuar como cuidadores temporários de adolescentes enquanto tentavam trabalhar em vários empregos; porém, se deram conta de que podiam combinar as duas coisas se administrassem um grupo de acolhimento de jovens. Então, arrumaram um emprego ao abrir uma casa de acolhimento, receberam seis delinquentes adolescentes, venderam a livraria e se mudaram de volta para Vermont.

> SUE: Havia crianças no grupo com dezesseis, dezessete, dezoito anos, e nós tínhamos apenas vinte e poucos.
> HECTOR: No começo foi assustador, não sabíamos como esses adolescentes iriam responder. Sue estava mais assustada do que eu.
> SUE: Eu não estava assustada!
> HECTOR: Toda vez que eu saía de casa e havia alguns garotos por lá, ela dizia: Quanto tempo você vai ficar fora? É melhor não demorar!

Uma vez que se acostumaram, descobriram que gostavam de estar rodeados de adolescentes, mas a casa de acolhimento era deprimente. Nos dois anos que ficaram por lá, 23 garotos passaram pela casa — meninos que haviam ficado uma média de onze anos em acolhimento familiar. Quando completavam quinze anos, alguns já tinham estado com mais de 25 famílias. A maioria deles, Sue e Hector sabiam, nunca teria uma verdadeira família; e talvez alguns se tornassem mendigos. Quanto mais pensavam a respeito, mais acreditavam que o acolhimento familiar temporário era uma coisa terrível. As crianças precisavam de famílias permanentes. E não havia muita esperança para uma criança que era expulsa de uma casa depois da outra durante toda a infância.

Sue e Hector pensaram que deviam tentar estimular outras pessoas a adotar, então decidiram abrir uma agência cujo trabalho seria financiado por recursos captados em igrejas. O nome do novo empreendimento era Rootwings, porque as crianças precisavam das duas coisas, raízes (*roots*) e asas (*wings*). Os dois se mudaram para uma casa em Cabot, levando com eles, em regime de acolhimento familiar, cinco meninos que estavam na casa de acolhimento. A casa era simples, aquecida apenas por uma lareira, mas era grande o bastante para que os meninos mais velhos tivessem os próprios quartos, e havia cinco acres de terra para brincarem. Para levantar algum dinheiro, Hector começou a desmontar antigos celeiros e silos e vender a madeira a uma empresa que trabalhava com recuperação; a que estava em condições muito ruins para ser vendida era usada para aquecer a casa.

Foi nesse ponto que o plano de ter duas crianças e adotar mais duas começou a se desintegrar. Em uma viagem para uma conferência sobre adoção, Sue e Hector jantaram com uma família que adotara doze crianças, incluindo dois casais de irmãos, e achava que elas se sentiam seguras e amadas. Então Chelsea, que morava numa casa com três irmãos e cinco meninos adolescentes, começou a pedir uma irmã. Sue achava que quatro filhos era o suficiente, mas Hector não estava tão convencido. E foi por isso que, enquanto Isaac ainda era bem pequeno e estava no hospital se recuperando de um episódio quase fatal de meningite, eles adotaram uma bebê negra de oito meses vinda da Flórida, que tinha síndrome alcoólica fetal e nascera prematura, pesando novecentos gramas. Eles a chamaram de Joelle. Decidiram também que Sue deveria fazer uma ligadura de trompas. Havia momentos em que se sentiam tentados a ter mais um filho biológico, mas seu destino era a adoção e, se enchessem a família de mais filhos biológicos, sua missão estaria comprometida.

Com as quatro crianças pequenas, mais a bebê miúda e os três garotos que restavam do acolhimento familiar, Sue e Hector decidiram tirar férias. Não podiam pagar por hotéis nem comer em restaurantes, então viajaram pelo país durante cinco semanas em um trailer. Comiam sanduíches de manteiga de amendoim e geleia, bebiam suco em pó e acampavam em parques nacionais por dois dólares a noite. Visitaram o Parque Nacional de Yellowstone, o Parque Nacional de Yosemite, o Grand Canyon, o Deserto do Grande Lago Salgado e a Trilha das Lágrimas dos Cherokee.

O destino final era uma conferência de adoção em Albuquerque. Lá ficaram conhecendo o terrível destino dos grupos de irmãos: crianças que nunca seriam adotadas por serem numerosas, ou que seriam separadas em adoções ou outros esquemas de acolhimento familiar, então talvez nunca mais se reencontrassem. Ao final da conferência, Sue e Hector estavam convencidos de que tinham de fazer alguma coisa. Pouco depois, folheando *Los Niños*, um informativo do Novo México, Sue viu a fotografia de quatro irmãos — dois meninos e duas meninas. E alguma coisa aconteceu dentro dela. Outro grupo de seis adolescentes também chamou a sua atenção, mas Sue e Hector ainda tinham jovens do acolhimento familiar morando com eles, e outros seis seria demais. As quatro crianças mais jovens pareciam adequadas: Abel tinha dez, SueAnn, nove, George tinha oito e Flory, seis.

HECTOR: É difícil explicar. Foi amor à primeira vista.

SUE: Foi como se eles já fossem nossos filhos, mas, por alguma razão, não estivessem com a gente e nós precisássemos buscá-los.

Toda vez que adotavam um filho, sentiam o amor renovado. Algumas vezes começavam a sentir o amor nascer antes mesmo de conhecer a criança ou de ver uma fotografia dela. A sensação era igual à de alguém ao descobrir que está grávida, disse Sue: Você não conhece a criança, não pode senti-la ou vê-la, a criança ainda nem existe direito e você já a ama.

Os quatro irmãos já haviam se mudado muitas vezes. Por um tempo, viveram em um lar de acolhimento, mas o local separava meninos de meninas, por isso as irmãs e os irmãos mal se viam e não tinham certeza se os outros ainda estavam morando no mesmo lugar. As meninas também ficavam separadas entre si, porque Flory dormia no quarto dos bebês. À noite, SueAnn corria para o quarto dos bebês e se escondia embaixo do berço de Flory para ter certeza de que ninguém iria levá-la enquanto ela estivesse dormindo. Esperava que Abel vigiasse George da mesma forma, mas não tinha como saber o que ele estava fazendo. Nessa casa de acolhimento, quatro ou cinco crianças eram colocadas em cada quarto, dormindo em beliches. Havia um rodízio de funcionários: uma pessoa apagava as luzes e, de manhã, era outra que estava lá para acordá-los; uma pessoa dizia que era hora de comer, e outra que era hora de trabalhar.

Ao saírem de lá, entraram em regime de acolhimento familiar em casas de família, mas viviam se mudando, cerca de quatro vezes em cinco anos. Não entendiam por que precisavam se mudar tanto — porque eram maus, porque receber quatro crianças era difícil demais, porque era assim que as coisas funcionavam? Alguns dos pais temporários batiam neles; alguns os tratavam como seus próprios filhos. A última família que os tinha acolhido realmente os amava, mas não tinha condições de adotá-los, então eles sabiam que não poderiam ficar.

FLORY: Os membros da família viviam tentando nos adotar, mas a Justiça não permitia. Não sei por quê.
SUEANN: Acho que eles não tentaram de verdade.
FLORY: Talvez.
SUEANN: Para ser honesta.

Os irmãos não entendiam por que haviam sido arrancados dos cuidados da mãe — tinham ouvido muitas histórias, mas não sabiam qual era verdadeira. Abel, o mais velho, lembrava que, por um período, eles e a mãe viveram num carro. Uma assistente social disse a SueAnn que, certo dia, quando o ônibus escolar chegou para buscar as crianças, George estava do lado de fora, de fralda, brincando na lama, e a porta da frente estava escancarada. Do lado de dentro, Abel, que tinha seis anos, tentava ligar o fogão para cozinhar alguma coisa; Flory estava no berço com a fralda suja, chorando e com fome; e SueAnn andava para lá e para cá. Estavam todos sujos e não havia adulto à vista, então a polícia veio buscá-los.

O Estado comunicou à mãe das crianças que ela tinha seis meses para recuperar os filhos, depois mais seis meses, depois mais seis meses, mas ela não tinha escolaridade, mal sabia como preencher os formulários necessários e como ir às audiências; talvez não conseguisse ler as cartas que o Estado enviava, dizendo onde as crianças estavam e quem andava cuidando delas. Ou talvez soubesse fazer todas essas coisas, mas não quisesse as crianças de volta. Os filhos foram levados para vê-la algumas vezes, em visitas ao McDonald's, mas logo as visitas foram interrompidas.

As crianças não sabiam bem se eram filhos de três ou quatro

pais diferentes. O pai de Abel não falava inglês e partira havia bastante tempo. O pai de SueAnn falava inglês, mas não estava por perto. O pai de Flory vivia com a mãe deles quando foram levados pela polícia, mas estava no México na época, visitando a família, e só ficou sabendo do que aconteceu mais tarde — e, quando voltou, abandonou a mãe deles, e Flory nunca mais o viu.

A primeira vez que as crianças encontraram Sue e Hector, só sabiam duas coisas sobre eles: que o casal queria ficar com os quatro e que pretendia adotá-los, o que significava que não teriam de se mudar novamente. Eles pareciam ser pessoas de bem, mas Abel e SueAnn estavam desconfiados: tinham conhecido muita gente que parecia boa e não era. As crianças conheceram Hector e Sue em um hotel em Albuquerque e foram nadar juntos na piscina do local. Tirando o momento em que George e SueAnn vomitaram na água, o dia foi tranquilo. Já era inverno quando os irmãos chegaram a Vermont, e o clima estava congelante; eles viram neve e montanhas pela primeira vez.

Sue adorava a dificuldade de receber novas crianças. Bem no começo, tudo era um desafio. Quanto tempo demoraria para a criança considerar que ela e Hector eram seus pais? Como conseguiriam fazê-la sentir que essa era sua família, não apenas outra casa de acolhimento da qual seria chutada em alguns meses? Será que a criança se daria bem com seus outros filhos? Essas questões emocionais eram a parte mais complicada, mas havia também os aspectos logísticos e administrativos de receber novas crianças: quais serviços especiais seriam necessários? A criança precisaria de terapia? Fisioterapia? Aulas de reforço? Havia sempre o risco de as coisas não darem certo, o que a estimulava e empolgava. Sue experimentava uma onda de agitação e um propósito diferentes do que sentia normalmente, porque nada podia ser mais difícil, e isso era o que ela sabia fazer melhor.

SUE: Toda vez vem uma onda de euforia ao se conhecer a criança aos poucos, encarar o desafio de encontrar a escola certa e todas as outras coisas certas para cada um. É um lance que, depois que todo mundo já está acomodado, você meio que sente falta, e aí você pensa que está na hora de começar de novo.

A situação era particularmente difícil quando novas crianças chegavam, mas tudo era difícil, e Sue e Hector gostavam que fosse assim. Nunca quiseram uma vida fácil. Estavam sempre exaustos e sempre sem dinheiro, e era raro terem um tempo só para os dois, mas sabiam que seus esforços eram necessários: tinham condições de dar abrigo e comida para crianças que precisavam disso e que acabariam por amá-los. Estavam fazendo o trabalho do Senhor. Seus dias eram corridos e imprevisíveis, e cheios de fervor e propósito.

Para dar conta de tantos filhos, eles tinham de ser organizados. Sue era, nas palavras de Hector, "guiada por planilhas". Havia planilhas de pequenas tarefas; havia planilhas da lavanderia; havia planilhas coloridas listando as atividades de cada dia. Sue planejava o cardápio do jantar com duas semanas de antecedência, selecionando cada refeição em um longo arquivo de computador com várias opções; ela imprimia as listas de compras com os ingredientes para catorze jantares, mais ingredientes para catorze almoços e catorze cafés da manhã e catorze lanches para a escola. Havia um cronograma de orações anexado ao quadro de avisos que listava as pessoas por quem eles rezariam a cada noite.

Sue preparou um *Manual da Família Badeau*, no qual constavam os valores da família, as regras e os sistemas da casa, tudo dividido em várias seções: "Vida espiritual", "Vida sentimental & relacionamentos", "Educação & desenvolvimento intelectual", "Administração para a vida". A cada ano, pouco antes de o período escolar começar, todas as crianças ganhavam uma cópia atualizada do manual. Sue promovia um encontro familiar e repassava todos os pontos, página por página.

> 6. Celebraremos os eventos especiais na vida de cada pessoa, como aniversários e datas comemorativas, e daremos o nosso melhor para que cada um se sinta especial e amado.
>
> [...]
>
> 9. A cada semana, a mamãe levará uma criança para um "passeio de sexta à noite" e o papai levará uma criança para um "café da manhã de sábado" fora de casa, para que tenhamos um tempo para desenvolver individualmente nosso relacionamento com cada um.

Quando cozinhava, Sue tentava experimentar receitas estrangeiras interessantes para mostrar a herança étnica de alguns de seus filhos; já Hector, quando cozinhava, era sempre uma torta de carne moída e batata ou espaguete ao sugo e, algumas vezes, se havia sobras de vários tipos, ele colocava tudo numa fôrma, enfiava no forno e chamava o prato de guisado. Hector, que fora criado numa casa em que os padrões de conforto e harmonia domésticos eram consideravelmente menores que os de Sue, ficava mais à vontade com imperfeições. Também tinha mais facilidade com a disciplina. Sue sempre soltava frases prontas das suas leituras de assistência social, sobre raiva destrutiva e sobre quanto era importante ouvir, mas, nas raras ocasiões em que ficava sozinha com as crianças, elas acabavam dominando a situação.

> HECTOR: As crianças não obedeciam à Sue. Eu era o disciplinador. Elas me chamavam de Sargento Badeau. Esse não era o lance da Sue. Mas ela se saiu bem, ela sobreviveu.

Havia versículos da Bíblia pela casa toda — nas paredes, em cartazes ou quadros de aviso — para manter a palavra de Deus viva na cabeça de todos. As crianças tinham de memorizar novos versículos todas as semanas, além de participar de jogos de pergunta e resposta sobre as histórias da Bíblia. Mas Sue e Hector queriam que seus filhos respeitassem outras tradições também, então, todos os anos, celebravam o Chanuká, festa judaica, a Kwanzaa, uma celebração afro-americana, o Cinco de Mayo, de origem mexicana, o solstício de inverno e os feriados muçulmanos e hindus. Na maioria dos verões, levavam toda a família para viajar. Muitas vezes Hector ia sozinho com as crianças, porque Sue tinha de trabalhar. No verão de 1989, Hector fez uma viagem de ida e volta com catorze crianças num veículo para quinze passageiros (um antigo ônibus de transporte de aeroporto) até o Novo México, passando pela Disney World, sempre parando em campings no caminho.

Mais ou menos nessa época, começaram a aparecer artigos sobre a família nos jornais, e eles começaram a receber prêmios, mas com os holofotes vieram as críticas. Algumas pessoas os consideravam santos, outras achavam que estavam atrás da fama, que eram esquisitos ou que tinham algum tipo de problema psicológico. Diziam que eram viciados em adotar filhos para preencher algum tipo de carência, da mesma forma que outros eram viciados em compras. Alguns achavam que eram presunçosos por imaginar que podiam ser pais de tantas crianças. Mesmo os que os consideravam santos não conseguiam entender por que os dois faziam isso. Sue tentava explicar.

> SUE: Imagine que alguém treine durante anos para escalar o monte Everest. Aí você assiste a um documentário sobre a vida dessa pessoa e fica sabendo que ela teve que abrir mão de muitas coisas, até mesmo de estar presente no enterro da mãe, e você pensa: "Qual é o problema desse cara? Por que

fazer tantos sacrifícios e abrir mão de uma vida normal para perseguir um objetivo que parece tão ridículo?". Eu entendo essa sensação, e acho que não há problema em questionar. Mas, feito o questionamento, é preciso considerar: "Por que não posso simplesmente aceitar essa pessoa? Se é isso o que a faz feliz; se é seu destino; vai ver isso é importante para ela, assim como o que faço é importante para mim".

A mãe de Hector, em princípio, foi contra a ideia do filho de ter uma família tão grande. E disse a ele: "O que você está fazendo? Não faça o que eu fiz!". Queria que ele tivesse uma vida melhor do que a dela. Mas amava as crianças e sempre ajudava a cuidar delas, sem se importar com a quantidade de netos. Os irmãos e irmãs de Hector eram uma questão à parte. Hector tinha a impressão de que acreditavam no sangue mais do que ele, uma vez que não conseguiam aceitar a família Badeau com um monte de crianças negras, hispânicas e asiáticas. Os irmãos não conseguiam entender por que Hector deixara sua vida de lado para ir atrás de crianças com problemas físicos e mentais. As crianças não passavam muito tempo com a família de Hector.

Sue tinha a impressão de que sua mãe ficava perplexa e intimidada com todas aquelas crianças; e que não conseguia entender por que Sue escolhera essa vida. Ela dizia: "Você não pode salvar o mundo inteiro. É isso que você acha que está fazendo?". Anos mais tarde, depois que a mãe de Sue morreu, ela ouviu dos amigos de seus pais na igreja que sua mãe sempre tivera orgulho dela, e que sempre falava para as pessoas sobre as coisas incríveis que ela fazia; porém, até o funeral da mãe, Sue nunca soubera disso.

Depois que Abel, SueAnn, George e Flory chegaram, Sue e Hector passaram a ter nove crianças, e eles não tinham planos de ter outras; no entanto, alguns meses mais tarde, uma décima chegou quase por acaso. Uma mulher branca de Vermont, que tivera um bebê com um homem negro, tinha a intenção de entregar o filho para adoção, mas não queria que ele ficasse numa família só de brancos. Então leu sobre os Badeau em um jornal e decidiu que eles é que deveriam adotar seu filho. Hector estava cansado de trocar fraldas e havia decretado que não pegariam mais bebês, mas achou que Deus usara o artigo de jornal para dizer a essa mãe para quem entregar a criança. Sue e Hector contaram aos filhos que estavam esperando um novo bebê que era metade branco, metade negro. Quando o bebê chegou, George olhou para ele e comentou: "Você não tinha dito que ele era meio branco e meio negro?". Sue se deu conta de que George esperava que o bebê fosse listrado como uma zebra.

Alguns meses depois, Sue e Hector receberam uma nova cópia do informativo *Los Niños* e viram que os seis adolescentes que tinham chamado a sua atenção anteriormente ainda estavam lá, mas agora eram quatro — os dois mais velhos já haviam superado a idade máxima permitida pelo sistema de adoção. Assim, os seis não tinham quase nenhuma chance de ficar juntos na mesma família, e os mais velhos talvez nunca viessem a ter pais. Quem mais adotaria seis adolescentes? Eles decidiram tentar.

As assistentes sociais negaram o pedido. Hector e Sue eram muito jovens — tinham pouco mais de dez anos de diferença em relação ao irmão mais velho — e muito brancos. Parecia uma má ideia trazer seis adolescentes negros para Vermont, ainda por cima para uma família que já tinha dez filhos. Mas Sue argumentou com as assistentes sociais: a família deles podia não ser a ideal para esses meninos, mas não era melhor do que nenhuma família?

Os adolescentes vinham do Texas. Eram filhos de mãe analfabeta, que se casara com o pai das crianças aos dezesseis anos e tivera os seis filhos num intervalo de sete anos: JD, Fisher, Lilly,

Renee, Trish e David. Certa noite, quando David era bebê, teve uma febre tão alta que a mãe o levou ao hospital e, quando voltou, o menino estava surdo e não podia mais falar. O pai das crianças bebia muito e passava boa parte do tempo na cadeia. Achava que a esposa o traía enquanto estava preso, então, quando saía, batia nela. Surrava as crianças também. E colocou os garotos mais velhos um contra o outro, competindo por seu amor, até que se tornassem inimigos. Para JD e Fisher, seu pai era o Super-Homem.

> FISHER: Quando eu nasci, meu irmão tentou me golpear com um garfo. Eu era o preferido do meu pai; ele gostava mais de mim do que dos meus irmãos e irmãs. Eu morri no hospital quando era pequeno e me trouxeram de volta. Então uma cigana me disse que os problemas da família recairiam sobre mim.

O pai das crianças começou a molestar Renee quando ela tinha cinco anos. Não tocava nas outras meninas, só em Renee. Ele disse a ela que a estava ensinando a ser mulher. O abuso acontecia num quartinho na parte de trás da casa, num cômodo coberto com papel de parede florido e com uma cadeira num canto. A porta era branca. A mãe sabia o que estava acontecendo — limpava Renee no banheiro depois — e batia na filha, conta Renee, dizendo que era tudo culpa dela.

O pai se envolvia com outras mulheres também. Quando teve um caso com uma mulher comprometida, acabou sendo morto pelo marido dela, que atirou nele. Depois que o pai faleceu, a mãe das crianças foi embora. JD tinha doze anos e só conseguia pensar em vingança. Seu pai ensinara que era preciso ficar do lado da família seja lá o que acontecesse, e portanto tinha de vingar a morte do pai matando o homem que tirara sua vida. Sabia quem era o cara, e sabia que ele sairia da cadeia em poucos meses. Ele o mataria nessa ocasião. Mas a primeira coisa que tinha que fazer era conseguir comida. JD e Fisher saíam e cometiam pequenas contravenções. Algumas vezes, não apareciam por dias a fio buscando dinheiro, comida ou trabalho. Enquanto estavam fora, Lilly roubava ou mendigava comida — e garantia que as crianças mais novas frequentassem a escola. Ninguém pagou a conta de luz, então a casa ficou no escuro.

Tinham uma ideia de onde a mãe poderia estar, porque as pessoas do bairro a tinham visto. Estava farreando e dormindo na casa da tia das crianças, ou na casa de algum primo, ou na casa de algum conhecido. JD sabia que a mãe recebia um cheque no final do mês, então, quando estava na hora de o dinheiro chegar, mandou todo mundo entrar num táxi. Não tinha como pagar, mas disse ao motorista que pegaria o dinheiro no lugar para onde estavam indo, embora não tivesse certeza se encontrariam a mãe. Eles a acharam, mas a mãe não ficou nada feliz em vê-los e perguntou o que estavam fazendo ali. JD disse a ela que estavam famintos. Ela os levou a um mercado e comprou comida. Ficou com eles por algumas semanas e partiu novamente.

Depois de alguns meses nessa situação, alguém alertou o Estado sobre a situação das crianças e os seis foram separados. David foi enviado a Santa Fé, para uma escola de surdos. Renee foi abusada em uma casa de acolhimento e, quando declarou que queria se suicidar, foi colocada num hospital psiquiátrico em Amarillo. Os pais temporários de Trish a trancaram num armário. Algumas vezes, quando estava no ônibus escolar, Trish via pela janela a mãe passando na rua. E gritava: Mamãe! A mãe respondia: "Oi, Patricia", e continuava caminhando.

Sue continuou atormentando as assistentes sociais. Em princípio, ela e Hector receberam permissão para adotar apenas o mais novo dos seis, David, que estava com treze anos. Quando

Sue e Hector foram buscá-lo, convenceram a assistente social a deixá-los levar as outras duas mais novas — Renee, que estava com dezesseis, e Trish, com quinze.

> RENEE: A primeira vez que vi o Hector eu falei, tipo, "Você tem um black como um negro!". E a Trish disse, "Mas, Renee, ele é negro, deve ser branco e negro". E eu falei, "Trish, acho que ele não é branco e negro, acho que é caucasiano". E ela, "Não, ele deve ser meio misturado, não tá vendo o cabelo?".
>
> TRISH: Estava muito frio. Era dezembro e eles tinham ido buscar a gente no aeroporto, lembro do papai dirigindo até uma casa antiga e abandonada e eu, tipo, sentada ali: "Ai, meu Deus, os brancos vão usar a gente como escravas! Tô tão assustada!". Comecei a chorar no banco de trás. Aí o Hector falou, "Ei, pare de chorar aí atrás, tô só brincando — é ali que a gente mora, naquela casa ali".

No começo, Trish achou que a casa parecia um lar de acolhimento. Ela gostava de ter as crianças pequenas por perto — gostava de arrumar o cabelo das meninas e brincar de Barbie, e achava o Isaac tão fofo, pequenininho, loirinho e gorducho —, mas eles ainda não se sentiam como irmãos e irmãs. Pensar em chamar Hector e Sue de pais era estranho. Mas as crianças sempre tinham com o que se ocupar, andavam de trenó, ou praticavam algum esporte, ou corriam no gramado ao redor da casa, ou tinham de recolher suas roupas, seus sapatos e brinquedos; e, se um filho brigava com o outro, sempre tinha outra criança por perto para brincar, e funcionava bem; eles eram felizes.

> RENEE: Meu Deus, a gente fazia de tudo! A gente brincava de esconde-esconde. Quando a gente se encrencava com o papai e com a mamãe, a gente se escondia atrás do mato alto e

eles sabiam que a gente estava lá. “Chelsea, Flory, Renee, Trish! Onde vocês estão?”. E eu meio que, “Shhhh”. Minha mãe olhava pra fora da janela. “É melhor não estarem se escondendo atrás do mato alto!”. E eu, tipo, “Como é que ela sabe que a gente tá aqui?”. E a Chelsea dizia, “Ela tem olhos na nuca”. E a Flory, “A mãe não é uma silicoples”. Ela queria dizer a palavra Ciclope. Eu, a Chelsea e a Trish, a gente ria, morria de rir, rolava na grama de rir.

No inverno seguinte, Sue e Hector convidaram os três irmãos mais velhos — JD, que estava com dezenove, Fisher, com dezoito, e Lilly, com dezessete — para uma visita. Eles chegaram durante uma nevasca, usando roupas mais apropriadas para o Novo México; o carro não subia na colina porque a neve estava muito alta, então Sue pediu aos meninos que descessem e caminhassem o último quilômetro e meio até a casa a pé.

JD: Eu estava curioso pra saber o que eles tavam aprontando. Essa gente estava com meus irmãos e irmãs. O nome do cara era Hector, então eu tava pensando num cara hispânico e, de repente, dou de cara com esse branquelo, e eu, tipo assim, “Que que é isso?”. Então, eu meio que fiquei de olho. Estava meio desconfiado, vamos dizer assim. E também tava me perguntando, “Será que vai dar certo?”. Fiquei pensando se não estavam dando um passo maior do que a perna.

Ao final da visita, embora JD já fosse um adulto, e Fisher e Lilly estivessem no último ano do ensino médio, eles decidiram deixar o Novo México para se juntar à família, e Sue e Hector adotaram os últimos três.

SUEANN: Eles me fizeram abrir mão do meu quarto. Eu era a menina mais velha e tinha meu próprio quarto, finalmente, uma vez na vida — nós todas, eu, Chelsea e Flory, tínhamos nossos próprios quartos — e Lilly ficou com o meu, a Trish com o da Flory e a Renee com o da Chelsea, e nós três acabamos tendo que dividir o quarto com a Joelle. Meu pai foi, tipo, "Não se preocupem, um dia vocês vão ter um quarto só pra vocês de novo". E foi o que aconteceu, no fim das contas.

FLORY: E eu amei eles.

SUEANN: Nós amamos eles.

FLORY: Eles faziam tranças no nosso cabelo.

SUEANN: Eles arrumavam nosso cabelo, colocavam música e dançavam, eram muito divertidos. E a Lilly gostava de fazer compras; e sempre nos contava de alguma coisa que tinha acabado de ser lançada.

LILLY: Pra mim eles eram meus irmãos e irmãs. Quer dizer, eram umas crianças que eu não conhecia, mas que estavam no mesmo barco que eu e também precisavam de alguém para amar. Precisavam de uma irmã maior. E eu sentia que precisava protegê-los.

Todos os adolescentes estavam receosos por serem negros em Vermont, mas Fisher e Lilly se tornaram muito populares na escola: Lilly se destacava nos esportes e Fisher era tranquilo e bonitão.

FISHER: Eu era popular. Fiquei todo vaidoso, não vou mentir. As garotinhas brancas só me viam como o cara que dançava melhor, e eu era o único negro da escola.

Anos mais tarde, Lilly comentou que quase todos os seus irmãos e irmãs se casaram com alguém de uma raça diferente.

Logo que se juntou à família, Lilly perguntou a Sue como podia ter certeza de que ela era confiável. Sue respondeu: "Assumimos um compromisso com você. Esse compromisso é tão sério para a gente quanto nossos votos de casamento. Não estamos fazendo uma promessa apenas para você, mas também para Deus, então, não importa o que aconteça, você é da nossa família, somos seus pais e vamos estar juntos".

Para Sue, uma promessa feita a Deus era inquebrável. Mas era estranho pensar na maternidade nesses termos. A razão da mãe de Lilly ter errado ao abandoná-los não era que ela tinha quebrado uma promessa. Ela era mãe deles; e ser mãe significa, ou deveria significar, não ter opção a não ser cuidar dos filhos. Uma promessa é algo que você faz a estranhos. Uma promessa é algo que você tenta manter, e às vezes pode falhar. Mas para Sue e Hector não era assim: quando prometiam, não havia alternativa.

Essa era uma das diferenças entre eles e os outros. Para a maioria das pessoas, algumas obrigações vinham naturalmente, desde o nascimento, ou se tornavam parte da sua vida quando os filhos nasciam, e outras eram assumidas — e eram as obrigações familiares que contavam mais. Porém, para Sue e Hector, as obrigações que assumiam eram tão irrevogáveis quanto as de nascença. Para eles, escolhas e promessas eram a base de tudo, e essa era a fonte de uma força enorme. Sue e Hector se recusaram a viver como seus pais e todas as outras pessoas que conheciam e escolheram uma vida inventada porque queriam que fosse assim, e porque acreditavam estar agradando a Deus. Sabiam que eram humanos e que tinham restrições, mas lutavam até mesmo com esses limites: dormindo menos, comendo pior e trabalhando mais duro.

As pessoas que os chamavam de santos observavam sua luta e a admiravam, mas esse rótulo também carregava certa ambivalência. Para muitos, o amor de um pai por seu filho deveria ser urgente, primordial, maior que a razão. Esse amor deveria vir de um anseio, de um apego egoísta à felicidade; não da compaixão ou da intenção de ajudar. A compaixão, como uma promessa, era uma coisa a ser dispensada em gente desconhecida. O altruísmo não era apenas insuficiente; ele chegava a ser incompatível com o amor que um pai deveria ter. Um pai pode se sacrificar por seu filho, mas porque é levado a fazer isso, não por obrigação. O amor de um pai devia ser egoísta, senão era indigno, repugnante mesmo.

Para Sue e Hector, sacrificar-se pelos outros era fácil. Viver uma vida moral da maneira deles, resistindo à tentação e abraçando a dificuldade da virtude, não era uma tarefa árdua. Porém, o que era exigido deles era mais complicado do que um simples ascetismo. Sacrificar o prazer em nome da obrigação não era o estilo dos dois. Para realizar sua promessa parental, tinham de se deleitar; tinham de sentir prazer na companhia de suas crianças, ou seus esforços teriam sido em vão; se não sentissem alegria, teriam falhado.

> RENEE: Precisei de dois anos e meio para confiar no meu pai. Eu não queria que ele encostasse em mim. Acordava no meio da noite com pesadelos e os dois vinham correndo, mas Hector ficava na porta, e eu dizia, "O que você quer?". Não queria que soasse como uma grosseria. E ele falava, "Sue, ela está bem?". Minha mãe passava a mão nas minhas costas e dizia: "Tudo bem, você está segura, está segura. Ninguém vai machucar você, ninguém vai tocar em você desse jeito nunca mais". E eu chorava e via meu pai, Hector, parado na porta, com lágrimas nos olhos, e ele falava, "Que tipo de homem faria isso com a própria filha?".
>
> Eu tinha que ficar meio que de lado, só olhando como ele tratava meus irmãos e irmãs. E não conseguia ser afetuosa com ele, mas abraçava minha mãe o tempo inteiro. E ele dizia, "Ela ainda não está pronta para me dar um abraço, né?". E minha mãe, "Não". Ele falava, "Quando ela vai estar pronta

para me dar um abraço, Sue?". E minha mãe: "Ainda não. Dê um tempo para ela. Lembre-se". E ele continuava, "Tudo o que quero fazer é abraçar nossa filha para que ela saiba que está segura em meus braços".

Enfim, no Natal de 1990, Chelsea disse, "Renee, vamos dar um abraço na mamãe e no papai". E falou, "Você já está aqui há dois anos, vamos lá". E eu, "Ah, será que abraço ou não?". Chelsea e Flory disseram, "Vamos! Vamos logo!". E aí eu abracei meu pai. E disse, "Pai, obrigada pelo meu presente". Depois que eu o abracei, olhei para ele e disse, "Você está chorando?". E ele, "Sim. Estive esperando por esse abraço por dois anos". Eu disse, "Eu sei. Sinto muito por ter precisado de dois anos para confiar em você".

O problema de administrar uma agência de adoção era que Sue e Hector se viam confrontados todos os dias com fotografias de crianças que não tinham pais e podiam nunca vir a tê-los. Eles penduravam fotos dessas crianças na porta da geladeira, para que a família pudesse olhar para elas quando estivesse rezando nos finais de tarde. Uma das fotografias era de uma menininha negra do Texas, que parecia uma boneca, chamada Alysia, sorrindo com os bracinhos esticados no berço. Ela tinha paralisia cerebral severa e possivelmente não conseguiria andar. Certo dia, Hector disse a Sue que todas as vezes que rezava por Alysia, as palavras "ela é de vocês" vinham a sua mente. E eles decidiram adotá-la.

O plano de saúde cobria apenas oito sessões de fisioterapia por ano para Alysia, então a família inteira foi às oito sessões para aprender os exercícios. Todas as noites, as crianças colocavam Alysia de pé na mesa de jantar e ela ia de uma pessoa para a outra, usando uma régua de metro como corrimão. Em um ano, não apenas começara a andar como aprendera a dançar.

A Rootwings recebeu um relatório de um menino branco de quatro anos que havia sido sacudido quando bebê. As sacudidas o tinham deixado cego e causado danos cerebrais que impediriam que ele se desenvolvesse além do estágio de uma criança de seis meses. O garoto estava num esquema de acolhimento familiar, mas a mãe temporária não dava conta de cuidar dele, e, se o menino não fosse adotado logo, seria colocado em uma instituição. A assistente social que repassou a Sue o caso disse que sentia em seu íntimo que o menino era um Badeau.

Sue respondeu à assistente social que eles não tinham intenção de adotar mais nenhuma criança, porém Hector viu a fotografia do menino e ficou tocado. Quando foram conhecê-lo na casa de sua mãe temporária, Hector decidiu que queria o menino. Seria difícil alimentá-lo e acertar a consistência de sua comida — e ele tomava muitos remédios. Também mordia as pessoas, então precisariam ter cuidado quando as outras crianças estivessem por perto. Mas o menino gostava de andar de carro, segundo sua mãe temporária, e ficaria bem nos acampamentos de verão. Hector achava que tinham feito um bem tão grande a Alysia, quem sabe o que poderiam fazer por esse menino? Então, trouxeram a criança para casa e deram a ele o nome de Dylan.

As crianças achavam Dylan bonitinho e, de cara, Flory, que tinha dez anos, pediu que ensinassem a ela como alimentá-lo.

> FLORY: Dylan era meu. Eu dava comida, trocava, dava mamadeira.
>
> SUEANN: Dylan não era seu. Não diga isso.
>
> FLORY: Ele era meu! Era eu que dava comida para ele.
>
> SUEANN: Tudo bem, aceito isso, você dava comida. Mas quem preparava a comida? Hein?
>
> FLORY: Eu preparava a comida, dava comida, trocava, dava banho e lavava o cabelo dele. E ele só comia comigo.

No começo, Dylan chorava muito. Tinha apanhado bastante e, sempre que alguém se aproximava, ficava assustado. Mas, depois de um tempo, começou a reconhecer as vozes, relaxar e sorrir.

> TRISH: Meu pai falou que eu tinha que dar banho no Dylan. Eu não queria tocá-lo, por causa do jeito do corpo dele, e eu comecei a pirar, achando que ia machucá-lo. Mas eles me fizeram dar banho nele e — eu sei que ele não podia me ver, porque é cego —, não sei explicar, mas ele olhou pra mim bem nos meus olhos e despertou alguma coisa lá dentro de mim, foi uma ligação diferente, que eu nunca tinha sentido antes. Era como se ele estivesse dizendo, "Você está indo bem, não está me machucando, apenas cuide de mim, não deixe eu me afogar". Depois disso, a gente tinha essa ligação um com o outro. E foi por isso que eu quis ser enfermeira.

Um ano depois que adotaram Dylan, a assistente social perguntou aos Badeau se adotariam um menino sino-americano chamado Wayne, que tinha síndrome de Sanfilippo, uma doença que deixa a criança hiperativa, sem conseguir dormir, e gradualmente vai destruindo suas funções físicas até resultar em morte precoce. Wayne tinha três anos e perdera a audição, mas ainda podia falar. Em princípio, Sue e Hector concordaram que adotar Wayne estava fora de cogitação. Já tinham muitos filhos, e trazer para a família uma criança que com certeza morreria era uma coisa terrível de imaginar, não apenas por eles, mas também pelas outras crianças. Porém, disseram à assistente social que pensariam e rezariam.

Eles consideraram os filhos que já tinham, e pensaram em como nenhum deles se tornara exatamente o que esperavam, e em como tinham tentado se adaptar sem se sentir decepcionados com as coisas. Pensaram que todo amor envolve dor e sofrimento, além de algum tipo de perda. Pensaram em como sabiam agora algo que desconheciam quando eram mais jovens: que nem o amor nem a fé são suficientes para resgatar uma criança marcada por uma experiência terrível — e se podiam amar um filho que seria para sempre problemático, por que não amariam uma criança que também não poderiam salvar, mas que, sem seu amor, padeceria de algo pior? Algumas semanas depois, estavam convencidos de que Deus queria que Wayne fosse deles.

Três anos depois, um amigo ligou para contar sobre Adam, um menino branco de seis anos, da Flórida, que precisava de uma família. Adam tinha o mesmo tipo de doença terminal que Wayne e síndrome alcoólica fetal, além de tomar remédios através de um cateter. Estivera em diferentes casas de acolhimento e sofrera abuso.

Cada vez que Sue e Hector consideravam a possibilidade de adotar uma criança, eles faziam um encontro familiar para discutir a ideia. Em princípio, Jose foi o único que questionou abertamente a necessidade de acolherem mais crianças. Jose disse, "Tem que ter outra família, nossa família não pode pegar todas as crianças do mundo". Os demais talvez pensassem da mesma forma, mas essa posição surgia em outros momentos e de maneiras diferentes. Quando Chelsea tinha doze anos, estava entregando jornais e, numa colina íngreme, os freios da bicicleta falharam e ela foi atirada violentamente por cima do guidão até aterrissar na rua. "Ela gritou com os pais: Se vocês não adotassem tantas crianças, eu poderia ter uma bicicleta nova e isso não teria acontecido comigo." Mas, em geral, nos encontros de família, os filhos eram a favor da adoção. Uma nova criança pequena era fofinha, uma nova criança grande era emocionante, e uma nova criança da mesma idade era uma a mais para brincar. Dessa vez, porém, as crianças não tinham certeza.

TRISH: A gente chegou num ponto que, tipo, "Olha só, pai e mãe, vocês têm que parar de adotar". Alguns de nós estavam cansados disso; a gente tinha que ajudar a tomar conta de todo mundo. E eu ficava mal porque pensava comigo mesma, "Como me sentiria se eles não quisessem me adotar porque já tinham muitos filhos?". Mas ainda assim eu achava, "Já deu".

ISAAC: Entendo que existem pessoas que precisam de ajuda, mas não dá para fazer tudo para todos. A gente perguntava pra eles, "Vocês têm certeza de que querem fazer isso?". E eles respondiam que era algo que precisavam fazer, que, se não ajudassem esse menino, ninguém mais o faria. E acho que eles não conseguiriam viver com isso.

Sue e Hector disseram aos filhos que iriam considerar suas opiniões e rezar. Pouco tempo depois, Sue foi à Flórida para trazer Adam para casa.

Esse era outro aspecto que fazia de Sue e Hector seres humanos diferentes. A maioria das pessoas pensaria primeiro em como a adoção afetaria os filhos que já tinham; mas, para Sue e Hector, a necessidade de uma criança que eles ainda nem conheciam pesava igualmente na balança. Ambos nunca pensaram que o fato de não conhecer a criança fosse um problema: se ouviam a respeito de uma criança que estava sofrendo, sentiam certa responsabilidade sobre ela, como se ela estivesse se afogando na frente deles, ou que tivesse sido deixada na porta da sua casa.

Para Sue e Hector, uma criança em perigo ainda não fazia parte da família, mas também não era uma estranha. Era uma terceira coisa, moralmente falando, pertencia a uma categoria intermediária que se encaixava entre a família e um desconhecido: era alguém a quem tinham o dever de ajudar, da mesma forma que ajudariam uma pessoa ferida que aparecesse diante deles na rua. O pequeno podia não estar fisicamente presente, mas, como

Sue e Hector consideravam sua missão ajudar as crianças sem lar, essa criança ficava no local que haviam construído para abrigar sua vida moral; o mesmo local que eles próprios ficavam, à espera de outra criança. Não importava que ainda não a tivessem conhecido e que ainda não a amassem. Os pais tinham obrigações para com seus filhos não porque os amavam — mesmo pais que não amavam seus filhos tinham obrigações para com eles —, mas porque, de todas as pessoas no mundo, os pais eram as pessoas mais próximas; e não havia nenhuma outra que tivesse esse tipo de proximidade.

Sue e Hector não diziam a si próprios que outra pessoa adotaria a criança se eles não o fizessem. Sabiam que isso não era verdade. Se decidiam não adotar uma criança — e foram muitas que decidiram não adotar — era porque sentiam que não seriam bons pais por alguma razão, ou porque achavam que trazer aquela determinada criança para casa poderia prejudicar a vida de todos os demais. Esse era outro aspecto complicado de sua missão: eles queriam ajudar o máximo de crianças possível, mas, se tentassem ajudar crianças demais, acabariam por prejudicar todas; e não havia ninguém para dizer a eles onde ficava esse limite.

Adam era diferente de Wayne. Wayne fora amado, e estava sempre sorrindo. Adam quase nunca ria ou sorria — era raivoso. Quando alguém se aproximava, ele ficava tenso. Era duro e sombrio.

Adam tinha um irmão, um menino de quatro anos chamado Aaron. Sue e Hector tentaram adotar Aaron também, para que os irmãos pudessem crescer juntos, mas Aaron era pequeno e fofinho, além de ser branco, e a assistente social achou que poderia fazer mais por ele; então negou o pedido. Além disso, a assistente social disse a Sue que Adam tinha tantos problemas que nem devia saber que tinha um irmão. Mas, no final das contas, Aaron não era tão fofinho quanto parecia — era tão bravo e difícil que a família adotiva o devolveu em seis semanas. A assistente social ligou para Sue e disse a ela que, se ainda quisesse Aaron, ele era dela. Uma semana mais tarde, Aaron veio para ficar. Ele esperou o ônibus que trazia Adam da terapia chegar. Quando a cadeira de rodas de Adam tocou a calçada, Adam viu o irmão e abriu o maior sorriso que Sue vira em seu rosto.

Aaron era de fato uma criança difícil, e Sue e Hector resolveram que, com 21 crianças em casa, tinham chegado ao limite. Porém, um dia, quando Hector estava entregando lenha, a mulher que aguardava a entrega o convidou para entrar. Tinha visto um programa de televisão sobre a família Badeau e o reconheceu. Então, a mulher contou a Hector que conhecia uma garota de catorze anos, chamada Geeta, que tinha sido adotada quando bebê, vinda da Índia, mas sua mãe não deu conta dela e a menina acabou indo para um esquema de acolhimento familiar, passando de uma família para a outra. Quando viu os Badeau na televisão, pensou que somente eles conseguiriam ficar com a menina, acontecesse o que acontecesse. Hector explicou que não tinham mais planos de adotar. Porém, não muito tempo depois, Sue e Hector decidiram que a garota era deles. Sue sempre acreditara que teriam uma segunda filha indiana.

No ano seguinte, Hector recebeu uma carta de um grupo que estava tentando acomodar refugiados do Kosovo. Ligou para Sue e disse que nem sequer precisava rezar para decidir sobre isso, sabia que Deus gostaria que ajudasse. Hector lembrou a Sue que eles tinham um quarto vazio — uma família poderia ficar lá. Mas Hector foi pego de surpresa quando lhe foi designada uma família de oito pessoas — mãe, pai, avó e cinco crianças. Ainda assim, achou que eles caberiam em um único quarto grande; a assistente social garantiu que a família preferia viver de forma mais reservada. Seriam apenas alguns meses. As coisas deram certo com a família de Kosovo e, mais ou menos um ano depois, Hector se ofereceu para hospedar quatro meninos do Sudão.

E foi aí que eles chegaram ao limite: 22 filhos, mais os refugiados. Não adotariam mais ninguém — mas ainda havia muitas crianças precisando de um lar. Assim, num esforço de persuadir outras pessoas a adotar, escreveram um livro sobre a família, *Are We There Yet?* [Já chegamos lá?]. E aí o número começou a cair novamente.

Adam foi o primeiro a morrer, com onze anos. Dylan morreu em seguida, no seu aniversário de 24 anos. Wayne morreu um ano e meio mais tarde, com 25, tendo vivido dez anos a mais do que sua expectativa de vida. Todo mundo ficou de luto, mas o golpe foi mais duro para Hector. Por doze anos ele tinha acordado de madrugada para alimentar e trocar seus três filhos doentes, e cuidar deles tinha sido seu dever mais constante.

SUE: Foi como perder o filho e o emprego no mesmo dia.

HECTOR: Minha vida inteira mudou; toda minha rotina ficou bagunçada. Eu precisava me sentir útil.

Hector e Sue precisavam, como sempre, de dinheiro, então ele decidiu pegar um emprego no turno da noite em um abrigo para homens sem-teto.

Outro problema de administrar uma agência de adoção — além de constantemente se verem diante de crianças em necessidade que algumas vezes eles podiam ajudar, e outras não — era que o empreendimento não se sustentava. Sue, que era sempre otimista, começou a pagar as despesas da Rootwings com dinheiro das economias pessoais da família; mas essas economias eram pequenas e logo minguaram, e os cheques começaram a voltar. Sue escondeu a situação de Hector por bastante tempo, quase dois anos.

Quando finalmente contou a ele sobre o dinheiro, Sue fez o que precisava ser feito: fechou a Rootwings. Os dois conseguiram arranjar vários empregos e tentaram pagar as dívidas.

HECTOR: Sue trabalhou numa...
SUE: Casa de auxílio para adultos com doenças mentais.
HECTOR: Casa de auxílio para adultos.
SUE: E você trabalhou na UPS.
HECTOR: Eu trabalhei na UPS. E trabalhei com treinamento para adultos com problemas mentais. E você teve aquele trabalho com vendas, vendas de cartões de presente, e deu aulas para uns garotos hispânicos.
SUE: Em Holyoke.
HECTOR: Holyoke.
SUE: Deus do céu, fizemos tantas coisas estranhas.

Sue e Hector não dependiam apenas de seus salários. Algumas das crianças vinham com subsídios de adoção, e o valor dependia do estado de onde vinham e do tipo de serviços de que precisavam. Uma criança saudável podia receber algo em torno de 250 a quinhentos dólares por mês; uma criança com alguma deficiência severa podia receber setecentos ou oitocentos dólares. Os subsídios cobriam a comida e algumas roupas, mas havia os gastos com aquecimento e todas as outras contas.

Aos poucos, eles começaram a pagar suas dívidas, e então Sue recebeu uma oferta de trabalho na Filadélfia, como assistente social especializada em adoção. Isso significava mais dinheiro — ela ganharia cerca de 60 mil dólares por ano — e também viver num lugar onde seus filhos não seriam as únicas crianças não brancas da escola. Eles decidiram ir. JD, Fisher, Lilly e Trish já viviam sozinhos e escolheram ficar em Vermont, mas o resto da família fez as malas e partiu.

Sue e Hector encontraram uma casa em Mount Airy, uma enorme construção de pedra com um pórtico gigante e telhado triangular à moda Tudor. A construção tinha servido como uma espécie de pousada e, antes disso, um convento. Dentro, os quartos eram sombrios, com painéis de madeira escura, enormes lareiras e janelas com vitrais. Havia dez quartos propriamente ditos, mas Sue e Hector deram um jeito de aumentar a conta: alguns dos closets eram grandes o suficiente para virarem quartos, pensaram. Na parte de trás havia um grande gramado que alugavam para casamentos e faziam um dinheiro extra. Em princípio, tinham aquecimento no inverno, embora não pudessem pagar por ele, porque a casa era grande demais, mas um dia a caldeira de calefação quebrou e eles começaram a aquecer a casa apenas com a lareira da sala de estar, um fogão a lenha na sala da frente e aquecedores espalhados por todos os lados. Com isso, a maior parte da casa ficava muito fria; nos fins de tarde, eles se amontoavam na sala de estar, onde era mais quente, em frente à TV.

Quando compraram a casa, quatro adolescentes sem-teto moravam lá. Eles disseram aos meninos que podiam ficar, e os garotos se tornaram parte não oficial da família. Ao longo dos anos, a família adquiriu outros membros não oficiais — crianças de acolhimento familiar, que iam e vinham, uma menina adolescente que era imigrante ilegal e viera da Guatemala, amigos dos filhos dos Badeau que não estavam se dando bem com os próprios pais e vinham viver com eles, algumas vezes por um ano inteiro. Sue e Hector nunca faziam distinção entre as crianças não oficiais e as oficiais. Sue sentia que as que ficavam com eles algum tempo se tornavam parte da família: não por adoção, mas por conta de um compromisso implícito que se formava ao longo dos anos de ficarem juntos e compartilharem a vida em família, como se fosse uma união estável. Algumas vezes, quando Sue incluía essas crianças não oficiais nas ocasiões íntimas da família, os filhos oficiais faziam objeções. Qual era a vantagem de ser da família se todo mundo acabava sendo incluído?

Isso era outra ambivalência que pairava quando as pessoas chamavam Sue e Hector de santos. Santos eram notórios por se preocuparem tanto com estranhos quanto com suas famílias. Alguns diziam que esse amor imparcial e universal por todas as pessoas era uma coisa nobre, embora difícil, algo a que outras pessoas deveriam aspirar, mesmo que apenas os santos conseguissem alcançar. Mas, para a maioria das pessoas, ser parcial em relação aos seus — amar a família e os amigos mais do que estranhos — estava no cerne do que consideravam ser humano.

Sue era boa no que fazia e, depois de alguns anos, recebeu uma nova oferta de trabalho para conduzir treinamentos, criar e disseminar estratégias de trabalho para a Central Nacional de Adoções. Alguns anos depois, concorreu a uma bolsa de estudos de uma fundação de Washington e foi chamada para trabalhar com políticas de acolhimento familiar e deficiências no Senado. Isso significava que ela teria de passar cinco dias por semana em Washington, e que só estaria em casa nos fins de semana, mas o emprego pagaria bem mais do que o atual, e ela realmente queria fazer isso. Então Sue convenceu Hector de que esse era o próximo desafio que Deus colocava em seus caminhos — primeiro tiveram de criar o grupo de acolhimento, depois a Rootwings, depois o trabalho em favor da adoção na Filadélfia, e agora isso; e cada uma dessas atividades permitia que eles ajudassem mais e mais crianças. Quando o trabalho na fundação acabou, depois de um ano, Sue recebeu um nova proposta de trabalho, para a qual teria que ficar em Washington por mais um ano, e ela aceitou.

> HECTOR: Eu tinha toda energia do mundo, e acho que, na minha cabeça, isso era o que eu deveria estar fazendo. Mas, conforme o tempo foi passando, pra ser honesto, comecei a

ter um pouco de inveja da Sue. Eu estava num esquema 24 horas, sete dias por semana, e algumas noites eu me ressentia quando tinha que lidar com a merda toda aqui enquanto ela podia ir dormir tranquila. Mas a parte mais dura, quando comecei a ficar com raiva, era que muitas vezes ela vinha para casa e trazia trabalho. Eu gostava da Sue e queria passar algum tempo com ela, e nós dois acabávamos despertando o que o outro tinha de pior para oferecer. Estávamos sempre supercansados, e, mesmo quando a gente tinha um tempinho, sempre vinha uma criança para nos interromper.

Quando o trabalho acabou, Sue voltou a viver na Filadélfia, mas viajava muito por todo o país dando treinamentos sobre a importância da adoção e de dar às crianças um lar permanente. Era uma pessoa proeminente na área agora; suas palestras e treinamentos tinham muita demanda. Algumas vezes, ela levava um filho junto para viajar, mas na maior parte do tempo ia sozinha.

> TRISH: Tinha vezes que eu queria que minha mãe estivesse mais com a gente. Ela ficava muito tempo fora. Eu compreendia que ela tinha que trabalhar, mas acho que me sentia como se não tivesse mais uma mãe. Quando eu tinha minha mãe biológica, ela sempre ia embora, e eu meio que me senti assim com a minha mãe, minha mãe adotiva; eu pensava, "Tá aí, ela está sempre fora". Eu sentia que precisava dela, era complicado falar com meu pai sobre coisas de mulher. "Estou constrangida. Quero falar com a mamãe, quando ela volta?"

Algumas vezes, Sue chegava em casa com várias leituras da assistência social e dos treinamentos, e queria ensinar Hector a fazer alguma coisa de uma maneira diferente; e ele, que sentia que tinha pegado no batente todos os dias, limpando banheiro e lavando roupa enquanto ela ficava em hotéis, gritava com ela: Não me venha com essa teoria de merda! Eu sei como a coisa funciona. Se uma criança fazia besteira, Sue sempre se perguntava como podia lhe dar mais apoio; já Hector achava que os filhos tinham de ser castigados, porque, se não houvesse consequências, nunca iriam aprender. As crianças entenderam rapidinho que, se queriam alguma coisa, deviam pedir para Sue. Ela voltava das viagens se sentindo culpada por ter estado longe e não conseguia dizer não, e aí, na semana seguinte, partia de novo, e Hector tinha que bancar o sargentão.

> JOSE: Acho que meus pais eram muito calmos. Ensinar a responsabilidade pelos nossos atos não estava no topo da lista deles. Eles tinham dificuldade de castigar os filhos. Acho que isso foi uma coisa que eles realmente não acertaram, e foi por isso que várias coisas se repetiram em nossa família, como roubos, gravidez e problemas com a polícia. Eles não reforçaram que essas coisas eram erradas, e que haveria consequências.

Pouco depois de eles adotarem os seis adolescentes, os problemas começaram. Primeiro, JD engravidou a namorada. Lilly foi para a faculdade, mas engravidou e desistiu dos estudos. Então, Fisher desistiu da faculdade e foi parar na cadeia por conta de drogas.

Fisher não mantinha muito contato com ninguém, especialmente depois que a família se mudou para a Filadélfia e ele ficou em Vermont. Ele engravidou uma namorada — era sedutor e charmoso, e sempre tivera namoradas. Então pediu dinheiro a Sue e Hector e, quando o que recebia não era suficiente, passou a roubar. Teve outro filho com a namorada, depois um filho com outra garota. Por fim, foi para a cadeia por um longo período por bater em uma namorada. Seus irmãos e irmãs não foram visitá-lo; estavam cansados dele, dos seus roubos, das suas mentiras e das surras — apenas Sue e Hector o visitaram. Lilly disse que ele acabou igual ao pai biológico, e ela achava que ele iria morrer na cadeia.

> FISHER: Eu tinha sonhos em que era uma pessoa diferente. Vivia tendo esses sonhos.

Trish foi estuprada e teve um bebê, e Hector cuidou da criança para que ela pudesse terminar o ensino médio. Renee engravidou e voltou para casa. Essas coisas eram ruins, mas Sue e Hector achavam que tinham tido tão pouco tempo com esses filhos que não havia muito que pudessem ter feito. Mas aí SueAnn ficou grávida com quinze anos. A fúria de Sue e Hector foi terrível: eles brigaram com SueAnn e ela chorou. Não tinha aprendido nada ao ver suas irmãs perderem suas oportunidades na vida? Não tinha ouvido nenhum dos ensinamentos cristãos que eles tentaram por tantos anos repassar para ela? Hector disse à filha que ela tinha duas opções: dar a filha para alguém adotar ou abandonar o ensino médio para tomar conta do bebê. SueAnn permitiu que uma família de amigos adotasse o bebê e foi para a faculdade.

Mas então Flory engravidou aos dezenove. Geeta engravidou. SueAnn engravidou mais uma vez e abandonou a faculdade. Geeta engravidou de novo. Alysia engravidou. Flory engravidou de novo. Alysia engravidou de novo. Então começou outra vez com a nova geração: a filha mais velha de JD engravidou aos dezoito; a segunda filha de JD engravidou aos dezessete; a filha de Lilly engravidou aos dezessete.

Todas as vezes, Sue achava que o fracasso era dela: se tivesse sido uma mãe melhor, nada disso teria acontecido. Tentava se convencer de que era uma estupidez pensar assim, estava querendo ser Deus, não lhe era dado o poder de controlar os acontecimentos, mas se sentia assim de qualquer jeito.

> FLORY: Uma noite, quando estava grávida, fui dormir no sofá porque estava me sentido desconfortável no quarto e acordei com minha mãe chorando por minha causa. Ela estava realmente chorando, sentada no sofá, observando meu sono. Foi a única vez que vi minha mãe desmoronar. Mas ela só fez isso enquanto eu estava dormindo. Não faria isso na minha frente, e não diria na minha cara que estava desapontada.

Hector e Sue não eram ingênuos — sabiam que meninos e meninas se comportariam como meninos e meninas, e foi por isso que falaram com os filhos sobre sexo e contracepção.

> JOELLE: Não me lembro da conversa sobre sexo. Lembro de uma ocasião, talvez, mas acho que eu não estava prestando atenção direito, é que a minha mãe fala pra caramba, então talvez ela tenha conversado e eu tenha dado uma viajada na hora que ela começou a falar sobre o assunto.

Para algumas das meninas, Hector e Sue chegaram a fornecer contraceptivos aos quinze anos, porque estavam preocupados que esse tipo de coisa pudesse acontecer, mas não puderam evitar que engravidassem. Nenhum dos seus esforços fez alguma diferença.

Hector acreditava que o aborto era um pecado, mas as gravidezes vinham uma depois da outra, e ele disse às filhas que elas é que deveriam decidir. Achava que nenhuma de suas filhas tinha feito um aborto, mas não sabia se elas lhe contariam se tivessem abortado, por saberem sua opinião sobre o assunto. Gostava de pensar que elas sabiam que ele as amaria de qualquer forma, mas não tinha certeza.

Por um longo período, Chelsea e Joelle resistiram. Hector estava convencido de que elas teriam cuidado. As duas estavam na faculdade e tinham ambições — Chelsea queria fazer filmes, Joelle queria ser atriz. Mas então Chelsea engravidou e, finalmente, Joelle também. Quando Joelle contou a Hector que estava grávida, primeiro ele brigou com ela, depois começou a chorar, em seguida saiu de casa. Foi até a estação de trem, comprou uma passagem e, durante o dia inteiro, andou de trem, indo até Trenton e voltando, e rodando toda a Filadélfia; e, por horas e horas, ficou sentado em seu assento chorando. Primeiro, ficou furioso com Deus. Por que não conseguiram que pelo menos uma de suas crianças esperasse para ter filhos quando já estivesse casada? Por que cada uma delas tinha ignorado o que haviam ensinado sobre a importância de criar filhos em uma casa estável?

Então Hector ouviu Deus lembrando-o de João 8,7 — "*Quem dentre vós estiver sem pecado, seja o primeiro a lhe atirar uma pedra*" —, pensou em seus próprios pecados e se sentiu envergonhado. Pensou em como Joelle nascera, pensou que ela pesava menos de um quilo com 27 semanas, e que era um milagre o simples fato de ela estar viva. Pensou nas coisas engraçadas que ela fizera quando era pequena, e quanto tinha sido afetuosa com Dylan e Wayne. Pensou quanto ela trabalhou duro para entrar na faculdade, e que estava para se formar, e quanto era mesquinho da parte dele se sentir humilhado ao imaginar vê-la receber seu diploma com uma barriga enorme. Ao final do dia, voltou para casa.

Alguns anos mais tarde, algo muito pior aconteceu. O professor de Alysia na escola chamou Hector para lhe dizer que a menina estava apaixonada pelo irmão, Abel. O professor estava certo de que eles tinham tido algum contato sexual. Abel tinha 28 anos e Alysia dezesseis, embora, por conta de sua paralisia cerebral, seu professor considerasse que ela tinha um nível de compreensão equivalente ao da terceira série.

Hector pensou quanto Abel sempre fora um bom garoto, e lembrou de quanto o filho trabalhara duro na escola e sempre seguira as regras.

> ABEL: Foi uma época muito ruim da minha vida. Eu estava me divorciando. O que eu fiz era ilegal, principalmente por causa da idade dela e porque ela tem paralisia cerebral. Eles disseram que a compreensão dela era equivalente à de alguém na terceira série, mas quem a conhecia não pensava assim. Senti que tinha decepcionado a família inteira e fiquei muito deprimido, mas não foi como se eu tivesse atacado ela, longe disso.

As lealdades da família se dividiram. Mesmo Renee, que tinha sido abusada sexualmente por seu pai, não conseguiu condenar Abel completamente.

> RENEE: Comecei a chorar, porque pensei que alguém devia ter feito algo parecido com ele. Que alguém tinha tocado nele desse jeito, e por isso ele pensava que podia fazer o mesmo com Alysia. Mas ela participou também, os dois estavam errados. Não posso colocar toda a culpa nele.

Vieram assistentes sociais, médicos e psicólogos, além de advogados e da polícia. No final das contas, Abel foi condenado a oito anos de prisão.

> HECTOR: Quase fui embora. Quase fui embora. Quase abandonei tudo. Era a pior coisa que podia acontecer com a gen-

te. Eu fui tão ingênuo, porque essas coisas acontecem — ouvia dizer que aconteciam nas outras famílias e pensava: "Isso não vai acontecer na minha família". Mas aconteceu. E eu estava tão desligado. Me senti tão fracassado. Onde diabos eu estava? Como não percebemos os sinais? Devia ter algo aparecendo e nós não percebemos. Eu simplesmente pensei: "Que se dane, tô fora. Não posso mais aguentar isso; alguém assuma o meu lugar". Eu queria bater em alguém. Acho que nunca desmoronei, mas fiquei bem perto disso.
SUE: Foi como cair de um barco numa água infestada de tubarões e simplesmente tentar sobreviver até que os bichos fossem embora. Não sei. Fiquei tão deprimida... Não conseguia pensar no que fazer. Não conseguia pensar em fazer nada.

Sue ficou mais deprimida do que em qualquer outra situação. Algumas vezes sentia que toda a sua vida fora um erro; que ela não interpretara corretamente o que Deus estava dizendo, que não devia estar fazendo nada daquilo, que era a pessoa errada. Outras vezes, pensava que ouvira muito bem, e aí ficava zangada com Deus.

SUE: Você armou isso. Disse para fazermos isso, então devia nos proteger, assim como nossos filhos, desse tipo de coisa. Como ousou armar uma dessas para nós?

Não havia resposta. Ela escreveu para um amigo:

Tento rezar, mas sinto que estou rezando para um buraco negro. Ler a Bíblia é como ler o jornal. Eu ainda "creio", mas não sinto mais nada, nenhuma conexão com Deus, nenhum sinal real do Espírito Santo em minha vida. O inferno deve ser bem parecido com isso.

Aos poucos, ela retornou à vida. Pensou sobre o que tinha acontecido e sobre como essa fora apenas uma das coisas terríveis que aconteciam no mundo, e pensou como um Deus todo-poderoso podia permitir esse tipo de coisa. Pensou que o mundo era uma história sem fim, cujo final ela não conhecia, e que, sem saber o final, não podia esperar compreender por que as coisas aconteciam do jeito que aconteciam. Sabia que era apenas uma pequena parte da história, uma pequena criatura colocando algumas pedras no que um dia poderia vir a ser uma catedral. Ela morreria antes do fim do mundo, então nunca saberia como as coisas iam acabar. Tinha fé que, no final, Deus ia se assegurar de que as coisas acabariam bem, mas, como Ele faria isso, era um mistério, então ela tinha de aceitar o mundo como era. Não era seu papel julgar.

2005

Querido Abel,

Essas são as fotos que a gente queria te mandar. Espero que deixem você ficar com elas. Estou feliz que eu e o seu pai pudemos te fazer uma visita, embora ver você aí tenha partido meu coração. Continuo a rezar por você todos os dias... Tomei as seguintes decisões sobre como vou demonstrar meu amor por você e como vou apoiá-lo no tempo que resta na prisão. Prometo o seguinte para você:

• Vou continuar a rezar por você todos os dias, todas as semanas.

• Vou escrever para você o máximo que conseguir... Minhas cartas vão trazer notícias positivas e otimistas da casa, com informações sobre como a família está...

• De tempos em tempos, quando eu puder, vou te enviar algum dinheiro para que você tenha o suficiente para comprar itens de necessidade básica como sabão, desodorante, selos.

• Vou enviar cartões e presentes no seu aniversário e em feriados especiais...

• Vou tentar visitar você periodicamente, conforme meu trabalho e os afazeres da casa permitirem...

É muito triste e uma pena você estar na cadeia, isso parte o meu coração todos os dias. Mas, já que está aí, você tem que decidir como vai passar seu tempo. Vai usá-lo para ficar zangado, amargurado e distante? Ou pra fazer a diferença com algo positivo? Você tem uma excelente oportunidade de gastar bastante tempo orando — rezando por cada um de nós. Seria maravilhoso saber que alguém está rezando por mim e pelo seu pai e pelas crianças todos os dias!... Que presente Deus deu a você, se escolher usar seu tempo dessa maneira. Graça sublime! Você tem uma grande oportunidade que, em certos aspectos, eu gostaria de ter. A escolha é sua. Como você VAI usar seu tempo?

Com amor,

Mãe

2006

Querido Abel,

Espero que esteja tudo bem. Essa é apenas uma mensagem curta para desejar feliz aniversário. Tenho certeza de que você já esteve melhor, mas espero que as coisas estejam indo o melhor possível. Sua mãe e eu estaremos pensando em você.

Como as coisas estão indo? Me desculpe por não escrever com mais frequência. Acho que a última vez foi quando Mamie morreu. Foi um período duro e triste... Foi difícil para a sua mãe. Ela mantém as coisas em ordem. É como você.

Os últimos três meses foram difíceis. Problemas sérios com Aaron. Ele está foragido agora. Fugiu na sexta à noite, roubou 135 dólares de Chelsea. Em janeiro, ele fugiu, roubou um carro e foi preso. Acho que ele tem um problema sério com drogas. As coisas começaram a desaparecer por aqui. Como quando o Fisher morava em casa. Sinto muito por Aaron. Parece que ele foi mandado para a cadeia porque quebrou o acordo que tinha conseguido com o advogado distrital por ser sua primeira condenação. É muito difícil conviver com ele. Nunca sabemos o que pode fazer em seguida. É bem triste...

Arranquei meus dentes da frente e agora uso dentadura. Ela é bonita, mas machuca um pouco até acostumar. Sinto sua falta e espero que em breve eu possa ir visitar você.

Com amor,

Pai

2009

Querido Abel,

Nem sei por onde começar, então vou começar com o que está no meu coração — Eu amo você. De verdade, sinceramente, com todo meu coração. E sinto muito, muito sua falta, isso é uma ferida imensa no meu coração. Então por que eu não escrevi como prometido? Por que não encontrei uma forma de ir visitá-lo? Não tenho respostas nem desculpas. Não consigo explicar nem para mim mesma... Sinto que fracassei com você como mãe nos últimos anos, mas realmente espero e rezo para que você me dê outras chances de compensar meus erros em todos os anos que ainda temos à frente... Com certeza já perdoei você por tudo e por qualquer coisa que tenha acontecido no passado. Espero que você faça o mesmo por mim... Agora vou atualizá-lo sobre a família, cada um, na ordem da idade e espero que isso agrade a você... Mais uma vez, não sei te dizer quanto sinto por ter negligenciado nossa comunicação nos últimos anos e peço que você me perdoe e me compreenda. Eu te amo muito, muito e não vejo a hora de podermos retomar nosso contato.

Com amor e muitas orações,

Mãe

ABEL: Logo que eu voltei, foi muito difícil recuperar a ligação que tinha com os meus pais. Era mais fácil para mim simplesmente enterrar e deixar pra lá do que sentir tudo de novo cada vez que eu estava perto deles. Eu apenas contei para eles algumas coisas que tinha aprendido sobre mim mesmo — contei para eles que nunca faria uma coisa dessas de novo. Meu pai foi me buscar na cadeia e viemos dirigindo por sete ou oito horas, então falamos sobre isso no caminho. Eles sempre me dizem agora, "Bom ver que você está indo bem, a gente sabe que você mudou".

Conforme as gravidezes foram terminando, uma depois da outra, e especialmente depois que Abel saiu da prisão, Hector começou a beber. Era sua válvula de escape para tudo o que achava insuportável. Porém, não importava o que bebesse, sempre estava de pé às cinco da manhã para cuidar de Adam, e de Dylan, e de Wayne, quando eles ainda estavam vivos. Ele nunca deixou as coisas desmoronarem, embora algumas vezes fosse para a cama chumbado e se desse conta, na manhã seguinte, de que fora uma bênção que nada tivesse acontecido durante a noite.

Sue passava bastante tempo trabalhando fora de casa e, sabendo que Hector andava bebendo, estava sempre preocupada de que aquela poderia ser a viagem no meio da qual algo de ruim aconteceria na família. Ela se preocupava e achava que era tudo sua culpa, porque era a mãe e não estava em casa tomando conta das crianças como deveria. E, toda vez que havia um casamento ou um grande evento familiar, Hector dava um escândalo e Sue se sentia humilhada.

Sue não bebia; em vez disso, tinha enxaquecas, e ficava deprimida. Algumas vezes, caía em depressões tão profundas que não conseguia levantar da cama; em outras ocasiões, continuava trabalhando, e só se dava conta de que estava mal depois de perceber que tinha vivido numa neblina durante meses, sem sentir quase nada além de raiva.

Uma manhã bem cedo, Sue tentou acordar Hector para que ele a levasse até a estação de trem, mas ele tinha bebido e não conseguiu levantar, então ela foi caminhando e acabou sendo assaltada. Isso foi o fim. Quando voltou da viagem, disse a Hector que, se ele não parasse de beber, ela o deixaria. Hector não acreditou que ela fosse levar a decisão adiante, mas a ameaça foi suficiente. Ele prometeu que iria parar de beber, e foi o que fez. Mas essa proeza não acabou com a tristeza que o levara a beber.

> HECTOR: Eu tinha uma energia tremenda quando era jovem e sempre via, sabe, o copo meio cheio. Mas comecei a me sentir cansado. Lidar com a mesma merda sempre da mesma forma, conforme cada geração crescia — ah, isso de novo. Filho sendo expulso da escola, outro que foi preso. Acho que uns dez anos atrás, quando as coisas estavam realmente difíceis, comecei a me tornar meio cínico e a me perguntar: "Isso vale a pena? Por que eu continuo acordando todos os dias e fazendo a mesma coisa? E chegando aos mesmos resultados. Será que isso não é meio insano?".

Não eram apenas as coisas ruins que não tinham acabado do jeito que ele esperava. Poucos de seus filhos ainda frequentavam a igreja; Isaac era agnóstico, e Raj frequentava encontros de ateístas. Nenhum de seus filhos adotara suas próprias crianças.

> CHELSEA: Eu sempre pensava, lá no fundo, que talvez eu acabasse adotando, mas nunca quis uma família enorme. Testemunhei em primeira mão tudo o que acontece na adoção, e não tenho certeza de estar pronta para lidar com isso. Meus pais tinham um dom que eu não sinto que herdei.

Sue e Hector estavam certos de que podiam mudar a história de seus filhos; mas seus filhos tinham nascido de pais que os tiveram quando eram adolescentes, que dependiam do auxílio do Estado e que tinham acabado na cadeia; e agora muitos deles estavam tendo filhos ainda adolescentes, dependiam do auxílio do Estado e estavam indo para a cadeia. Quando Hector ficou mais desesperado, disse a si mesmo que seus filhos pelo menos estavam melhores do que se estivessem em esquemas de acolhimento familiar. Estava nivelando por baixo, mas pelo menos isso tinha conseguido. E aí pensava: Bom, não estava ao nosso alcance quebrar esse ciclo. Isso é com Deus; e não havia outra escolha a não ser fazer as coisas da forma que acreditamos que Deus queria que fizéssemos.

Nos tempos mais difíceis, quando sentiam que tinham fracassado, era difícil para Sue e Hector lembrar por que tinham escolhido fazer o que faziam.

> JOSE: Quando meus pais eram jovens, eles eram bacanas: ela era uma beldade, ele, uma estrela do esporte. Lembro dos dois saindo com amigos, indo a piqueniques, essas coisas que a gente vê nos filmes dos anos 1960 — todo mundo trazia os filhos, eles jantavam na casa dos amigos, eram supersociáveis, tinham um grupo de colegas. Mas, com tantos filhos, manter os relacionamentos foi ficando mais difícil, e não era todo mundo que queria se ver associado à família, porque coisas acontecem, e porque tínhamos negros entre nós, as pessoas não achavam a família mais tão bacana, e isso muda o círculo de amizades e a forma como você se comporta.
> SUE: Quando alguém vinha jantar na nossa casa, sempre ia embora dizendo algo como, "Foi muito legal". O jeito como falavam passava a ideia de que não achavam que seria legal.
> JOSE: Meu pais perderam o encanto. Pagaram o preço por ter

uma família assim. Acho que meu pai foi o mais atingido. Minha mãe viajava muito a trabalho e tinha uma rede de contatos, mas meu pai ficava em casa, e ele era um cara realmente muito bacana — mesmo agora, se você for a Barre, todo mundo sabe quem ele é —, mas, conforme a vida foi seguindo, os dois se tornaram párias. Acho que meu pai gostaria de ter mais amigos.

ISAAC: Ele tinha a gente; e a gente era amigo dele. Saíamos juntos para jogar bilhar, ou boliche, ou patinar no gelo. Mas ele não tinha um grupo de amigos para sair, do jeito que as pessoas normais fazem. Ele nunca teve isso.

Nas fases mais duras, era difícil para Sue e Hector pensar quanto era improvável que qualquer outra pessoa tivesse adotado seus filhos, e quanto a vida dessas crianças teria sido pior se não tivessem tido uma casa e uma família. Nas fases mais difíceis, era mais fácil esquecer todas as coisas boas que tinham acontecido com seus filhos. A tristeza é uma emoção mais forte que a alegria; e as catástrofes adentraram a mente dos dois e deformaram o sentido da vida deles de uma forma que a alegria do dia a dia nunca conseguiu. Mas muitas coisas boas aconteceram.

Depois que engravidou, Lilly conseguiu um emprego na linha de produção da fábrica da Cabot Creamery e acabou adorando o trabalho — vinte anos depois, ainda estava lá e tinha sido promovida a gerente. Lilly ficou com o mesmo homem por muitos anos. Algumas vezes, depois de uma ou duas doses, ela chorava e dizia aos pais quanto os amava, quanto era grata, e que não teria tido essa vida se não fosse por eles.

Trish conseguiu terminar o ensino médio, porque Hector cuidou do seu bebê, e teve mais dois filhos, viveu com um homem que também foi adotado, e trabalhou numa casa de saúde para pessoas idosas; ela também ama seu trabalho. JD se tornou encanador e ficou noivo de sua namorada. Sabia que, se Sue e Hector não o tivessem adotado, passaria a vida na cadeia pelo assassinato do homem que tirou a vida de seu pai.

Renee e David trabalharam na cozinha de escolas locais e viveram sozinhos. Embora surdo e mudo, David talvez fosse o mais feliz da família: todo mundo o adorava, e ele estava sempre sorrindo; tinha um brilho próprio que parecia apagar todos os traços de sua vida difícil. SueAnn abandonou o ensino médio para ter seu segundo filho, mas teve um casamento feliz, gostava de trabalhar no salão Hair Cuttery e conquistou um diploma de cosmetologia. Flory também estava casada havia anos. Isaac estava casado e tinha entrado para o Exército. Joelle tinha um trabalho fixo como supervisora de crianças com necessidades especiais em escolas. Jose e Chelsea foram os que alcançaram maior sucesso, no sentido material: Chelsea trabalhava para uma enorme empresa de mídia da Filadélfia, como diretora do website da companhia, e Jose se tornou programador de computadores de um banco em Zurique. Até mesmo Abel encontrou seu caminho depois de sair da cadeia, trabalhando como chef em um restaurante japonês.

Quando Sue e Hector completaram 25 anos de casados, os filhos fizeram uma vaquinha para que os dois ficassem uma semana acampando no mesmo lago em Vermont onde tinham passado a lua de mel. O lugar não tinha mudado muito. Eles fizeram fogueiras, jogaram gamão, nadaram e remaram no lago. Quando voltaram, uma festa-surpresa aguardava por eles. A família toda estava lá — até mesmo Jose tinha vindo da Suíça. Havia um bolo que parecia o bolo de casamento deles. SueAnn tinha preparado decorações de centro de mesa e cartões com o nome de cada um, e Renee leu um poema que escrevera para a data. Chelsea fez um vídeo da família. Alysia dançou, e as pessoas choraram ao vê-la.

E todos os anos houve festas de aniversário, casamentos e formaturas; e eles tinham netos e bisnetos, muitos ainda vivendo no mesmo bairro, a poucas quadras de distância uns dos outros e de seus pais, entrando e saindo das casas o tempo todo, uns cuidando dos filhos dos outros. E a cada Páscoa, Quatro de Julho, Ação de Graças, Natal e Ano-Novo, os filhos, netos e bisnetos se juntavam a Sue e Hector na grande casa onde ainda viviam, embora não tivessem condições financeiras de mantê-la, e compartilhavam uma refeição. E ainda que alguns estivessem ausentes — três mortos, um na cadeia —, mesmo assim muitos continuavam por lá, ano após ano, e, mesmo com tudo o que aconteceu, ainda eram uma família.

A aspidistra é a árvore da vida

O ataque aos bons samaritanos, parte três

Nossa civilização está fundada na cobiça e no medo, mas na vida dos homens comuns o medo e a cobiça transmutam-se misteriosamente em algo mais nobre. Os membros da classe média baixa que ali viviam, por trás de suas cortinas de renda, com seus filhos, seus móveis descombinados e suas aspidistras, viviam de acordo com o código do dinheiro, claro, mas ainda assim conseguiam manter-se decentes. O código do dinheiro, da maneira como o interpretavam, não era só cínico e implacável. Eles tinham seus padrões, seus pontos de honra invioláveis. "Mantinham-se respeitáveis" — mantinham suas aspidistras hasteadas. Além disso, estavam vivos. Presos ao embrulho da vida. Geravam filhos, o que os santos e os salvadores de almas nunca têm a oportunidade de fazer.

A aspidistra é a árvore da vida, concluiu ele de repente.

George Orwell, *A flor da Inglaterra*

Eis o âmago da coisa. Há a decência, e a honra, e a humanidade comum, e a família, e os filhos, e a vida — e há a santidade. Há tudo aquilo que se ama no mundo, tudo aquilo que, se você estivesse isolado num planeta distante, ou à beira da morte, você lembraria, inconsolável — e há a santidade. Se existe um lugar onde os bons samaritanos são mostrados como inimigos de tudo o que é humano, esse lugar é a ficção, em particular os romances modernos. É neles que a fidelidade à humildade, decência e camaradagem humanas é mais forte; nos romances, os extremos da moralidade e a devoção a ideais abstratos são quase sempre vistos com desconfiança. "Odeio a ideia de causas", escreveu o romancista E.M. Forster em 1938. "Se fosse para escolher entre trair meu país e trair meu amigo, espero ter coragem para me tornar um traidor da pátria." É na ficção que a acusação aos bons samaritanos — à sua insolência espiritual, ao seu distanciamento da vida comum, à sua presunção de tentar triunfar sobre o fracasso, o sofrimento e a fraqueza humanos — se torna mais convincente e poderosa.

Veja o personagem Ralph Eldred, um bom samaritano no romance *A Change of Climate* [Uma mudança de ares] (1994), de Hilary Mantel. Ralph teima em não ver o mal nas pessoas e se recusa a aceitar o fato de que é impossível mudá-las. Acha que é responsável por todo mundo, mas ninguém tem responsabilidade sobre si mesmo. Acredita que a sociedade humana vem se tornando cada vez mais benevolente, e que seres humanos são aperfeiçoáveis. Sua esposa, Anna, não se preocupa com as pequenas injustiças que comete por engano; sabe que o homem é falível e o mundo, imperfeito. Mas Ralph vê essa atitude como repulsiva:

> Isso é ser fatalista, ele pensava, e nos liberta da responsabilidade que deveríamos assumir seriamente. Deveríamos dar nosso melhor, ele sentia, sempre nosso melhor — examinar nossa consciência, pesar nossas capacidades, e então, sempre que possível, com-

bater situações de injustiça. [...] Se não somos apenas animais, ou bebês, devemos sempre fazer uma escolha, e escolher fazer o bem. Ao optar pelo mal, comungamos com o princípio da decadência e nos tornamos simples veículos do caos, sujeitos às leis de um universo que tende à dissolução, o universo que pertence ao Demônio. Ao escolher fazer o bem, usamos nosso livre-arbítrio e mostramos que somos criaturas de Deus que resistem a todas essas leis.

"Então vou ser bom", pensou Ralph. "É tudo o que preciso fazer."

Ralph trabalha para um lar que acolhe crianças traumatizadas e abandonadas, e está ocupado demais com elas para prestar atenção nos próprios filhos. Sempre acaba dando dinheiro do orçamento doméstico para alguém que está precisando. Todo verão leva as crianças do lar para uma visita em sua casa, quando a família é obrigada a suportar a agressividade, os roubos e a violência dos visitantes. Ralph fez do amor "um estudo de caso, uma ciência"; seu amor é teimoso, determinado, combativo.

Sobre a vida dele e de Anna paira a sombra de algo que aconteceu com eles anos antes. Recém-casados, haviam saído da Inglaterra nos anos 1950 para trabalhar como missionários em Johannesburgo, na África do Sul. Tinham muito pouco dinheiro, mas Ralph se incomodava com o fato de viverem melhor que os locais e considerava a possibilidade de abandonarem a casa onde viviam para ir morar numa cabana. Nunca sentavam à mesa para jantar só os dois. Sempre que chegavam em casa, à noite, havia gente à porta esperando com algum problema difícil de resolver — precisando de abrigo, ou comida, ou ajuda para pagar a fiança de alguém que estava preso. Sempre atendiam quando alguém batia na porta no meio da noite. O casal distribuía comida, mesmo sabendo que muitos dos que pediam não estavam, na verdade, tão necessitados; só pegavam porque era de graça.

Coisas começaram a desaparecer. Ralph e Anna desconfiavam do jardineiro, Enock. Anna deu à luz gêmeos, um menino e uma menina. Logo depois, numa noite de tempestade, Ralph ouviu batidas à porta e a voz de uma mulher implorando que a deixassem entrar. Ralph percebeu que Enock estava por ali e que era uma ameaça, mas priorizou a caridade em detrimento da segurança e abriu a porta. Enock forçou sua entrada na casa. Ralph apanhou com um bastão e foi esfaqueado, quase morreu, e então ele e Anna descobriram que os dois bebês tinham sumido. Passado algum tempo, encontraram a menina, quase afogada e congelada na água enlameada. Nunca mais acharam o menino.

Não é fácil encontrar bons samaritanos em romances, o que é estranho, pois, a exemplo desses abnegados, muitos romancistas são movidos por um furor moral. Mas a maioria desses autores prefere retratar antes as coisas que os deixam com raiva a retratar um personagem que tenta consertá-las. Pode-se argumentar que bons samaritanos são raros na vida real, de modo que sua escassez na ficção realista não deveria surpreender — embora eles sejam ainda mais raros nos romances do que na vida. Há pessoas ruins no mundo real, mas as da ficção são piores. Talvez a ausência de bons samaritanos reforce o aspecto moral de uma história, ao apontar para fora do texto: se não há um personagem capaz de prestar ajuda, apenas o leitor pode assumir esse papel. Ou talvez bons samaritanos sejam considerados chatos. Mas parece haver algum outro tipo de problema; é como se, para a ficção, houvesse alguma coisa de repulsivo nos bons samaritanos.

Há exceções, claro, como a do heroico doutor Rieux, em *A peste*, de Albert Camus. Mas chama a atenção o fato de que, em muitos desses casos excepcionais, o personagem em questão se desvie de seu comportamento normal para tratar com desdém os bons samaritanos, rejeitando qualquer aspiração ética. Quando realizam suas boas ações, eles dizem que estão simplesmente fazendo seu trabalho, e consideram que sua autoridade moral é bastante limitada. "Não se trata aqui de heroísmo", diz Rieux. "Trata-se de honestidade." Em outro momento, afirma: "Mas, você sabe, gosto mais dos vencidos que dos santos. O heroísmo e a santidade não me atraem, desejo ser um homem". Outra dessas exceções é o ateu e pragmático doutor Colin, em *Um caso liquidado*, de Graham Greene. Colin trabalha numa colônia de leprosos no Congo. Certo dia, Querry, um celebrado arquiteto, aparece procurando por algum lugar remoto onde possa se esconder da fama; Colin desconfia da motivação de Querry e o interroga. "Você quer ser útil, não é?", pergunta, sem rodeios. "Não está procurando trabalho braçal só por fazer? Você não é nem um masoquista nem um santo."

Muitos desses personagens ficcionais de índole singular são antes inocentes castos do que bons samaritanos — personagens como o piedoso e tolo príncipe Míchkin de *O idiota*; mesmo Aliocha, o monge de caráter angelical em *Os irmãos Karamázov*, é mais um inocente do que um bom samaritano. E os personagens que de fato são assim possuem algum defeito crucial que garante que não sejam levados a sério por ninguém. Ou são pessoalmente repulsivos, como Walter, em *Liberdade*, de Jonathan Franzen; ou ineficazes, como a srta. Birdseye, de *The Bostonians*, de Henry James; ou fracos que morrem jovens, como o padre de *O diário de um pároco de aldeia*, de Georges Bernanos; ou Millie, em *As asas da pomba*, de Henry James; ou ainda Stephen Blackpool, de *Tempos difíceis*, de Charles Dickens; ou, por fim, são personagens tão completamente ridículos que transformam todo o empreendimento do bom samaritano em nonsense, como Dom Quixote, ou a sra. Jellyby, em *A casa soturna*, também de Dickens. George Eliot introduz Dorothea, em *Middlemarch*, como uma "fundadora de nada" que, apesar de possuir uma certa nobreza espiritual e um coração caridoso, fracassa em realizar qualquer coisa significativa.

Bons samaritanos que gostam de passar sermões são quase sempre ridicularizados por sua hipocrisia, seu puritanismo e seus esforços para mudar outras pessoas. "Um personagem que possuísse todas as sete grandes virtudes jamais agiria como o herói de um romance", escreveu o romancista Robertson Davies. "Seria perfeito e, consequentemente, incapaz de criar empatia, pois ficamos impacientes diante da perfeição humana, desconfiamos dela." Esse sentimento parece tão óbvio e banal, vindo de um ficcionista, que quase não precisa ser articulado. Na ficção, muitas vezes a impressão é a de que o imperfeito e o pecador são mais profundamente humanos do que o benevolente, ou seja, o bom samaritano que dá sermões é acusado não apenas de ser hipócrita, mas também de não compreender a fundo a natureza humana.

Não se deve confiar em personagens (assim como pessoas) cujas emoções afloram por causa de determinados ideais: qualquer um que seja filósofo ou teórico de alguma coisa provavelmente será desprezado, seja por seu tolo irrealismo ou por sua violência, caso tenha ideias com consequências práticas. Personagens sábios são aqueles que se voltam para o que é complexo, particular, íntimo, ao lugar densamente delineado, ao momento efêmero e, acima de tudo, por meio do amor, ao indivíduo. No trecho a seguir, George Eliot critica, numa resenha, o poeta Edward Young, comparando-o a William Cowper:

> [...] na medida em que a moralidade é de natureza emocional, ou seja, tem afinidade com a Arte, ela se manifestará na ação e no sentimento diretos de simpatia, e não como o reconhecimento de uma norma. No que concerne ao amor, não se diz "É meu dever amar" — ama-se [...]. Em Young, temos o modelo dessa deficiência de simpatia humana, desse descaso pelo presente e pelo visível,

> que, devido aos seus fundamentos santos e religiosos, foge para o remoto, o vago e o desconhecido; em Cowper, temos o tipo de amor genuíno que se alegra das coisas na medida da sua proximidade, e seu respeito por elas cresce à medida que as conhece intimamente.

No conjunto, esses elementos — a aceitação de que somos imperfeitos e caóticos, a aversão à lição de moral, o apreço pelo complexo e particular e a desconfiança do abstrato, a determinação de amar de verdade pessoas próximas de nós, em vez de um ideal genérico de ser humano — carregam em si uma exortação implícita para acolher a condição humana. Deve-se amar os humanos como são, e não como deveriam ou poderiam ser. Deve-se abraçar a natureza humana, com todo o seu sofrimento e seu pecado, e aceitar que será sempre assim. Deve-se acolher o peso do destino e da sorte na vida do ser humano, e os limites da capacidade do homem de mudar os seus pares. Não seguir essas posições significa se tornar o tipo de bom samaritano que não ama o mundo como ele é, ou a imperfeição humana — ama apenas as ideias que estão dentro da própria cabeça.

Alguns ficcionistas, claro, rejeitam tal éthos. *Elizabeth Costello*, de J.M. Coetzee, é descaradamente um romance de ideias morais — tanto é que testa os limites do gênero. Mas, como é uma exceção, precisa reconhecer a regra. "O realismo nunca esteve à vontade com as ideias", observa um personagem ainda no início do livro. "Não poderia ser de outro jeito: a premissa do realismo é a ideia de que as ideias não têm existência autônoma, que só podem existir nas coisas." A personagem Elizabeth Costello é uma romancista e, embora não se sinta constrangida em sua pregação (sobre os direitos dos animais), está consciente de que lições de moral são vistas como mau gosto formal nos círculos literários que frequenta. No fim do livro, Costello encontra sua irmã, uma freira, que não via fazia muitos anos. "Não preciso consultar romances", diz a irmã, "para entender as mesquinharias, as baixezas, as crueldades de que os seres humanos são capazes." Ela até se pergunta por que são tão poucos os bons samaritanos na ficção — quer mais ambição moral. "Se o estudo da humanidade limita-se a nada mais do que retratar nosso potencial mais escuro, tenho coisas melhores com que ocupar meu tempo", explica a freira. "Se, por outro lado, o estudo da humanidade for o estudo daquilo que pode ser o homem renascido, a história é outra."

George Bernard Shaw e Liev Tolstói também abraçaram o discurso moral explícito e abstrato — uma postura que, em ambos os casos, tomou a forma de um ataque a Shakespeare pelo que os dois consideravam ser a aceitação amoral da condição humana pelo bardo. Shaw atacou a fraqueza e o pessimismo dos personagens shakespearianos. O bardo era capaz de retratar a vaidade, a passividade e o desespero, sentia Shaw, mas não a virtude nem o real heroísmo. "Que grupo são eles", escreveu,

> [...] esses vilões, tolos, palhaços, bêbados, covardes, alcoviteiros, brigões, amantes, patriotas, hipocondríacos que veem a si mesmos, erroneamente (pois são enganados pelo autor), como filósofos, príncipes sem nenhum senso de dever público, pessimistas fúteis que imaginam confrontar um mundo estéril e sem sentido, quando apenas contemplam a própria inutilidade [...]. Mas é vã a busca pela marca do estadista, ou do cidadão, ou por qualquer sentido de comunidade, material ou espiritual, e não encontrará nada sobre a criação de um sacristão ou vigário decentes em todo o bando. Não encontrará nada sobre fé, esperança, coragem, convicção, ou qualquer uma dessas qualidades verdadeiramente heroicas [...]

Shaw, que prefaciava as próprias peças com ensaios nos quais explicava a moral que tinha em mente para elas, achava frustrante e condenável o agnosticismo filosófico de Shakespeare. Se o bardo era capaz de ver o mundo com tanta clareza, como podia ser tão indiferente em relação às maneiras de consertá-lo — e até mesmo hostil a qualquer um que fosse menos indiferente? Nesse quesito, Shaw considerava Dickens igualmente surpreendente: o grande cronista da depravação social, levado pela emoção a ponto de não conseguir imaginar de forma coerente um mundo um pouco melhor, avaliava Shaw. Shakespeare e Dickens eram dois escritores "preocupados com o que torna o mundo diverso, e não com o que o unifica", escreveu Shaw. "Eles não têm ideias construtivas, e veem como fanáticos perigosos aqueles que as possuem. Nas ficções que escreveram não existe um único pensamento ou inspiração fortes o suficiente para fazer com que qualquer pessoa se arrisque a estragar o próprio chapéu entrando debaixo do chuveiro, que dirá arriscar a própria vida."

Tolstói, em seus anos de juventude, se notabilizou como um naturalista, um antimoralista, um esteta. Em 1865, quando começava a publicar *Guerra e paz*, escreveu numa de suas cartas: "Os objetivos da arte são incomensuráveis (como se diz em matemática) com os objetivos sociais. O objetivo de um artista não é o de resolver uma questão irrefutavelmente, mas, sim, o de compelir alguém a amar a vida em todas as suas manifestações, e estas são inexauríveis". Nos primeiros estágios da escrita de *Anna Kariênina*, oito anos mais tarde, o livro era para ser sobre Anna e Vrónski — um romance convencional sobre o amor romântico. Liévin, em grande medida um personagem autobiográfico, surgiu pela primeira vez depois de um ano de trabalho no romance, e se tornou um veículo para Tolstói encher o livro com toda sorte de objetivos sociais e soluções irrefutáveis para problemas. Mas o autor teve o cuidado de distinguir um tipo abstrato de objetivo social daquela outra espécie que surge naturalmente de sentimentos pessoais e da vivência do dia a dia. Embora objetivos sociais menores e limitados fossem agora permitidos, a abstração continuava a ser algo ruim, assim como qualquer tentativa de ajudar estranhos ou mudar a sociedade.

> OBLÓNSKI: Em sua casa, há agora uma jovem inglesa e uma família inteira à qual se dedica.
> LIÉVIN: Mas então tem uma espécie de atividade filantrópica?
> OBLÓNSKI: Aí está, você quer ver tudo pelo ângulo ruim. Não é filantropia, mas compaixão.

Tanto Liévin quando sua esposa, Kitty, em momentos diferentes, tentam viver uma vida moral — no caso de Kitty, cuidando de gente repulsivamente doente; no de Liévin, trabalhando de várias formas pelo "bem comum". Mas ambos descobrem que seguir princípios não traz bem algum: a pessoa só pode viver de acordo com o próprio coração. Sem um interesse pessoal, seja egoísta ou caridoso, filantropia é apenas hipocrisia, ou intelectualismo vazio que não pode prosperar por não ter um impulso urgente que o mova. Tolstói escreve:

> Konstantin Liévin encarava o irmão como um homem de enorme inteligência e cultura, um homem nobre, no sentido mais elevado da palavra, e dotado da capacidade de agir em prol do bem comum. No entanto, no fundo de sua alma, quanto mais envelhecia e quanto mais intimamente conhecia o irmão, vinha-lhe ao pensamento, de modo cada vez mais frequente, que essa capacidade de agir em prol do bem comum, da qual se sentia completamente privado, talvez não fosse uma virtude, mas, sim, ao contrário, a falta de alguma coisa — não uma falta de gostos e de desejos bons, honrados e nobres, mas uma falta de força vital, daquilo que chamam de coração, daquela aspiração que obriga a pessoa a escolher,

entre todos os inumeráveis caminhos que se apresentam na vida, somente um e desejar apenas esse.

Anna Kariênina foi um divisor de águas na obra de Tolstói, entre o esteticismo dos primeiros livros e o moralismo que veio depois. Na altura em que escrevia os últimos capítulos, em 1877, Tolstói estava convencido de que um romance, para se justificar, tinha de servir como "um veículo que estabeleça um ponto de vista correto sobre todos os problemas sociais". Terminara por odiar *Anna Kariênina*, e o concluiu contra a vontade. Encontrava--se num estado mental terrível e angustiado. Passou a evitar armas e cordas por medo de que fosse se matar. Estava começando a sentir uma repulsa puritana pela arte, pelas mesmas qualidades que antes valorizara, como o seu vigor físico e natural e sua amoralidade.

Desse ponto foram apenas alguns passos para condenar Shakespeare. Pouco tempo depois da virada do século, quando já tinha passado dos setenta, Tolstói escreveu um panfleto no qual expressava seu espanto com a adulação universal ao bardo. Identificava vários defeitos estéticos nas peças que sempre o haviam irritado — todos os personagens falavam de forma parecida, o tempo todo se entregavam a longos discursos que não tinham quase relação nenhuma com a ação, suas motivações não faziam sentido (o escritor considerava Lear particularmente fútil). Mas o pior pecado do qual acusava Shakespeare era um pecado moral — o mesmo agnosticismo moral que irritava Shaw.

As peças encenavam sem julgar, observavam sem concluir. No mundo shakespeariano, sentia Tolstói, não havia princípios morais que fossem verdadeiros em todas as situações — a vida humana, em sua infinita complexidade, não admitia certezas. A única coisa da qual se podia estar razoavelmente seguro era que a moderação era algo bom, a ambição era ruim ou ridícula, ou ambas as coisas, e que, comportando-se mais ou menos como todo mundo, nunca erraria demais. Shakespeare, escreveu o autor russo,

> não aprovava a ideia de que os limites do dever prevalecessem sobre as intenções da natureza. [...]. Pregava uma média ponderada e natural para o homem, misturando preceitos cristãos e pagãos, entre amar os inimigos, de um lado, e odiá-los, de outro. Que alguém possa fazer o bem em excesso (além dos seus limites razoáveis) é provado de forma convincente pelas palavras e pelos exemplos de Shakespeare. Assim, a generosidade excessiva arruína Timão, enquanto a generosidade moderada de Antônio é honrosa [...]. Shakespeare ensinou [...] que alguém pode ser *bom em demasia.*

Entre os momentos mais surpreendentes nos ataques de Tolstói a Shakespeare estava a afirmação de que *A cabana do Pai Tomás* era uma obra maior do que qualquer peça do bardo por vir do amor de Deus e do homem. Era uma opinião particularmente escandalosa pelo fato de *A cabana do Pai Tomás* ser um livro pouco sofisticado, um best-seller sentimental cujo mérito literário raramente tinha defensores. Mas a indignidade da comparação não se devia apenas à teimosia mal-humorada de Tolstói. Se o autor russo queria condenar o naturalismo amoral de Shakespeare, a maneira de fazer isso era eleger um livro pouco sofisticado, pois em livros assim o éthos literário antimoralista não se aplicava. Essa era, na verdade, uma das características que tornavam esses livros pouco sofisticados, uma vez que numa obra desse tipo um personagem podia ser muito bom ou muito mau; uma moralidade sem ambiguidades era claramente delineada; e não havia contenção emocional para que o fluxo de sentimentos fosse controlado. Ali não era preciso existir a ideia de que as complexidades do mundo e do coração humano eram tais que os bons samaritanos deviam ser, na melhor das hipóteses, ingênuos, ou, na pior das hipóteses, violentos. Um personagem pouco sofisticado num livro pouco sofisticado podia tentar mudar o mundo.

A cabana do Pai Tomás, claro, mudou o mundo. Publicado em 1852, foi o grande best-seller do século XIX, e se tornou muito influente ao ampliar o alcance da causa abolicionista de um grupo de entusiastas marginais para o grande público nos Estados Unidos. O Pai Tomás é uma espécie de Cristo — profundamente piedoso, disposto ao autossacrifício, corajoso, incorruptível, caridoso. Quando seu dono original desce o rio para vendê-lo, separando-o da família, não se queixa — acredita que, se alguém tiver de ser vendido, melhor que seja ele. Diz à esposa que ama seu senhor porque ele, Tomás, cuidou do mestre quando bebê. Pede à esposa que reze pelos traficantes de escravos porque suas almas estão perdidas, e é mil vezes pior ser um pecador do que virar mercadoria humana. Mas Tomás não é um personagem passivo — ajuda quem precisa, arrisca-se bastante e se recusa a chicotear seus companheiros de cativeiro, ou a parar de ler a Bíblia quando recebe essas ordens. Ele é morto quando se nega a contar ao senhor para onde alguns escravos fugiram.

Entre os que odeiam *A cabana do Pai Tomás*, sempre houve aqueles com justificativas literárias e aqueles com motivos político-raciais. Mas no ensaio que escreveu explicando por que desprezava o livro, em 1949, James Baldwin argumentou que as barbaridades racistas e os defeitos literários da obra eram características da mesma faceta. Assim como outros romances pouco sofisticados, podia-se acusar *A cabana do Pai Tomás* de ser caricatural, por não ser habitado por seres humanos complexos, mas por caricaturas absurdas. Mas isso não se devia às limitações da autora, Harriet Beecher Stowe, ou ao fato de que tivesse priorizado objetivos políticos em detrimento dos literários: devia-se, segundo Baldwin, a algo muito mais pernicioso. "O sentimentalismo, a ostentação de emoção espúria e excessiva, é a marca da desonestidade, da incapacidade de sentir", escreveu o ensaísta. "As lágrimas nos olhos do sentimental mostram sua aversão à experiência, seu medo da vida, seu árido coração; e são, portanto, sempre sinal de uma inumanidade secreta e violenta, a máscara da crueldade."

A violência é praticada mais obviamente contra a humanidade do negro Tomás, reduzido a um Jesus de papelão, mas também contra o homem como tal, contra a verdade e a liberdade complexas do ser humano. "Ao negligenciar, negar, evitar a complexidade [do homem]", argumentou Baldwin, "que nada mais é do que nossa própria inquietante complexidade — nos diminuímos e perecemos; somente nessa rede de ambiguidade e paradoxo, nesse desejo, nesse perigo, nessa escuridão, é que podemos nos encontrar e, ao mesmo tempo, encontrar a força que nos liberta de nós mesmos. É essa força de revelação que é a missão do romancista, essa jornada em direção a uma realidade mais vasta que deve ter precedência sobre todos os outros argumentos."

Eis aí o éthos contra o bom samaritano do romance em sua versão mais exaltada e maniqueísta: de um lado, há a complexidade, a vida, o sentimento; de outro, o sentimentalismo, o moralismo e a violência. Nesse esquema, uma complexidade infinita pode parecer a única boa solução, a única verdade possível, e Hamlet, o único herói. Toda ação passa a se assemelhar à violência, todos os princípios, às mentiras; todos devem ser romancistas ou assassinos.

O moralismo explícito na ficção não se limitou ao sentimentalismo vitoriano. Ainda existem muitos títulos de livros pouco sofisticados e ficção de gênero em que ideias são transformadas em personagens para encenar dramas morais. Mas esses romances mais recentes são mais autoconscientes em relação às suas filosofias e criam justificativas para elas existirem, como se sentissem que estão violando alguma norma literária implícita.

Na mesma época em que Baldwin escreveu seu ensaio, por exemplo, foi publicado outro romance moralista e com pretensões a mudar o mundo, cuja mensagem era mais ou menos oposta àquela de *A cabana do Pai Tomás*, mas que, segundo a concepção de literatura de Baldwin, tinha o mesmo potencial ofensivo: *Vontade indômita*, de Ayn Rand. O livro também tratava do altruísmo e da salvação dos mais fracos, só que para Rand as duas coisas eram execráveis. Seu vilão, Ellsworth M. Toohey, um astuto crítico de arquitetura socialista, acredita que artistas deveriam subordinar seus gostos ao das massas; que amar alguém em particular é injusto porque deveríamos amar todas as pessoas da mesma forma. O herói do romance, Howard Roark, um arquiteto excêntrico e brilhante cujos princípios iam no sentido contrário do altruísmo, tinha horror à ideia de se ver envolvido na vida de outra pessoa na mesma medida em que fugia de quem pudesse interferir na sua. "Esses são o objetivo e a razão da minha escrita", afirmou Rand: "*a projeção de um homem ideal.* O retrato de um ideal moral como meu objetivo literário final, como um fim em si mesmo, para o qual todos os valores didáticos, intelectuais e filosóficos contidos num romance são apenas os meios para atingi-lo".

O argumento de Rand sobre o altruísmo foi encampado por Marilyn French em *Mulheres* (1977), um romance feminista que vendeu 20 milhões de exemplares. Mira, a heroína, lê *Vontade indômita* ainda na escola, nos anos 1950, e o livro desperta nela o desejo de reivindicar o próprio eu, que foi sufocado e reprimido por uma moralidade que ensina as mulheres a colocar o interesse próprio em segundo plano. Mira se sente culpada lendo *Vontade indômita*, pois tem consciência de que se trata de um livro pouco sofisticado, inferior à literatura que lhe é passada como leitura obrigatória na escola. Mas também começa a suspeitar de que é por ser pouco sofisticado que o livro tem o poder de afetá-la moralmente. "A boa literatura, ou o que seus professores chamavam de boa literatura, não se envolvia com o mundo", ela pensa. "Se envolver com o mundo é algo mais baixo do que não se envolver com ele." Na sua visão, a inferioridade dos romances ruins guarda semelhança com a inferioridade das mulheres de má reputação: para ser respeitada, a literatura, como as mulheres, precisa permanecer casta.

Nada em James Baldwin era casto, e Baldwin estava bastante envolvido com o mundo. Nenhum escritor foi tão movido pelo furor moral, e em sua não ficção ele descreve essa raiva, além das instituições e da perversidade que a provocam. E, no entanto, nos romances que escreveu, como acontece em muitas criações literárias, a raiva surge transfigurada, como se alguma coisa na forma compelisse a um modo diferente de expressar o que é errado, o que é certo e o que um homem deve fazer. A beleza moral, na ficção de Baldwin, se torna menor, mais concreta, mais íntima — algo que existe entre duas pessoas. "Alguns momentos de uma vida, e eles não precisam durar muito nem parecer muito importantes, são capazes de compensar tanta coisa naquela vida", ele escreve em *Tell Me How Long the Train's Been Gone* [Me diga há quanto tempo o trem já foi], "são capazes de redimir, de justificar aquele sofrimento, aquela perplexidade com que a pessoa vive, dando-lhe a coragem para não apenas suportar essa realidade, como também para tirar proveito dela; alguns momentos ensinam o preço da conexão humana: quem consegue viver com o próprio sofrimento respeita o sofrimento dos outros, e assim, de forma breve mas transcendente, podemos libertar uns aos outros do sofrimento."

Do ponto de vista do universo

Não sejas demasiadamente justo e nem te tornes sábio demais: por que irias te destruir? Não sejas demasiadamente ímpio e nem te tornes insensato: por que morrer antes do tempo? É bom que agarres um sem soltar o outro...

Eclesiastes 7,16-8

Pouco depois de completar trinta anos, Stephanie Wykstra decidiu que não acreditava mais no altruísmo ilimitado. Essa era a terceira mudança mais importante pela qual ela passava em dez anos e, ao final do processo, sentia-se vazia e sozinha. Fora criada com um total senso de clareza moral, tinha certeza de que compreendia o que deveria fazer, mas isso foi diminuindo gradualmente até que saísse dela por inteiro. Quando tinha vinte e poucos anos, passou a fazer uma série de indagações, procurando por um tipo diferente de clareza e, em duas ocasiões, achou que tinha encontrado o que buscava; porém, em ambos os casos estava enganada. Depois da fracassada última tentativa, Stephanie aceitou que talvez nunca mais viesse a ter a certeza moral inabalável que tivera quando criança.

Stephanie foi criada em Holland, Michigan, uma pequena cidade na parte oeste do estado, perto de Grand Rapids. Era um local bem holandês. Havia um festival de tulipas todos os anos e muitas pessoas altas de olhos azuis, além de igrejas calvinistas. Sua mãe era professora numa faculdade cristã; seu pai ensinava filosofia numa faculdade onde os professores tinham de assinar uma aliança de fé. Embora seu pai fosse filósofo, ele e a mãe apresentaram a Stephanie o cristianismo não como um conjunto de crenças teológicas, ou como uma forma de viver moralmente, mas como um relacionamento emocional com Jesus. Stephanie era uma devota inabalável e amava a Deus.

Quando estava terminando o ensino médio, seus pais tiraram um ano sabático na costa leste e a mandaram para um internato em Massachusetts. As tarefas escolares eram mais difíceis do que estava acostumada e, no começo, Stephanie estudou tanto que seu cabelo começou a cair. Ela também descobriu que muitos dos amigos da escola não eram cristãos, fez um grande esforço para atraí-los para Deus. Carregava consigo um livro de versos bíblicos, que sempre lia para as pessoas — tanto com os amigos quanto à meia-noite, sozinha, no dormitório. Não era cristã só da boca para fora; levava sua missão a sério. Uma vez se viu em uma discussão terrível com uma colega no refeitório, ao defender que a homossexualidade só podia ser uma escolha, pois Deus não criaria determinado tipo de pessoa apenas para mandá-la para o inferno.

Stephanie começou a se sentir atraída por um menino ateu; o garoto também gostava dela e passou a telefonar para ela nos fins de tarde. Uma noite, perguntou o que ela faria se acordasse uma manhã e soubesse, com certeza absoluta, que Deus não existia. Ela disse que não iria mais querer viver; não teria razão para viver. A conversa terminou pouco depois disso, assim como a amizade entre os dois. Para ele, não se tratava apenas de algo sobre o que não poderiam conversar, mas sim uma loucura. Stephanie ficou amiga de um judeu agnóstico, e os dois saíam para longas caminhadas pelo campus, nas quais ela tentava persuadi-lo da existência de Deus. Não conhecia argumentos formais, então disse a ele que quando cantava músicas cristãs sentia a presença do Espírito Santo. Uma tarde, seu amigo disse: "Se Deus existe, por que permitiu que meus parentes morressem no Holocausto?". Isso a atingiu com força. Stephanie se sentiu tonta e desorientada, e não conseguiu encontrar nada para dizer. Não era a primeira vez que se defrontava com o problema do mal, mas foi a primeira vez que alguém a confrontou sobre o assunto de uma forma tão pessoal e direta.

Ao mesmo tempo que tentava converter as pessoas, Stephanie começava a vacilar. Nunca tinha vivido antes com pessoas que não eram cristãs, e estava achando tudo estranho e empolgante. Começou a falar palavrões e experimentou maconha. Essas coisas não pareciam ser extremamente pecaminosas; esse sentimento era reservado ao sexo. Num concerto de rock cristão, ela assinara um juramento prometendo não ter relações sexuais antes de se casar; mas guardava em algum lugar da mente uma experiência que tivera com catorze ou quinze anos. Estava sentada em um café na esquina do apartamento de sua avó, em Nova York, quando viu uma revista feminina abandonada na mesa e decidiu folhear. Nela, encontrou um artigo escrito por uma mulher criada na doutrina cristã. A autora se dirigia diretamente ao leitor: se você fizer sexo antes do casamento, não vai desaparecer ou virar fumaça. Não vai morrer ou deixar de existir. A vida continuará e você vai ficar bem. Eu fiz isso. Na época, foi uma revelação. De todos os pecados que poderia cometer, para Stephanie, sexo antes do casamento era o pior; e, ainda assim, havia uma mulher cristã que tinha feito isso e sobrevivera. Ela pensou sobre o artigo por anos.

No verão que antecedeu seu ingresso na faculdade, Stephanie escreveu a palavra "foda" em uma mensagem on-line com um pseudônimo. Seu pai, ao procurar o histórico de navegação no computador e adivinhar o pseudônimo, a confrontou. Ele disse que ela deveria rezar muito para ter forças para parar de pecar. Stephanie começou a chorar, foi para o quintal, deitou numa cama elástica que ficava lá e olhou para o céu noturno; naquele momento, viu uma estrela cadente. Sentiu que Deus falava com ela, pedia a ela que voltasse para casa. Ele a tinha encontrado, a tinha abraçado e a tinha trazido de volta para o conforto. Era um sentimento de felicidade, de ser amparada e de ser boa novamente — mesmo que isso significasse abandonar as novas partes emocionantes que havia descoberto sobre si mesma nos últimos dois anos.

Quando entrou para a faculdade, Stephanie imediatamente tomou algumas medidas para garantir seu comprometimento renovado. Lia a Bíblia todas as noites antes de dormir. Escreveu uma mensagem para Deus, prometendo nunca ver pornografia, e carregava o bilhete dentro da carteira. Juntou-se a um grupo de cristãos que cantavam *a cappella* e se encontravam nas manhãs de sábado para ler a Bíblia e discutir questões teológicas. Queria saber por que Deus ouvia preces. Não faria mais sentido se Ele simplesmente fizesse as coisas funcionarem da melhor forma possível? Não era meio estranho que o destino dependesse de a pessoa rezar por algo ou não?

Stephanie resolveu estudar filosofia na pós-graduação, e lá conheceu outro estudante que se chamava Geoff. Ela explicou alguma coisa a respeito de Leibniz para ele e os dois se apaixonaram. Falavam sobre filosofia e religião por oito a dez horas seguidas — faziam longas caminhadas e ficavam acordados a noite toda.

Geoff era da Pensilvânia. Quando estava no ensino médio,

foi um empreendedor ativo — aos dezesseis, levantara cerca de 90 mil dólares para começar uma empresa —, mas não estava atrás do dinheiro em si. Queria causar impacto no mundo e imaginava que, independentemente do que decidisse fazer, essa quantia seria útil. Fez o curso de administração na Wharton, mas então resolveu estudar filosofia. Conforme lia Kant, começou a desenvolver seu próprio sistema moral. Passou a desenvolver sua própria teoria psicológica também. Acreditava que a mente humana era tão pouco utilizada que, com a ajuda de alguns truques psicológicos, poderia aumentar exponencialmente suas habilidades. Sempre citava o exemplo do Palácio da Memória, um método que permitia que as pessoas se lembrassem de mais objetos do que acreditavam ser possível.

Quando Stephanie estava com Geoff, sentia-se feliz. Porém, sua fé foi posta de novo em dúvida. Não conseguia se reconciliar com um Deus que condenava seres humanos ao inferno eterno. Pensava: "Não quero adorar um Deus que faz isso". Stephanie nunca mencionou essas dúvidas a seu pai, mas ele as pressentia. Um dia, o pai perguntou pelo telefone: "Você ainda acredita que Jesus morreu por nossos pecados?". Ela encerrou a conversa aos berros e não quis falar com o pai por vários meses. Foi um período ruim. Stephanie sentia que, se abandonasse o cristianismo, tinha de estar preparada para não ser mais tão próxima dos pais. Também sentia que precisava proteger seu pai, porque sabia que, se ela deixasse a religião, ele ficaria devastado. Uma noite, sonhou que ele estava andando pelo deserto e, mesmo sabendo que podia salvá-lo da morte, não o fez.

Pouco depois de começar o curso, Stephanie passou a se desiludir com a metafísica. Os filósofos pareciam pensar que, ao usar apenas suas intuições sobre a natureza das coisas, poderiam atingir um conhecimento real — mas, por que tinha de ser assim, quando estudos mostravam que pessoas de diferentes culturas tinham intuições completamente diferentes sobre as mesmas questões? E quando filósofos da mesma cultura, até do mesmo departamento, tinham intuições conflitantes, como você deveria julgá-las? Então se voltou para a epistemologia — para estudar como explicamos nossas crenças —, mas logo suspeitava que muitas dessas discussões não levavam a lugar nenhum.

Nessa época, em uma viagem da família para a Itália, com Geoff incluído, a mãe de Stephanie descobriu que a filha começara a tomar pílulas anticoncepcionais. Ela ficou horrorizada e tentou de várias formas evitar que os dois pecassem. Rezou por Geoff e tentou trazê-lo para o caminho de Deus. Fez os dois prometerem que não transariam na Itália. No final, ela e Stephanie tiveram uma briga terrível que acabou com a mãe perseguindo o casal para não os deixar sozinhos — como se esperasse que eles fizessem sexo no meio da rua, pensou Stephanie, com raiva e espanto. Mais tarde, quando descobriu que Stephanie dormira com Geoff, a mãe disse que Stephanie voltara as costas a Deus, e que Ele não a perdoaria.

Depois disso, durante meses ela e os pais discutiram ao telefone sobre a relação de Stephanie com Deus. Os pais sentiam que a fé da filha estava morrendo e lutavam por sua alma. Mas eles tinham perdido a batalha, pois Stephanie declarou, finalmente, que não acreditava mais em Deus. No verão seguinte, ela e Geoff foram a Michigan para um casamento e ficaram na casa dos pais de Stephanie enquanto eles estavam fora. Ao chegar, ela descobriu que todas as suas fotografias, que antes ficavam espalhadas pela casa, tinham sumido. Todos os sinais da sua existência tinham sido removidos. Sua mãe deixara um bilhete com instruções para chegar ao mercado mais próximo, como se ela fosse uma estranha, não tivesse crescido naquela casa e ido ao mercado todas as semanas. O bilhete também informava que os pertences de Stephanie haviam sido colocados em caixas no porão e que ela deveria levá-los quando fosse embora.

* * *

Stephanie e Geoff se casaram. Os pais dela foram ao casamento, mas Stephanie sabia que não estavam satisfeitos e não pediu ao pai que a acompanhasse até o altar. Na festa, viu um primo exibir algumas fotos suas de quando era criança, inclusive uma em que ela, com cerca de doze anos, experimentava o vestido de casamento da mãe. As fotos pareciam mostrar uma continuidade feliz entre aquela criança e a pessoa que ela tinha se tornado, e Stephanie se retraiu. Não havia continuidade, pensou. Tinha feito uma escolha de romper com aquela infância, e foi uma escolha dura e dolorosa. Pegou as fotos e as escondeu.

Algum tempo depois do casamento, Stephanie pensou que sua vida estava finalmente entrando nos eixos. Ela e Geoff conseguiram empregos como professores de uma pequena faculdade no subúrbio de Massachusetts e se mudaram para uma casa nas proximidades. Mas ela não estava satisfeita — sentia que tinha de fazer algo maior em sua vida.

Enquanto ainda era uma estudante, Stephanie se candidatou para servir como uma "irmã mais velha" de uma menina de treze anos que estava em esquema de acolhimento familiar em Perth Amboy. Elas iam juntas a museus e ao cinema, cozinhavam juntas e ela acabou se afeiçoando à menina. Começou a pesquisar sobre acolhimento familiar e descobriu que uma grande porcentagem de crianças ia para as ruas ao atingir a idade máxima do sistema. No verão, Stephanie fez estágio em algumas organizações que trabalhavam com acolhimento familiar de crianças e tentavam ajudá-las a achar um caminho quando adultas; porém, embora essas organizações tivessem boas intenções, Stephanie notou que raramente checavam a eficiência dos seus programas. Não havia uma pesquisa de fato, nem coleta de dados. Stephanie se deu conta de que isso era uma coisa que queria fazer — conduzir pesquisas sobre a efetividade das boas intenções.

Ao investigar sobre o tema, descobriu a GiveWell, uma organização que fazia pesquisas desse tipo para descobrir quais instituições melhoravam a vida de mais pessoas gastando menos dinheiro. A organização havia sido fundada poucos anos antes por alguns jovens que trabalhavam com fundos de cobertura no mercado financeiro e que queriam fazer a transposição de certos dados de avaliação de investimentos para o mundo das ONGs, pois era muito difícil encontrar informações desse tipo no terceiro setor. Muitas instituições de caridade falavam sobre salvar vidas com uma pequena quantia de dinheiro, porque isso ajudava a captar fundos, mas na verdade a noção de "uma vida salva" não fazia muito sentido. Para contar uma vida como "salva", quantos anos a mais uma pessoa teria de viver? Não valia muito a pena curar uma pessoa de malária se ela morreria de pólio na semana seguinte. E, se fosse possível evitar sua morte por malária em uma semana e por pólio na próxima, isso contava como duas vidas salvas ou uma? A unidade de medida que a GiveWell gostava de usar era a DALY [Deficiência e Ajuste da Expectativa de Vida em Anos, na sigla em inglês]. A ferramenta levava em conta não apenas a sobrevivência de uma pessoa, mas também quanto ela viveria e em quais condições. Um ano com uma saúde perfeita contava mais do que um ano com problemas como cegueira, por exemplo, ou uma perna amputada. A ferramenta era útil para escolher em quais doenças e problemas os esforços deveriam se concentrar. Stephanie começou como voluntária na GiveWell, mas, depois de temer que seus pais nunca fossem respeitar esse trabalho como respeitavam a filosofia, ela largou o emprego acadêmico e passou a trabalhar na organização em período integral.

Enquanto isso, Geoff também estava mudando. Desistiu de dar aulas e encontrou uma organização chamada Leverage Research, com a qual pretendia mudar o mundo. Geoff juntou seu trabalho nessa instituição ao movimento pelo altruísmo eficaz, que Toby Ord começara em Oxford e que vinha estabelecendo postos avançados nos Estados Unidos, em universidades e por meio de pessoas como Julia Wise e Jeff Kaufman. Geoff e Stephanie se mudaram para Nova York e alugaram uma casa comunitária com algumas outras pessoas que também estavam comprometidas com a Leverage, de modo que a organização, assim como as ambições de Geoff, passaram a dominar a vida de Stephanie.

Para mudar o mundo, acreditava Geoff, era preciso primeiro mudar a si mesmo. Geoff passou a ficar cada vez mais preocupado com sua produtividade. Começou a dormir apenas três horas por noite e tirar três cochilos de vinte minutos ao longo do dia. Stephanie observava o marido conversar com o computador e se preocupava que ele adoecesse. Sua ambição não tinha limites. Geoff escreveu em seu perfil da Leverage: "Geoff pensa e age de acordo com seus princípios. Ele formulou, e adotou, um conjunto de ações para criar um mundo próspero para todos". Isso significava que ele não queria seguir nenhum dos trabalhos feitos anteriormente sobre o assunto. Partiria do zero para criar uma teoria moral original e outra sobre a mente humana original.

Seu plano final era criar um mundo ideal. Stephanie havia discutido com ele sobre o assunto: "Você poderia realizar metade do seu plano, trabalhando com doenças, ou guerras ou a fome, ou com os problemas entre as pessoas, mas não pode pensar todas essas coisas juntas, embora você seja muito inteligente, porque o mundo é complicado". Mas Geoff era bom de argumentação e derrubava todos os pontos do discurso de Stephanie; mesmo que nunca tenha chegado a convencê-la de que estava certo, ela também não conseguiu persuadi-lo de que estava errado. Stephanie lhe escrevia longas séries de argumentos numerados e ele mandava respostas como: "Não concordo com a premissa 4 do seu argumento, por favor esclareça o que quer dizer com a palavra 'difícil', seguem cinco definições da palavra, a qual delas você está se referindo?". Ela se sentia inútil e frustrada e, ao longo do tempo, começou a evitar essas discussões. Geoff percebeu que ela não estava mais tão interessada e se sentiu traído: "Se você ama alguém, ou você apoia os objetivos dessa pessoa ou faz de tudo para dissuadi-la, mas não evita o conflito". Ela concordava com isso e se sentia culpada. Parte dela desejava que aquele pedaço crítico de sua mente, que a fazia cética em relação às ambições do marido, sumisse — aí eles poderiam voltar a ser felizes e ela poderia parar de duvidar —, mas não foi isso que aconteceu.

Stephanie adorava seu trabalho na GiveWell, mas havia sempre um incômodo, inspirado no pensamento de Geoff, de que isso não era o suficiente. Queria fazer algo maior. Só que não sabia o que poderia ser: Trabalhar para vencer a morte, como Aubrey de Grey, pesquisador que estuda o envelhecimento? Prevenir que computadores malignos atacassem a humanidade, como as pessoas do Machine Intelligence Research Institute? Só sabia que com certeza devia ser alguma coisa maior do que fazia naquele momento. Geoff achava que o trabalho da GiveWell era voltado para o curto prazo e, por isso, era muito limitado. Admitia que tinha alguma utilidade, mas sugeria pequenos ajustes no mundo, e não mudava realmente as coisas. Na visão de Geoff, se Stephanie se dedicasse mais ao trabalho e parasse de se preocupar em seguir pontos de vista não convencionais, ela poderia fazer jus ao seu potencial.

Ela ficava triste quando pensava nisso. Se ela de fato se comprometesse a salvar o mundo como gostaria, nunca mais iria se divertir — não poderia viajar e nunca conheceria lugares bonitos. Teria de ser tão focada e dedicada quanto Geoff. Teria que trabalhar o tempo inteiro. Teria que esquecer as coisas que amava, uma a uma, até que não sobrasse nada. Se realmente quisesse se comprometer, tinha que ser tudo ou nada — mas um comprometimento dessa magnitude a aterrorizava, e ela temia o dia em que teria de dar esse passo. Sempre se sentia culpada; ainda assim, ao mesmo tempo, algumas coisas no altruísmo eficaz a incomodavam. Não gostava de sentir que era obrigada a se concentrar apenas nas formas mais eficazes de fazer o bem, e que formas menos eficientes e mais pessoais, como bancar a irmã mais velha de uma garota em acolhimento familiar, não fossem consideradas um bom uso do tempo.

Stephanie e Geoff começaram a fazer terapia de casal e, depois de alguns meses, se separaram. Ela tinha medo de contar isso para os pais, mas, para sua surpresa, eles não se zangaram. Stephanie passou a falar com eles ao telefone com mais frequência. Não eram conversas fáceis — ainda se sentia distante —, mas achava que estavam se aproximando novamente, aos poucos. Sua mãe disse: "Pensamos em você todos os dias". Stephanie achava que o que ela queria dizer, embora tivesse a cautela de não falar, era: "Rezamos todos os dias para que você encontre seu caminho de volta até Deus".

Apesar de saber que a separação era a coisa certa a fazer, Stephanie se sentia tão triste que começou a desmoronar. Um dia, combinou de encontrar a mãe para jantar no apartamento da avó, mas estava tão desorientada que pegou o metrô errado e foi parar em outra parte da cidade. Ligou para a mãe, aos prantos, e disse que não poderia ir, pois não aguentaria ser julgada por ela. A mãe falou para ela fosse. Stephanie foi, e, durante toda aquela tarde, ela ficou deitada chorando enquanto sua mãe, sentada ao seu lado, acariciava seu cabelo. Stephanie sentiu que, a partir dali, não estava mais escondendo nenhuma parte sua da sua mãe e, ainda assim, a mãe a amava do mesmo jeito.

Mais ou menos nessa época, o terapeuta de casal recomendou a Stephanie um livro chamado *Radical Acceptance* [Aceitação radical], que mudou a vida dela. Era uma obra budista, e ela não tinha interesse particular no budismo, mas a mensagem básica era: Você é uma pessoa boa exatamente como é. Pode mudar, mas não precisa. A primeira vez que leu isso, a ideia pareceu insana. Mas então Stephanie pensou: "Se você é uma árvore, não vai pensar: 'Aquela árvore não é tão florida quanto outros tipos de árvore, não é boa o bastante'. Ao ver um cachorro pequeno, você jamais pensaria: 'Você devia ser maior, qual é o seu problema?'". Talvez fosse o mesmo com as pessoas — elas eram desse jeito, e tudo bem.

Durante toda a vida, Stephanie acreditara que havia algo de muito errado nela; mas agora considerava que talvez estivesse enganada. O livro afirmava que muitas pessoas atravessavam a vida num "transe de desmerecimento". Isso a fez lembrar de um verso que lera muito tempo atrás sobre como Deus cobria uma pessoa com Seu manto para esconder seus pecados. Isso a tinha alarmado e apavorado, a ideia de que essa pessoa fosse tão repulsiva a Deus que Ele tivesse que cobri-la para evitar olhá-la diretamente. Esse foi um dos momentos em que ela sentiu que começava a abandonar a igreja.

Conforme começou a aceitar a si mesma, Stephanie passou a rejeitar o que foi a base de sua vida moral desde que rejeitara o cristianismo: o utilitarismo. Rejeitou o argumento superficial de Peter Singer sobre quanto se é obrigado a doar, porque aceitar isso significava rejeitar a si mesma. Stephanie não sabia como rebater filosoficamente esse argumento, mas não acreditava mais que precisasse fazer isso. Demorou tanto tempo para chegar onde chegou — vários anos de culpa e autocomiseração — que, ao final, não acreditava mais que precisava dedicar cada minuto da sua vida para salvar o mundo, ou dormir menos para isso.

Ela ainda desejava fazer parte de uma comunidade com que compartilhasse dos mesmos valores, mas não sabia se conseguiria encontrar uma da qual não divergisse. Lera uma obra de sociologia sobre como todos os grupos humanos têm rituais e crenças semiarbitrários para mantê-los unidos. Talvez, ao tentar justificar suas crenças, não tivesse compreendido o sentido e o funcionamento da sociedade humana. Talvez devesse apenas aceitar as coisas como elas eram, ou pelo menos não questioná-las demais. Desejava pertencer a algum lugar e acreditar em alguma coisa. Não queria que sua vida inteira consistisse em se associar a algum grupo para depois abandoná-lo.

Rejeitara o cristianismo, rejeitara a filosofia, rejeitara o altruísmo ilimitado. Não sobrara nada — apenas ela própria. Sentia-se feliz ao pensar que ia fazer coisas de que gostava, mas isso era também assustador. Sentia-se menos culpada do que antes, porém mais ansiosa. Passara a vida inteira castigando a si mesma por falhar em viver de acordo com um conjunto estabelecido de princípios; agora ia ter de descobrir as coisas por conta própria. Esse modo de pensar não era natural para Stephanie, mas ela aceitou que a vertiginosa incerteza era o preço de sua liberdade.

"Será que é legítimo dizer que uma coisa tem valor se eu digo que tem valor?", perguntava-se. "Será que tudo bem eu pensar assim?" Tudo parecia tão subjetivo para ela — tão frágil, tão infundado. Isso era perturbador. Stephanie passara a vida procurando por fundamentos. Quando deixou de acreditar num plano divino, começou a procurar pela verdade moral objetiva, mas também não a encontrou, e agora duvidava que ela sequer existisse. Mas o que sobrava? Seria possível basear sua vida em ideais que ela mesma inventasse? Nada mais do que isso? Rejeitara sistemas morais construídos por séculos a partir do pensamento, da fé e da obediência de milhões de pessoas, e agora sua base ia ser ela mesma? Soava ridículo. Mas era o que tinha. "Será que é certo dizer: 'Essas são as coisas que eu valorizo, isso é o que eu busco na vida?'", perguntava-se. Ou será que é possível viver sem nenhuma base, já que ela não sabia mais o que era certo, e talvez nunca viesse a saber? Stephanie não sabia.

Algo totalmente diverso da vida

Um homem honrado, na máxima desgraça da vida, que ele teria podido evitar desde que não se importasse com o dever, não mantém ainda a consciência de que ele, não obstante, preservou e honrou em sua pessoa a dignidade da humanidade, que ele não tem de envergonhar-se ante si mesmo nem mesmo tem razões para temer o escrutínio interno do autoexame? Este consolo não é felicidade, nem tampouco a mínima parte dela. Pois ninguém desejará a ocasião para isso, e talvez nem mesmo uma vida em tais circunstâncias. Mas ele vive e não pode suportar ser a seus próprios olhos indigno da vida. Portanto esta tranquilização interna [...] é o efeito de um respeito por algo totalmente diverso da vida, em comparação e contraposição com o qual a vida, muito antes, com todo o seu agrado, não tem absolutamente valor algum.

Immanuel Kant, *Crítica da razão prática*

Se entre a moralidade e a vida há luta, a vida vencerá. A vida em si vencerá, e vencerão as coisas que fazem valer a pena viver. Nem sempre, não em todos os casos, mas a vida vencerá no fim. Algumas vezes uma pessoa morrerá por uma causa; em outras, alguém, em nome do dever, abrirá mão daquilo que lhe é mais precioso. Mas, na maior parte do tempo, o chamado à vida, o provimento para a família, a busca pela beleza, o trabalho pelos seus propósitos, a ação espontânea ou sem nenhum objetivo, ou os incontáveis atos feitos não para ajudar as pessoas são fortes demais para ser sobrepujados.

Quanto da vida é ameaçado pela moralidade depende do que é a vida para cada um. Na maioria das tradições ancestrais, uma vida boa é precisamente uma vida moral (embora a maior parte dessas tradições também faça a distinção entre uma vida moral comum e aquela de um santo). A ideia de vida em que uma moralidade excessiva é mais ameaçadora é uma ideia recente e romântica — uma noção que prioriza a emoção sobre a razão, a espontaneidade sobre um fim determinado, e a busca por um eu autêntico e original sobre a criação cuidadosa de um eu moral. Para um romântico, o desejo é menos alguma coisa a ser contida à maneira do que faz um bom samaritano e mais a própria substância da vida. "Os que reprimem o desejo assim o fazem porque o [desejo] deles é suficientemente fraco para ser reprimido", escreveu, desdenhoso, William Blake, um dos primeiros poetas românticos. "E, ao ser reprimido, torna-se gradativamente passivo até ser mais que a sombra do desejo." Para um certo tipo de romântico, as lutas de um bom samaritano consigo mesmo podem parecer equivocadas a ponto de levar ao suicídio.

Blake reagia à piedade de *Paraíso perdido*, em que Milton descreve a revolta de Satã contra a autoridade de Deus. Satã quer poder e liberdade; mas o anjo Abdiel lhe diz que, mesmo agora que tinha escapado do paraíso, ele ainda não estava livre: era escravo de um novo senhor — ele próprio. Essa era a visão antiga do desejo, aquele que escravizava a vida; mas Blake e os românticos que o seguiram rejeitavam essa visão.

A bondade contra a qual se revoltou Satã era a bondade de um anjo, que consistia na obediência a Deus. Mas a bondade do bom samaritano em geral não tem a ver com obediência — com frequência é o oposto, uma revolta contra as regras e costumes sob os quais foi criado. Em parte, a razão pela qual os bons samaritanos parecem tão estranhos é o fato de agirem sozinhos. Seguem regras que eles mesmos se impuseram, movidos por um senso de dever que os acompanha desde que eram muito pequenos para entender o significado de dever, muito menos o que qualquer outra pessoa pensava a respeito. O meio de onde vieram os acha esquisitos e radicais tanto quanto o resto do mundo. Não vêm de uma comunidade na qual o sacrifício era normal e da ordem natural das coisas.

Há circunstâncias em que os bons samaritanos não parecem tão estranhos. Para eles, é sempre tempo de guerra; e, em tempo de guerra, bons samaritanos parecem menos fervorosos e seus compromissos, menos severos. Mas a própria guerra mudou, o que talvez seja motivo para que os bons samaritanos causem ainda mais estranhamento do que antes. A guerra já não exige o sacrifício de todos. Para alguns países ricos, é muito comum que a guerra, hoje, seja alguma coisa que acontece com outras pessoas, num lugar distante. Ao longo de grande parte da história humana, sacrificar-se ou ver um filho ser sacrificado, ou ainda dar o próprio trabalho em sacrifício por algo maior, era comum, pois o alistamento também era comum. Mas muitos países abandonaram isso há décadas. Já tem tempo que não faz mais parte da experiência comum colocar em risco a própria vida ou a de familiares para o bem do país. É possível que, na ausência dessa antiga forma de dever, o senso de responsabilidade para com a família tenha se ampliado para tomar esse lugar, de modo que sacrificar familiares por uma causa passou a ser visto como uma atitude desnaturada e extrema.

Em 1906, o filósofo William James deu uma palestra intitulada "O equivalente moral da guerra". James afirmava que tinha acabado de entender por que pacifistas como ele próprio, de tão envolvidos na sua censura ao banho de sangue, à violência e ao desperdício da guerra, não conseguiam enxergar que esses argumentos jamais sensibilizavam seus oponentes. "Os militares não negam nem a bestialidade, nem o horror, nem os custos da guerra", disse James. "Simplesmente afirmam que a guerra *vale* tudo isso; que, considerando o ser humano na sua totalidade, as guerras são a melhor proteção contra o lado mais fraco e covarde de sua natureza." O que os pacifistas não entendiam era que não havia apenas os desejos primitivos de domínio e pilhagem empurrando as nações à guerra. O soldado vivia *in extremis*, uma vida árdua, extenuante e corajosa, e era alguém pronto a sacrificar tudo. Para uma pessoa assim, períodos pacíficos podiam parecer preguiçosos, amenos e degenerados, sem um propósito maior além da busca pelo prazer, uma existência na qual não se exigia de um homem mais do que deixar o vizinho em paz. "Onde estão a dureza e a impetuosidade, o desdém pela vida, pela própria e pela do outro?", James imaginava o soldado a se perguntar. "Onde está a crueza do 'sim' ou 'não', o dever incondicional?"

Algo nesse desprezo militar era profundamente acertado, sentia James. Se a guerra algum dia tinha de acabar, devia haver alguma coisa tão honrada e difícil que viesse substituí-la. Não era impossível pensar no que viria a ser essa coisa: por que apenas em tempo de guerra as pessoas deveriam se sentir compelidas a arriscar a vida por alguma coisa maior que elas? James propôs que, em períodos de paz, se criasse o alistamento para o trabalho duro — "trabalho em minas de carvão e ferro, descarregando trens, nas frotas pesqueiras em dezembro, lavando pratos, lavando roupa, lavando vidros, construindo estradas e túneis, trabalho em fundições e fornalhas" — o que, ao mesmo tempo, fortaleceria a juventude de um país e avançaria na reparação da injustiça pela qual algumas pessoas viviam uma vida de facilidades enquanto outras eram humilhadas na pobreza. Por que as injustiças no próprio país não seriam motivo para agir tanto quanto a vergonha ameaçadora de ver a nação conquistada? Por que o compromisso, a camaradagem e a urgência da guerra não deveriam ser transpostos para a moralidade nos tempos normais?

Ao saberem que eu estava escrevendo sobre bons samaritanos, muitas pessoas perguntavam: "Mas esses caras não são doentes mentais?". Para muita gente, um senso de dever extremo parece um tipo de doença — talvez uma necessidade masoquista de autopunição, ou uma espécie de depressão que faz a pessoa se sentir indigna para obter qualquer prazer. As vítimas desse tipo de doença só podiam viver uma vida sombria e limitada, tomadas pela responsabilidade, obrigando-se a sempre pensar na infelicidade dos outros e a suportar a própria infelicidade. Era certo que deviam passar a vida inteira sentadas em algum escritório mofado, engolindo uma tigela de macarrão instantâneo para sair correndo e atender outro caso urgente.

Na verdade, alguns bons samaritanos são felizes, outros não. Entre os que são felizes, as razões para sua felicidade são as mesmas de uma outra pessoa feliz — amor, trabalho, um sentido na vida. É a infelicidade dos bons samaritanos que é diferente — uma reação não apenas à humilhação, à falta de amor e a todo o resto, mas também à consciência de que o mundo está repleto de uma infelicidade que a maioria das pessoas ignora ou despreza e de que, por mais que tentem, pouco podem fazer para mudar essa realidade. O que lhes falta não é felicidade, mas inocência.

São incapazes daquela cegueira que permite à maioria das pessoas, na maior parte do tempo, bloquear da própria mente o que lhes é insuportável. Bons samaritanos se obrigam a saber, e a nunca perder de vista, que tudo aquilo que fazem afeta outras pessoas, e que às vezes (embora não sempre) o preço de sua alegria precisa ser pago às custas da alegria dos outros. Ao se lembrarem disso, eles se expõem a um dever ilimitado e esmagador de responsabilidade.

Claro que qualquer bom samaritano que já não esteja morto ou exausto aprendeu a incorporar algum grau de cegueira para continuar vivendo. Aaron Pitkin não enxerga mais uma criança faminta ao lado das máquinas de venda automática. Sue e Hector Badeau decidiram não acrescentar um 23º nome à sua lista de filhos e filhas adotivos, apesar do desespero dos candidatos que ainda aparecessem. Bons samaritanos aprendem a codificar o horror que sentem numa rotina e num conjunto de hábitos com os quais são capazes de viver. Sabem que precisam disso para não enlouquecer. Mas essa cegueira parcial é uma escolha, algo forçado e não muito convincente. É preciso ter estômago forte para, diante da infelicidade do mundo e do dever de fazer alguma coisa, dizer a si mesmo que já está fazendo o suficiente, e que é hora de fechar os olhos e os ouvidos e virar as costas para o problema. Os bons samaritanos que persistem são os que têm estômago forte.

Os bons samaritanos deste livro persistiram. Muita coisa melhorou para muitas pessoas (e galinhas) por conta disso. Todos esses bons samaritanos se arriscaram até o limite do que, para eles, teria sido a autodestruição, mas recuaram antes de cair. Seja porque perceberam seu limite e o aceitaram, seja porque tiveram sorte. Dorothy Granada não continuou com a greve de fome até morrer, nem foi fuzilada pelos milicianos dos contras. Aaron Pitkin não insistiu na vida de sem-teto solitário. Julia Wise conseguiu deixar de ser uma mulher sem filhos. Baba Amte não contraiu lepra, e seus filhos não acabaram devorados por panteras. Prakash Amte não foi obrigado a cortar o próprio bebê em pedaços para salvar a esposa, nem foi morto por um de seus animais. O filho de Kimberly Brown-Whale não morreu em Moçambique do problema no coração, nem sua filha foi sequestrada. Ittetsu Nemoto não morreu pelo excesso de trabalho. Sue e Hector Badeau mantiveram a família unida. Mas qualquer uma dessas histórias poderia ter tido outro desfecho. Se dessem um passo além, o seu comprometimento talvez parecesse loucura, ou crueldade.

Bons samaritanos são diferentes das pessoas comuns porque estão dispostos a colocar em pé de igualdade a própria vida e a de seus familiares em relação à de pessoas desconhecidas; e se arriscam tanto por uma quanto pelas outras. Como todo mundo, acreditam que têm responsabilidade para com seus familiares, mas traçam a linha divisória entre família e estranhos em outro ponto. Não é que valorizem mais os estranhos: é só que costumam lembrar que esses desconhecidos também têm a própria vida e família. Uma coisa é quando esse comportamento resulta apenas em sacrifício calculado, mas é diferente quando o resultado disso leva à destruição. Como vai ser depende tanto das escolhas do bom samaritano quanto da sorte. Pode parecer que o discernimento moral não deveria depender do acaso — não dá para culpar alguém por alguma coisa sobre a qual não se tem controle, certo? Mas, na verdade, a sorte afeta julgamentos morais o tempo todo. Uma pessoa que tente cometer um assassinato, mas fracasse, é julgada diferentemente daquela que é bem-sucedida. E alguém que viva como um bom samaritano, procurando aliviar o sofrimento de estranhos sem arruinar a vida daqueles que são próximos, será igualmente avaliado segundo seu sucesso.

* * *

Como seria o mundo se todos pensassem como um bom samaritano? Como seria se de repente não fosse mais possível viver com aquela cegueira feliz e útil, e todos tomassem consciência, não só no plano intelectual mas na própria experiência, de toda a aflição que há no mundo? E se todos se sentissem obrigados a abandonar o trabalho que escolheram para fazer alguma coisa diante dessa aflição toda? E se todos resolvessem que a espontaneidade e a autoexpressão, ou certos tipos de beleza ou de liberdade, fossem menos vitais, ou menos urgentes, do que aliviar o sofrimento dos outros? E se todos deixassem de acreditar ser um dever, acima de tudo, proteger a própria família e dar conforto a ela e passassem a pensar que familiares não são mais importantes ou especiais que qualquer outra pessoa?

Se todos pensassem como um bom samaritano, o mundo não seria mais o nosso mundo, e o novo mundo que tomaria o seu lugar seria muito difícil de imaginar. As pessoas falam sobre mudar o mundo, mas não é isso o que normalmente querem dizer. Falam em oferecer ajuda suficiente para que as pessoas possam ter uma vida decente diante da diminuição do sofrimento que pode ser evitado; não estão falando de um mundo onde ajudar fosse o único objetivo na vida.

Se não existissem os bons samaritanos, por outro lado, o mundo continuaria a se parecer com este mundo, mas seria pior. Se não mostrassem o que uma pessoa seria capaz de fazer para ajudar desconhecidos, haveria menos pessoas tentando ajudar alguém. Mas também é verdade que nem todo mundo deveria ser um bom samaritano. Só que é igualmente verdadeiro que essas pessoas estranhas, esperançosas, duronas, idealistas, exigentes, temerárias com relação à morte e incansáveis ajudam, com seu exemplo extravagante, a manter vivas essas qualidades vitais do ser humano.

Agradecimentos

É claro que este livro não poderia ser feito sem as histórias de seus personagens. Sou extremamente grata a eles por terem conversado comigo tanto tempo, na maioria dos casos, ao longo de vários anos. Quero agradecer a todos por confiarem suas histórias a mim, e espero que sintam que essa confiança tenha valido a pena.

No decorrer da pesquisa para este livro, entrevistei muitas pessoas extraordinárias que me ajudaram a entender a alegria e a dificuldade que é viver com um senso de dever moral tão profundo. Sou grata a todos pelas conversas, em particular a Frida Berrigan, Jerry e Molly Mechtenberg-Berrigan, Elizabeth McAlister, Daniel Berrigan, Joe e Leah Pullaro, ao rabino Ephraim Simon, a Richard Semmler, Judi Buchman e Richa, Brenda e Paul Muessig, Mark Lee, Jill Warren, Pilar Gonzales, Ben Lawent e, especialmente, Ela Bhatt.

Minha dívida de gratidão aos que me ajudaram a encontrar meus personagens: Anne e Christopher Ellinger, Sylvia Hart Wright e Jonathan Watts (que também foi meu intérprete no Japão). Chanda Athale, uma enfermeira que viaja todos os anos a Anandwan e Hemalkasa para trabalhar nas clínicas e visitar a família Amte, foi uma companhia maravilhosa no período que passei nesses lugares. Muitos outros me ajudaram na fase da escrita. Anna Hartford, Heather Rogers e Julia Longoria me auxiliaram com a pesquisa. Mallory Falk, Merrell Hambleton, Veronica Simmonds e Sam Nicholson transcreveram as entrevistas. Jennifer Stahl e Celia Barbour fizeram a checagem de dados do livro com bastante cuidado e destreza. Andrea Munoz traduziu os artigos sobre Dorothy Granada.

Duas pessoas com interesses estranhamente parecidos com os meus — Benoît Monin, psicólogo de Stanford, e Kelly Sorensen, filósofa do Ursinus College — ficaram sabendo do livro enquanto eu o escrevia e entraram em contato; conhecer o trabalho dos dois foi uma ótima surpresa. Vários amigos sábios e generosos leram e comentaram os capítulos: David Bezmozgis, Harriet Clark, David Grann, Chris Jennings e Judith Shulevitz. Quero agradecer particularmente a Mary Karr, que, num ato de amizade inestimável, leu o manuscrito inteiro não uma, mas duas vezes.

O Dorothy and Lewis B. Cullman Center da Biblioteca Pública de Nova York apoiou a escrita deste livro por nove meses. Sou muito grata a Lewis Cullman por esse presente, e agradeço a Jean Strouse, Marie d'Origny, Sam Swope e Paul Höldengraber, por terem tornado aquele ano tão divertido quanto produtivo. Quero expressar minha gratidão a Susan Neiman, Eric Beerbohm, Larry Lessig, Arthur Applebaum, Charles R. Beitz, Andreas Morgensen, Eric Banks e Stephanie Steiker, por me convidarem para falar sobre meu livro em palestras enquanto ainda trabalhava nele; foi uma grande honra estar diante de todas essas plateias. Quero também agradecer a Susan Neiman, por seus comentários esclarecedores sobre um determinado capítulo. E sou grata, em particular, a Rob Reich, por seu incansável interesse neste projeto;

por ler e comentar o manuscrito; e por me convidar várias vezes para eventos no Center for Ethics in Society [Centro para a Ética na Sociedade], de Stanford. Joan Berry sempre fez com que eu me sentisse em casa nessas visitas.

Partes deste livro foram publicadas anteriormente com outros formatos na *New Yorker*. Tenho muita sorte de ter tido como meu editor na revista, durante dezoito anos, o onisciente Henry Finder, que tem lido tudo o que escrevo com um cuidado sensível e uma velocidade impressionante, incluindo mais recentemente este livro, o que ele não tinha obrigação de fazer. Quero agradecer a Ann Goldstein, pela leitura de tudo o que tenho escrito com uma lentidão impressionante e com seu conhecimento profundo da linguagem escrita. Rhonda Sherman generosamente me convidou a falar sobre o livro no New Yorker Festival. E sou extremamente grata a David Remnick, editor da *New Yorker*, por seu incentivo; por aprovar pautas improváveis sem nunca reagir a elas com mais do que um movimento de sobrancelha; e por me conceder uma licença para escrever este livro, que ele teria terminado muito antes.

Sarah Chalfant, da agência Wylie, tem me apoiado bravamente. Apreciei muito a assistência de Karen Mayer, na Penguin, e a paciência e os conselhos de Benjamin Platt. Gostaria de agradecer à minha editora na Penguin UK, Alexis Kirschbaum, por seu apoio bem-humorado. E gratidão sem fim à minha editora na Penguin, Ann Godoff, por seu trabalho de edição exigente e sensível, e por seu entusiasmo inabalável, inspirador e encorajador.

Meu marido, Philip Gourevitch, é sempre o meu leitor mais apaixonado, e este livro teria ficado muito pior sem os seus comentários. Não conseguiria tê-lo escrito sem seu apoio constante.

Dedico este livro a meus maravilhosos pais, Roderick e Emily MacFarquhar. O fato de minha mãe não estar aqui para lê-lo é a parte mais triste de chegar ao fim do projeto.

Referências bibliográficas

Não usei todas as referências de forma direta no livro, mas creio que são todas úteis, e espero que essa lista leve outras pessoas a algumas das obras maravilhosas que tive o prazer de descobrir durante esse projeto. O aluno e o professor de filosofia (o jovem e o homem mais velho) que cito nas primeiras páginas do livro são Mark Lee, líder do THINK — The High-Impact Network [rede de alto impacto], uma organização que promove o altruísmo de resultados, e Jeff McMahan, professor da cátedra White de filosofia moral da Universidade de Oxford.

PARA OS BONS SAMARITANOS, É SEMPRE TEMPO DE GUERRA [pp. 17-28]

Considero as obras listadas abaixo esclarecedoras a respeito dos bons samaritanos, ou das personalidades santificadas, e suas atitudes.

DAY, Dorothy. *The Long Loneliness: The Autobiography of the Legendary Catholic Social Activist*. Nova York: HarperOne, 2009.

DENICOLA, Daniel R. "Supererogation: Artistry in Conduct". In: ROUNER, Leroy S. (Org.). *Foundations of Ethics*. Notre Dame: University of Notre Dame Press, 1983.

FLANAGAN, Owen. *Varieties of Moral Personality: Ethics and Psychological Realism*. Cambridge: Harvard University Press, 1991.

FRANKLIN, Benjamin. *The Autobiography of Benjamin Franklin*. Mineola: Dover Publications, 1996.

HAIDT, Jonathan; KESEBIR, Selin. "Morality". In: FISKE, Susan T.; GILBERT, Daniel T.; LINDZEY, Gardner (Org.). *Handbook of Social Psychology*. Hoboken: Wiley, 2010.

HAWLEY, John Stratton (Org.). *Saints and Virtues*. Berkeley: University of California Press, 1987.

JAMES, William. *The Varieties of Religious Experience*. Nova York: Penguin Classics, 1982.

KELTNER, Dacher; HAIDT, Jonathan. "Approaching Awe, a Moral, Spiritual, and Aesthetic Emotion". *Cognition and Emotion*, 17, n. 2, pp. 297-314, 2003.

MECKLIN, John M. *The Passing of the Saint: A Study of a Cultural Type*. Chicago: The University of Chicago Press, 1941.

MINSON, Julia A.; MONIN, Benoît. "Do-Gooder Derogation: Disparaging Morally Motivated Minorities to Defuse Anticipated Reproach". *Social Psychological and Personality Science* 3, n. 2, pp. 200-207, 2012.

MONIN, Benoît; SAWYER, Pamela J.; MARQUEZ, Matthew J. "The Rejection of Moral Rebels: Resenting Those who Do the Right Thing". *Journal of Personality and Social Psychology* 95, n. 1, pp. 76-93, jul. 2008.

MURDOCH, Iris. "The Sublime and the Good". *Chicago Review* 13, n. 3, pp. 42-55, outono 1959.

NELSON, Juanita. *A Matter of Freedom and Other Writings*. São Francisco: Peace & Gladness, 1988.

ORWELL, George. "Reflections on Gandhi". In: *A Collection of Essays*. San Diego: Harcourt Brace Jovanovich, 1946.

PAUL, Ellen Frankel MILLER JR., Fred D.; PAUL, Jeffrey (Orgs.). *Altruism*. Cambridge: Cambridge University Press, 1993.

PAYTON, Robert L.; MOODY, Michael P. *Understanding Philanthropy: Its Meaning and Mission*. Bloomington: Indiana University Press, 2008.

SORENSEN, Kelly. "The Paradox of Moral Worth". *The Journal of Philosophy* 101, n. 9, pp. 465-83, set. 2004.

______. "Effort and Moral Worth". *Ethical Theory and Moral Practice* 13, pp. 89-109, 2010.

STRACHEY, Lytton. "Florence Nightingale". In: ______. *Eminent Victorians*. Londres: Penguin, 1948.

WOLF, Susan. "Moral Saints". *The Journal of Philosophy* 79, n. 8, pp. 419-39, ago. 1982.

OS CORPOS DOS OUTROS [pp. 29-62]

ANDERSEN, Dorothy N. (Org.). *Downwardly Mobile for Conscience Sake. Ten Autobiographical Sketches: Each a Personal Search for Justice, Peace, and Eco-Sanity*. Eugene: Tom Paine Institute, 1995.

BROOKS, Svevo; BURKHART, John; GRANADA, Dorothy; et al. *A Guide to Political Fasting*. Eugene: Nonviolent Tactics Development Project, 1981.

GRAY, Charles. *Toward a Nonviolent Economics*. Eugene: The Author 1994.

HART, Sylvia. *An Oral History of Charles Gray*. Eugene: University of Oregon Special Collections and University Archives, 2009.

MAHONY, Liam; EGUREN, Luis Enrique. *Unarmed Bodyguards: International Accompaniment for the Protection of Human Rights*. West Hartford: Kumarian Press, 1997.

MOGIL, Christopher; WOODROW, Peter; SLEPIAN, Anne. *We Gave Away a Fortune: Stories of People Who Have Devoted Themselves and Their Wealth to Peace, Justice and a Healthy Environment*. Filadélfia: New Society Publishers, 1992.

OS MAIS OPRIMIDOS DE TODOS [pp. 63-85]

SINGER, Peter. *Ethics into Action: Henry Spira and the Animal Rights Movement*. Lanham: Rowman & Littlefield Publishers, 1998.

OH DEVER! SUBLIME E GRANDE NOME, QUE NÃO COMPREENDES EM TI NADA BENQUISTO QUE COMPORTE ADULAÇÃO MAS REIVINDICAS SUBMISSÃO [pp. 86-96]

Existe uma literatura substancial na filosofia moral anglo-americana a respeito da "exigência" — quanto a moralidade pode exigir de uma pessoa. Há um número menor de títulos sobre se alguns atos vão além do dever, isto é, se são moralmente louváveis, mas desnecessários. A lista abaixo de maneira nenhuma esgota a bibliografia sobre o assunto, mas inclui os artigos e livros que achei mais úteis. O título do capítulo foi tirado da obra de Kant, *Crítica da razão prática* [Ed. bras.: Trad. Valerio Rohden. São Paulo: WMF Martins Fontes, 2011].

ADAMS, Don. "Love and Impartiality". *American Philosophical Quarterly* 30, n. 3, pp. 223-34, jul. 1993.

ADAMS, Robert Merrihew. "Saints". *The Journal of Philosophy* 81, n. 7, pp. 392-401, jul. 1984.

ANSCOMBE, G.E.M. "Modern Moral Philosophy". *Philosophy* 33, n. 124, jan. 1958.

APPIAH, Kwame Anthony. *Cosmopolitanism: Ethics in a World of Strangers*. Nova York: W. W. Norton, 2006.

BAIER, Kurt. *The Moral Point of View: A Rational Basis of Ethics*. Nova York: Random House, 1965.

BLUM, Lawrence A. *Friendship, Altruism and Morality*. Londres: Routledge & Kegan Paul, 1980.

CHAPPELL, Timothy (Org.). *The Problem of Moral Demandingness: New Philosophical Essays*. Basingstoke: Palgrave Macmillan, 2009.

CHOPRA, Yogendra. "Professor Urmson on 'Saints and Heroes'". *Philosophy* 38, n. 144, pp. 160-6, abr. 1963): 160-66.

CRISP, Roger; SLOTE, Michael (Orgs.). *Virtue Ethics*. Oxford: Oxford University Press, 1997.

FLANAGAN, Owen. "Admirable Immorality and Admirable Imperfection". *The Journal of Philosophy* 83, n. 1, pp. 41-60, 1986.

FLESCHER, Andrew Michael. *Heroes, Saints & Ordinary Morality*. Washington: Georgetown University Press, 2003.

FOOT, Philippa. *Virtues and Vices and Other Essays in Moral Philosophy*. Berkeley: University of California Press, 1978.

______. *Natural Goodness*. Oxford: Oxford University Press, 2001.

GODWIN, William. *Enquiry Concerning Political Justice and its Influence on Modern Morals and Happiness*. Gloucester: Dodo Press, 2009.

______. "Thoughts Occasioned by the Perusal of Dr. Parr's Spital Sermon, Preached at Christ Church, April 15, 1800: Being a Reply to the Attacks of Dr. Parr, Mr. Mackintosh, the Author of an Essay on Population, and Others". Londres: Taylor & Wilks, 1801.

HEYD, David. *Supererogation: Its Status in Ethical Theory*. Cambridge: Cambridge University Press, 1982.

JACKSON, Frank. "Decision-Theoretic Consequentialism and the Nearest and Dearest Objection". *Ethics* 101, n. 3, pp. 461-82, abr. 1991.

JAMIESON, Dale (Org.). *Singer and his Critics*. Oxford: Blackwell Publishers, 1999.

KAGAN, Shelly. *The Limits of Morality*. Oxford: Oxford University Press, 1989.

KAMM, F. M. "Does Distance Matter to the Duty to Rescue?". *Law and Philosophy* 19, n. 6, pp. 655-81, nov. 2000.

KANT, Immanuel. *The Critique of Judgment*. Trad. James Creed Meredith. Oxford: Oxford University Press, 1952.

KYMLICKA, Will. "Altruism in Philosophical and Ethical Traditions: Two Views". In: PHILLIPS Jim; CHAPMAN, Bruce; STEVENS, David (Orgs.). *Between State and Market: Essays on Charities Law and Policy in Canada*. Montreal: McGill-Queen's University Press, 2001.

LOUDEN, Robert B. "Can We Be Too Moral?". *Ethics* 98, n. 2, pp. 361-78, jan. 1988.

MAYERFIELD, Jamie. *Suffering and Moral Responsibility*. Nova York: Oxford University Press, 1999.

MCGOLDRICK, Patricia M. "Saints and Heroes: A Plea for the Supererogatory". *Philosophy* 59, n. 230, pp. 523-28, 1984.

MELDEN, A. I. "Saints and Supererogation". In: DILMAN, Ilham (Org.). *Philosophy and Life: Essays on John Wisdom*. Haia: Martinus Nijhoff Publishers, 1984.

MELLEMA, Gregory. *Beyond the Call of Duty: Supererogation, Obligation, and Offence*. Albany: State University of New York Press, 1991.

MURDOCH, Iris. *The Sovereignty of Good*. Londres: Ark Paperbacks, 1985.

MURPHY, Liam B. *Moral Demands in Nonideal Theory*. Oxford: Oxford University Press, 2000.

NAGEL, Thomas. *The Possibility of Altruism*. Princeton: Princeton University Press, 1970.

NAGEL, Thomas. *The View from Nowhere*. Oxford: Oxford University Press, 1986.
______. *The Last Word*. Oxford: Oxford University Press, 1997.
NEUSNER, Jacob; CHILTON, Bruce (Orgs.). *Altruism in World Religions*. Washington: Georgetown University Press, 2005.
NEW, Christopher. "Saints, Heroes and Utilitarians". *Philosophy* 49, n. 188, pp. 179-89, abr. 1974.
PARR, Samuel, L.L.D. "A Spital Sermon, Preached at Christ Church, Upon East Tuesday, April 15, 1800". Londres: J. Mawman, 1801.
PYBUS, Elizabeth M. "Saints and Heroes". *Philosophy* 57, n. 220, pp. 193-99, abr. 1982.
RAZ, Joseph. "A Morality Fit for Humans". *Michigan Law Review* 91, n. 6, pp.1297-1314, maio 1993.
SCHALER, Jeffrey A. (Org.). *Peter Singer Under Fire: The Moral Iconoclast Faces his Critics*. Chicago: Open Court, 2009.
SCHEFFLER, Samuel. *Human Morality*. Oxford: Oxford University Press, 1992.
SILVER, Arthur M. "May One Disinherit Family in Favor of Charity?", *Tradition* 28, n. 3, 1994.
SINGER, Peter. "Famine, Affluence, and Morality". *Philosophy and Public Affairs* 1, n. 1, pp. 229-43, outono 1971.
______. *Practical Ethics*. Cambridge: Cambridge University Press, 1993.
______. *How Are We to Live?: Ethics in an Age of Self-Interest*. Amherst, NY: Prometheus, 1995.
SLOTE, Michael. *Goods and Virtues*. Oxford: Oxford University Press, 1983.
SMART, J. J. C.; WILLIAMS, Bernard. *Utilitarianism: For and Against*. Cambridge: Cambridge University Press, 1973.
STOCKER, Michael. "Desiring the Bad: An Essay in Moral Psychology". *The Journal of Philosophy* 76, n. 12, pp. 738-53, dez. 1979.
______. *Plural and Conflicting Values*. Oxford: Clarendon Press, 1990.
THOMSON, Judith Jarvis. "A Defense of Abortion". *Philosophy and Public Affairs* 1, n. 1, pp. 47-66, outono 1971.
UNGER, Peter. *Living High & Letting Die: Our Illusion of Innocence*. Oxford: Oxford University Press, 1996.
URMSON, J. O. "Saints and Heroes". In: MELDEN, A. I. (Org.). *Essays in Moral Philosophy* . Seattle: University of Washington Press, 1958.
WILLIAMS, Bernard. *Moral Luck: Philosophical Papers 1973-1980*. Cambridge: Cambridge University Press, 1981.
______. *Ethics and the Limits of Philosophy*. Cambridge: Harvard University Press, 1985.
WILLIAMS, Bernard. *The Sense of the Past: Essays in the History of Philosophy*. Princeton: Princeton University Press, 2006.
WOLF, Susan. "Self-Interest and Interest in Selves". *Ethics* 96, n. 4, pp. 704-20, jul. 1986.
______. "Above and Below the Line of Duty". *Philosophical Topics* 14, n. 2, pp. 131-48, outono 1986.
______. "Morality and Partiality". *Philosophical Perspectives* 6, Ethics, pp. 243-59, 1992.

A UM SÓ TEMPO RACIONAL E APAIXONADA [pp. 97-132]

MACASKILL, William. "Replaceability, Career Choice and Making a Difference". *Ethical Theory and Moral Practice* 17, n. 2, pp. 269-83, abr. 2014.

SINGER, Peter. *The Life You Can Save: Acting Now to End World Poverty*. Nova York: Random House, 2009.

UMA HABILIDADE ACIDENTAL PRODUZIDA, EM SUA ESTUPIDEZ SEM LIMITES, POR UM PROCESSO BIOLÓGICO QUE NORMALMENTE SE OPÕE À MANIFESTAÇÃO DESSA MESMA HABILIDADE: O ATAQUE AOS BONS SAMARITANOS, PARTE UM [pp. 133-50]

Existe uma quantidade enorme de obras acadêmicas sobre o altruísmo em muitas disciplinas — biologia, psicologia evolutiva, sociologia, psicologia e antropologia, para nomear apenas algumas. Para fazer justiça a toda a literatura sobre o assunto, seriam necessários muitos livros. Anotei apenas alguns dos principais títulos sobre o assunto.

ANDREONI, James. "Impure Altruism and Donations to Public Goods: A Theory of Warm-Glow Giving". *The Economic Journal* 100, n. 401, pp. 464-77, jun. 1990.

ANÔNIMO. "The Failure of Altruism". *Fraser's Magazine* xx, pp. 494-503, jul./dez. 1879.

ATWOOD, George. "The Loss of a Loved Parent and the Origin of Salvation Fantasies". *Psychotherapy: Theory, Research and Practice* 11, n. 3, pp. 256-58, outono 1974.

______. "On the Origins and Dynamics of Messianic Salvation Fantasies". *International Review of Psychoanalysis* 5, pp. 85-96,1978.

BATSON, C. Daniel. *The Altruism Question: Toward a Social-Psychological Answer*. Hillsdale, NJ: Lawrence Erlbaum Associates, 1991.

______; BOLEN, Michelle H.; CROSS, Julie A. et al. "Where is the Altruism in the Altruistic Personality?", *Journal of Personality and Social Psychology* 50, n. 1, pp. 212-20, 1986.

BAUMANN, Donald J.; CIALDINI, Robert B.; KENRICK, Douglas T. "Altruism as Hedonism: Helping and Self-Gratification as Equivalent Responses". *Journal of Personality and Social Psychology* 40, n. 6, pp. 1039-46, 1981.

BUDD, Louis J. "Altruism Arrives in America." *American Quarterly* 8, n. 1, pp. 40-52, primavera 1956.

CIALDINI, Robert B.; SCHALLER, Mark; HOULIHAN, Donald et al. "Empathy-Based Helping: Is it Selflessly or Selfishly Motivated?". *Journal of Personality and Social Psychology* 52, n. 4, pp. 749-458, 1987.

FREUD, Sigmund. "The Economic Problem of Masochism". Trad. James Strachey. In: *The Standard Edition of the Complete Psychological Works of Sigmund Freud* XIX *(1923-1925): The Ego and the Id and Other Works*. Londres: Vintage, 2001.

GREEN, André. "Moral Narcissism". In ______. *On Private Madness*. Londres: The Hogarth, 1986.

KANT, Immanuel. *Observations on the Feeling of the Beautiful and Sublime*. Trad. John T. Goldthwait. Berkeley: University of California Press, 1960.

KITAYAMA, O. "The Wounded Caretaker and Guilt". *The International Review of Psycho-Analysis* 18, pp. 229-40, 1991.

KREBBS, Dennis L. "Altruism — An Examination of the Concept and a Review of the Literature", *Psychological Bulletin* 73, n. 4, pp. 258-302, 1970.

MANDEVILLE, Bernard. *The Fable of the Bees and Other Writings*. Indianapolis: Hacket Publishing, 1997.

MAUSS, Marcel. *The Gift: The Form and Reason for Exchange in Archaic Societies*. Trad. W. D. Halls. Nova York: W. W. Norton, 1990.

MCWILLIAMS, Nancy. "The Psychology of the Altruist". *Psychoanalytic Psychology* 1, n. 3, pp. 193-213, 1984.

MONROE, Kristen Renwick. *The Heart of Altruism: Perceptions of a Common Humanity*. Princeton: Princeton University Press, 1996.

NIETZSCHE, Friedrich. *On the Genealogy of Morals*. Trad. Walter Kaufman e R. J. Hollingdale. Nova York: Vintage, 1969.

OAKLEY, Barbara; KNAFO Ariel; MADHAVAN, Guruprasad et al. *Pathological Altruism*. Oxford: Oxford University Press, 2012.

OLINER, Pearl M., OLINER, Samuel P.; BARON, Lawrenceet al (Orgs.) *Embracing the Other: Philosophical, Psychological, and Historical Perspectives on Altruism*. Nova York: New York University Press, 1992.

OLINER, Samuel P.; OLINER Pearl M.. *The Altruistic Personality: Rescuers of Jews in Nazi Europe*. Nova York: The Free, 1988.

PILIAVIN, Jane Allyn; CHARNG, Hong-Wen. "Altruism: A Review of Recent Theory and Research". *Annual Review of Sociology* 16, pp. 27-65, 1990.

POST, Stephen G.; UNDERWOOD, Lynn G.; SCHLOSS Jeffrey P. et al (Orgs.). *Altruism & Altruistic Love: Science, Philosophy, & Religion in Dialogue*. Oxford: Oxford University Press, 2001.

RUSHTON, J. Philippe; SORRENTINO, Richard M.. *Altruism and Helping Behavior: Social, Personality, and Developmental Perspectives*. Hillsdale: Lawrence Erlbaum Associates, 1981.

SANDLER, Joseph; FREUD, Anna. *The Analysis of Defense: The Ego and the Mechanisms of Defense Revisited*. Nova York: International Universities Press, 1985.

SCHWEITZER, Albert. *The Psychiatric Study of Jesus: Exposition and Criticism*. Trad. Charles R. Joy. Boston: The Beacon, 1948.

______. *Explorations in Altruistic Love and Behavior*. Boston: The Beacon, 1950.

SEELIG, Beth J.; ROSOF, Lisa S.. "Normal and Pathological Altruism". *Journal of the American Psychoanalytic Association* 49, n. 3, pp. 933-59, 2001.
SHAPIRO, Yakov; GABBARD, Glen O. "A Reconsideration of Altruism from an Evolutionary and Psychodynamic Perspective". *Ethics & Behavior* 4, n. 1, pp. 23-42, 1994.
SIMMONS, Roberta G. "Presidential Address on Altruism and Sociology". *The Sociological Quarterly* 32, n. 1, pp. 1-22, 1991.
SOROKIN, Pitrim A. *Altruistic Love: A Study of American Good Neighbors and Christian Saints*. Boston: The Beacon, 1950.
TRIVERS, Robert L. "The Evolution of Reciprocal Altruism". *The Quarterly Review of Biology* 46, n. 1, pp. 35-57, mar. 1971.
WEISS, Robert Frank; BOYER, Jenny L.; LOMBARDO, John P. et al. "Altruistic Drive and Altruistic Reinforcement". *Journal of Personality and Social Psychology* 25, n. 3, pp. 390-400, 1973.
WILSON, David Sloan. *Does Altruism Exist?: Culture, Genes, and the Welfare of Others*. New Haven e Londres: Yale University Press, 2015.
WUTHNOW, Robert. *Acts of Compassion: Caring for Others and Helping Ourselves*. Princeton: Princeton University Press, 1991.

A HUMILHAÇÃO DOS OUTROS [pp. 151-91]

Viajei para Anandwan para entrevistar Vikas, Bharati, Kaustubh, Pallavi e Sheeta Amte; e para Hemalkasa para falar com Prakash, Manda, Digant, Anagha, Aniket e Samiksha Amte. Porém, Baba e Tai Amte morreram alguns anos antes de eu começar a trabalhar neste livro, então dependi dos depoimentos de outros sobre a vida deles, especialmente do livro *Wisdom Song*, de Neesha Mirchandani.

AMTE, Prakash. *Pathways to Light*. Trad. Chandrashekhar Marathe. Mumbai: Samakaleen Prakashan, 2012.
AMTE, Sadhana. *Samidha*. Trad. Shobha Pawar. Hyderabad: Orient Longman, 2008.
BHAVE, Vinoba. *Moved by Love: The Memoirs of Vinoba Bhave*. Trad. Marjorie Sykes. Dartington Totnes: Green, 1994.
FARROW, John. *Damien the Leper: A Life of Magnificent Courage, Devotion & Spirit*. Nova York: Image, 1954.
GANDHI, Mohandas Karamchand. *Autobiography: The Story of my Experiments with Truth*. BN Publishing, 2008.
KAINTHLA, Anita. *Baba Amte: A Biography*. Nova Délhi: Viva, 2005.
MANOHAR, Vilas. *Negal: Unusual and Interesting True Stories of Wild Species Raised in Human Surroundings*. Trad. S.A. Virkar. Mumbai: Granthali, 1991.
MARSHALL, George; POLING, David. *Schweitzer: A Biography*. Baltimore: The Johns Hopkins University Press, 1971.

MATTHEW, Grace; MANE, Purnima N.; PHADKE, Y. D et al. *A Journey from Sympathy to Empathy: Baba Amte and his work*. Mumbai: Tata Institute of Social Sciences, 1990.

MIRCHANDANI, Neesha. *Wisdom Song: The Life of Baba Amte*. Nova Délhi: The Lotus Collection, 2006.

NARAYAN, R. K. *The Ramayana: A Shortened Modern Prose Version of the Indian Epic*. Londres: Penguin, 1977.

SCHWEITZER, Albert. *Out of My Life and Thought: An Autobiography*. Trad. A.B. Lemke. Nova York: Henry Holt, 1990.

SHEPARD, Mark. *Gandhi Today: A Report on Mahatma Gandhi's Successors*. Arcata: Simple Productions, 1987.

STAFFNER, Hans, S. J. *Baba Amte: A Vision of New India*. Mumbai: Popular Prakashan, 2000.

TALMON, Yonina. *Family and Community in the Kibbutz*. Cambridge: Harvard University Press, 1972.

TARNOWSKI, Arthur. *The Unbeaten Track*. Londres: Harvill, 1971.

TENNYSON, Hallam. *India's Walking Saint: The Story of Vinoba Bhave*. Nova York: Doubleday, 1955.

TURNER, Graham. *More than Conquerors: A Distinguished Economic Commentator Tells of 20th Century Men Made New*. Londres: Hodder and Stoughton, 1976.

O LEGADO DOS BÊBADOS: O ATAQUE AOS BONS SAMARITANOS, PARTE DOIS [pp. 192-212]

AL-ANON. *Twelve Steps & Twelve Traditions*. Virginia Beach: Al-Anon Family Group Headquarters, 1981.

AL-ANON FAMILY GROUPS. *How Al-Anon Works: For Families & Friends of Alcoholics*. Virginia Beach: Al-Anon Family Group Headquarters, 1995.

BEATTIE, Melody. *Codependent No More: How to Stop Controlling Others and Start Caring for Yourself*. São Francisco: Harper San Francisco, 1987.

CHEEVER, Susan. *My Name is Bill: Bill Wilson—His Life and the Creation of Alcoholics Anonymous*. Nova York: Washington Square, 2004.

COLE, Teju. "The White Savior Industrial Complex". *Atlantic*, 21 mar. 2012.

DE VRIES, Manfred Kets. "Leadership Coaching and the Rescuer Syndrome: How to Manage both Sides of the Couch". INSEAD *Working Paper Collection*, 2010.

DE WAAL, Alex. *Famine Crimes: Politics & the Disaster Relief Industry in Africa*. Bloomington: Indiana University Press, 1997.

DURHAM, Mary Sherrill. "The Therapist and the Concept of Revenge: The Law of Talion". *The Journal of Pastoral Care 44*, n. 2, pp. 131-37, verão 1990.

EDELWICH, Jerry; BRODSKY, Archie. *Burn-Out: Stages of Disillusionment in the Helping Professions*. Nova York: Human Sciences, 1980.

ERIKSON, Erik H. *Gandhi's Truth: On the Origins of Militant Nonviolence*. Nova York: W. W. Norton & Company, 1969.

FUREDI, Frank. "Help-Seeking: The principal therapeutic virtue".

GUGGENBÜHL-CRAIG, Adolf. *Power in the Helping Professions*. Dallas: Spring Publications, 1971.

HAAKEN, Janice. "From Al-Anon to ACOA: Codependence and the Reconstruction of Caregiving". *Signs*, v. 18, n. 2, pp. 321-45, inverno 1993.

ILLICH, Ivan. "To Hell with Good Intentions". Discurso da Conferência nos Projetos de Estudos Interamericanos, México, 20 abr. 1968.

IRVINE, Leslie. *Codependent Forevermore: The Invention of Self in a Twelve Step Group*. Chicago: The University of Chicago Press, 1999.

JACOBS, Michael. "The Therapist's Revenge: The Law of Talion as a Motive for Caring". *The Interdisciplinary Journal of Pastoral Studies* 105, pp. 2-11, 1991.

LIPSKY, Laura van Dernoot; BURK, Connie. *Trauma Stewardship: An Everyday Guide to Caring for Self While Caring for Others*. São Francisco: Berrett-Koehler Publishers, 2009.

MAREN, Michael. *The Road to Hell: The Ravaging Effects of Foreign Aid and International Charity*. Nova York: The Free, 1997.

MILLER, Angelyn. *The Enabler: When Helping Harms the Ones You Love*. Claremont: Hunter House, 1988.

NORWOOD, Robin. *Women Who Love Too Much: When You Keep Wishing and Hoping He'll Change*. Los Angeles: Jeremy P. Tarcher, 1985.

RIEFF, David. *A Bed for the Night: Humanitarianism in Crisis*. Nova York: Simon & Schuster, 2002.

RIEFF, Philip. *Freud: The Mind of the Moralist*. Nova York: The Viking, 1959.

______. *The Triumph of the Therapeutic: Uses of Faith After Freud*. Chicago: The University of Chicago Press, 1966.

TILLETT, Richard. "The Patient Within: Psychopathology in the Helping Professions". *Advances in Psychiatric Treatment* 9, pp. 272-279, 2003.

TRACY, Sarah W.; ACKER, Caroline Jean (Orgs.). *Altering American Consciousness: The History of Alcohol and Drug Use in the United States, 1800-2000*. Amherst: University of Massachusetts Press, 2004.

TRAVIS, Trysh. *The Language of the Heart: A Cultural History of the Recovery Movement from Alcoholics Anonymous to Oprah Winfrey*. Chapel Hill: The University of North Carolina Press, 2009.

SPRINGLE, Pat. *Rapha's 12-Step Program for Overcoming Codependency*. Houston: Rapha Publishing, 1990.

______. *A Christian Perspective: Codependency: Breaking Free from the Hurt and Manipulation of Dysfunctional Relationships*. Houston: Rapha Publishing, 1994.

STEINBECK, John. *The Grapes of Wrath*. Nova York: Penguin, 1976.

VAUX, Tony. *The Selfish Altruist: Relief Work in Famine and War*. Londres: Earthscan Publications, 2001.
WILSON, Lois. *Lois Remembers: Memoirs of the Co-Founder of Al-Anon and Wife of the Co-Founder of Alcoholics Anonymous*. Virginia Beach: Al-Anon Family Group Headquarters, 1979.
WOITITZ, Janet Geringer. *Adult Children of Alcoholics*. Pompano Beach: Health Communications, 1983.

UMA DAQUELAS COISAS DIVINAS [pp. 213-36]

Essa é a obra que Kimberly Brown-Whale usou muitas vezes para tentar explicar aos outros sua noção de Deus.

YANCY, Philip. *What's so Amazing about Grace?* Grand Rapids: Zondervan, 1997.

RINS [pp. 237-49]

DANOVITCH, Gabriel M. "Who Cares?: Impact of Commercialized Kidney Transplantation on the Doctor/Patient Relationship". Manuscrito.
DEW, M. A.; JACOBS, C. L.; JOWSEY, S. G. et al. "Guidelines for the Psychosocial Evaluation of Living Unrelated Kidney Donors in the United States". *American Journal of Transplantation* 7, pp. 1047-54, 2007.
EPSTEIN, Miran; DANOVITCH, Gabriel. "Is Altruistic-Directed Living Unrelated Organ Donation a Legal Fiction?". *Nephrology Dialysis Transplantation* 24, n. 2, pp. 357-60, 2009.
FELLNER, Carl H.; SCHWARTZ, Shalom H. "Altruism in Disrepute: Medical versus Public Attitudes toward the Living Organ Donor". *The New England Journal of Medicine* 284, pp. 582-85, mar. 1971.
FOX, Renée C. *Experiment Perilous: Physicians and Patients Facing the Unknown*. Filadélfia: University of Pennsylvania Press, 1959.
FOX, Renée C.; SWAZEY, Judith P. *The Courage to Fail: A Social View of Organ Transplants and Dialysis*. Chicago: The University of Chicago Press, 1974.
______; SWAZEY, Judith P. *Spare Parts: Organ Replacement in American Society*. Nova York e Oxford: Oxford University Press, 1992.
HENDERSON, Antonia J. Z.; LANDOLT, Monica A.; MCDONALD, Michael F., William M. Barrable, John G. Soos, William Gourlay, Colleen J. Allison et al. "The Living Anonymous Kidney Donor: Lunatic or Saint?". *American Journal of Transplantation* 3, pp. 203-13, 2003.
JACOBS, Cheryl L., ROMAN, Deborah; GARVEY, Catherine. "Twenty-two Nondirected Kidney Donors: An Update on a Single Center's Experience". *American Journal of Transplantation* 4, 1110-16, 2014.

KISSLING, Frances. "Whaddaya Have To Do to Get aA Kidney Around Here?". *Salon.com*, 27 mar. 2009.

LAWLER, Peter Augustine. "Is the Body Property?". *The New Atlantis*, outono, 2006.

MEILAENDER, Gilbert. "Organ Procurement: What are the Questions?". Artigo apresentado ao Conselho de Bioética do Presidente, jun. 2006.

Conselho de Bioética do Presidente (transcrição do discurso). "Procuring Organs for Transplantation: Ethical Considerations". 16 jan. 2003, Sessão 2.

______. "Organ Transplantation and Procurement — Literary and Philosophical-Anthropological Perspectives", 22 jun. 2006, Sessão 2.

______. "Organ Transplantation and Procurement — The Ethical Challenges". 22 jun. 2006, Sessão 3.

______. "Living Organ Donation: Outcomes and Ethics". 7 set. 2006, Sessão 2.

______. "On the Body and Transplantation: Philosophical and Legal Context". 15 fev. 2007, Sessão 1.

RICHARDS, Janet Radcliffe. *Careless Thought Costs Lives: The Ethics of Transplants*. Oxford: Oxford University Press, 2012.

SADLER, H. Harrison; DAVISON, Leslie; CARROLL, Charleset al. "The Living, Unrelated, Kidney Donor". Seminars in Psychiatry 3, n. 1, pp. 86-101, fev. 1971.

SATEL, Sally. "Desperately Seeking a Kidney". *The New York Times*, 17 dez. 2007.

______ (Org.). *When Altruism Isn't Enough: The Case for Compensating Kidney Donors*. Washington: The A.E.I., 2008.

SPITAL, Aaron. "Evolution of Attitudes at U.S. Transplant Centers toward Kidney Donation by Friends and Altruistic Strangers". *Transplantation* 69, n. 8, pp. 1728-31, 27 abr. 2000.

TITMUSS, Richard M. *The Gift Relationship: From Human Blood to Social Policy*. Nova York: Random House, 1971.

POR FAVOR, RESPONDA QUANTO ANTES [pp. 250-69]

BENEDICT, Ruth. *The Chrysanthemum and the Sword: Patterns of Japanese Culture*. Nova York: Mariner, 2005.

CAMUS, Albert. *The Myth of Sisyphus and other essays*. Nova York: Vintage International, 1991.

ESTRIN, James. "Wandering in Japan's 'Suicide Forest'". *The New York Times*, 25 out. 2012.

IGA, Mamoru. *The Thorn in the Chrysanthemum: Suicide and Economic Success in Modern Japan*. Berkeley: University of California Press, 1986.

KITANAKA, Junko. *Depression in Japan: Psychiatric Cures for a Society in Distress*. Princeton: Princeton University Press, 2012.

LEENAARS, Antoon A. (Org.). *Suicidology: Essays in Honor of Edwin Shneidman*. Northvale: Jason Aronson, 1993.

MINOIS, Georges. *History of Suicide: Voluntary Death in Western Culture.* Trad. Lydia G. Cochrane. Baltimore e Londres: The Johns Hopkins University Press, 1999.

OZAWA-DE SILVA, Chikako. "Too Lonely to Die: Internet Suicide Pacts and Existential Suffering in Japan". *Culture, Medicine, and Psychiatry* 32, pp. 516-51, 2008.

PINGUET, Maurice. *Voluntary Death in Japan.* Trad. Rosemary Morris. Cambridge Polity, 1993.

WATTS, Jonathan; TOMATSU, Yoshiharu (Orgs.). *Buddhist Care for the Dying and Bereaved.* Somerville: Wisdom Publications, 2012.

ZIELENZIGER, Michael. *Shutting out the Sun: How Japan Created its Own Lost Generation.* Nova York: Vintage, 2007.

OS FILHOS DOS OUTROS [pp. 270-322]

BADEAU, Hector; BADEAU, Sue. *Are We There Yet? The Ultimate Road Trip: Adopting & Raising 22 Kids!* Franklin: Carpenter's Son Publishing, 2013.

BLANK, Joseph P. *19 Steps Up the Mountain: The Story of the DeBolt Family.* Filadélfia: J. B. Lippincott Company, 1976.

DOSS, Helen. *The Family Nobody Wanted.* Nova York: Scholastic Book Services, 1954.

A ASPIDISTRA É A ÁRVORE DA VIDA: O ATAQUE AOS BONS SAMARITANOS, PARTE TRÊS [pp. 323-38]

AUSTEN, Jane. *Mansfield Park.* Londres: Penguin Classics, 1996.

BALDWIN, James. *Notes of a Native Son.* Boston: Beacon, 1955.

______. *The Fire Next Time.* Nova York: Dial, 1963.

BAYLEY, John. *Tolstoy and the Novel.* Nova York: Viking, 1966.

BERNANOS, Georges. *The Diary of a Country Priest.* Trad. Pamela Morris. Nova York: Doubleday, 1954.

CAMUS, Albert. *The Plague.* Trad. Stuart Gilbert. Nova York: Vintage International, 1991.

COETZEE, J. M. *Elizabeth Costello.* Londres: Penguin, 2003.

DAVIES, Robertson. "Literature and Moral Purpose." In: ______. *The Merry Heart: Reflections on Reading, Writing and the World of Books.* Nova York: Viking, 1997.

DOSTOIÉVSKI, Fiódor. *The Idiot.* Trad. David Magarshack. Londres: Penguin, 1955.

______. *The Brothers Karamazov.* Trad. David Magarshack. Harmondsworth: Penguin, 1958.

ELIOT, George. "Worldliness and ther-Worldliness: The Poet Young". *The Complete Works of George Eliot: Scenes of Clerical Life, Essays*. Londres: Postlethwaite, Taylor & Knowles, 1908.

______. *Middlemarch*. Londres: Penguin, 1965.

FORSTER, E. M. "What I Believe". *Two Cheers for Democracy*. Nova York: Mariner, 1962.

FRENCH, Marilyn. *The Women's Room*. Londres: Sphere, 1977.

GREENE, Graham. *The Heart of the Matter*. Londres: Penguin, 1962.

______. *A Burnt-Out Case*. Londres: Penguin, 1963.

HASTINGS, Elizabeth. *An Experiment in Altruism*. Londres: Macmillan and Co., 1895.

HOWELLS, William Dean. *A Traveler from Altruria: Romance*. Nova York: Harper and Brothers Publishers, 1908.

KASS, Amy A. (Org.). *The Perfect Gift: The Philanthropic Imagination in Poetry and Prose*. Bloomington: Indiana University Press, 2002.

KOESTLER, Arthur. *Darkness at Noon*. Trad. Daphne Hardy. Nova York: Scribner, 1941.

MANN, Thomas. "Anna Karenina". *Essays of Three Decades*. Trad. H. T. Lowe-Porter. Nova York: Alfred A. Knopf, 1947.

MAUGHAM, W. Somerset. *The Razor's Edge*. Nova York: Vintage International, 2003.

MURDOCH, Iris. *The Bell*. Londres: Penguin, 1987.

NUSSBAUM, Martha C. "Transcending Humanity". *Love's Knowledge: Essays on Philosophy and Literature*. Nova York: Oxford University Press, 1990.

PULLEN, Henry William. *The Ground Ash: A Public School Story*. Londres: Simpkin, Marshall & Co., 1874.

RAND, Ayn. *The Fountainhead*. Nova York: Signet, 1952.

______. *The Virtue of Selfishness*. Nova York: Signet, 1964.

SAND, George. "Review of Uncle Tom's Cabin". *La Presse*, 17 dez. 1852.

SHAW, Bernard. "Why for Puritans?". In: ______. *Three Plays for Puritans*. Londres: Penguin, 1946.

STEWART, Carol. *The Eighteenth-Century Novel and the Secularization of Ethics*. Farnham, Surrey: Ashgate, 2010.

STOWE, Harriet Beecher. *Uncle Tom's Cabin*. Mineola: Dover, 2005.

SULLIVAN, Erin. "Anti-Bardolatry Through the Ages — Or, Why Voltaire, Tolstoy, Shaw, and Wittgenstein Didn't Like Shakespeare". *Opticon 1826* 2, 2007.

TÓLSTOI, Leo. *Anna Karenina*. Trad. Joel Carmichael. Nova York: Bantam, 1960.

______. *Tolstoy on Shakespeare*. Nova York: Funk and Wagnalls, 1906.

______. *What to Do?* Trad. Isabel F. Hapgood: Dodo, 2007.

______. *The Kingdom of God is Within You*. Trad. Constance Garnett.

TOMPKINS, Jane P. "Sentimental Power: *Uncle Tom's Cabin* and the Politics of Literary History". *Glyph* 2, 1978.

TWAIN, Mark. "The Story of the Good Little Boy who Did not Prosper". In: ______. *The Best Short Stories of Mark Twain*. Nova York: Modern Library, 2004.

WARD, Sra. Humphry. *Robert Elsmere*. Oxford: Oxford University Press, 1987.
WILSON, A. N. *Tolstoy: A Biography*. Nova York: W. W. Norton & Company, 1988.
WILSON, Edwin (Org.). *Shaw on Shakespeare*. Nova York: E.P. Dutton & Co., 1961.

DO PONTO DE VISTA DO UNIVERSO [pp. 339-51]

BRACH, Tara. *Radical Acceptance: Embracing Your Life with the Heart of a Buddha*. Nova York: Bantam, 2003.

ALGO TOTALMENTE DIVERSO DA VIDA [pp. 352-59]

Conforme chegava ao final deste capítulo, comecei a pensar numa passagem de Susan Sontag, que faço ecoar na última frase. Não quis usar a citação exata nessa passagem do livro porque não queria insinuar, nem por um instante, que as pessoas sobre as quais escrevi são fanáticas, irracionais e masoquistas como Simone Weil foi. Porém, achei o pensamento de Sontag a respeito de Weil tocante e significativo. Aqui está a passagem, que aparece em uma resenha sobre os ensaios de *Weil: Selected Essays* (*The New York Review of Books*, Fevereiro, 1963):

> Algumas vidas são exemplares, outras não; e, entre as que são exemplares, existem aquelas que nos convidam a imitá-las e aquelas que observamos à distância, com um misto de aversão, pena e reverência. Trata-se, grosso modo, da diferença entre o herói e o santo (se é que se pode usar o último termo num senso mais estético do que religioso). Uma vida assim, absurda em seus exageros e no grau de automutilação — como a de Kleist, como a de Kierkegaard — foi a de Weil. Estou falando do ascetismo fanático da vida de Simone Weil, seu desprezo pelo prazer e pela felicidade, seus gestos políticos nobres e ridículos, suas negações elaboradas, seu cortejo incansável da aflição; e não excluo sua simplicidade, seu físico pouco gracioso, suas enxaquecas, sua tuberculose. Ninguém que ame a vida estaria disposto a imitar sua dedicação ao martírio, ou desejaria isso para seus filhos ou para qualquer pessoa que amasse. Ainda assim, na medida em que amamos a seriedade tanto quanto a vida, somos tocados por ela, nutridos por ela. Ao demonstrarmos respeito por essas vidas, reconhecemos a presença do mistério no mundo — e esse mistério é simplesmente o que a posse de uma verdade segura, uma verdade objetiva, nos nega. Nesse sentido, toda verdade é superficial; e algumas (embora não todas) distorções da verdade, alguma (não toda) insani-

dade, alguma (não toda) insalubridade, algumas (não todas) negações do viver são criadoras de verdade, produtoras de sanidade, fomentadoras de saúde e promotoras de vida.

BLAKE, William. *The Marriage of Heaven and Hell*. Nova York: Dover Publications, 1994.

JAMES, William. "The Moral Equivalent of War". *McClure's Magazine*, pp. 463-68, ago. 1910.

MILTON, John. *Paradise Lost*. Nova York: The Modern Library, 2008.

ESTA OBRA FOI COMPOSTA EM MINION PELO ACQUA ESTÚDIO E IMPRESSA PELA RR DONNELLEY EM OFSETE SOBRE PAPEL PÓLEN SOFT DA SUZANO PAPEL E CELULOSE PARA A EDITORA SCHWARCZ EM FEVEREIRO DE 2018

FSC
www.fsc.org
MISTO
Papel produzido a partir de fontes responsáveis
FSC® C101537

A marca FSC® é a garantia de que a madeira utilizada na fabricação do papel deste livro provém de florestas que foram gerenciadas de maneira ambientalmente correta, socialmente justa e economicamente viável, além de outras fontes de origem controlada.